NomosPraxis

Michael Triebs
Richter am Oberlandesgericht München

Versorgungsausgleich aktuell

Bewertung | Verfahren | Gestaltung

Nomos

Die Deutsche Nationalbibliothek verzeichnet diese Publikation in der Deutschen Nationalbibliografie; detaillierte bibliografische Daten sind im Internet über http://dnb.d-nb.de abrufbar.

ISBN 978-3-8329-4670-8

1. Auflage 2009

Vorwort

Nach der Verabschiedung des 1. Eherechtsreformgesetzes trat der Versorgungsausgleich zum 1.7.1977 in Kraft. Er stellte zumindest zum damaligen Zeitpunkt eine einmalige Regelung dar. In anderen Staaten gab es ein vergleichbares Institut nicht. Auch heute haben nur wenige Staaten eine vergleichbare Regelung eingeführt.

Die Aufgabe des Versorgungsausgleichs ist es, die gleichmäßige Teilhabe der Eheleute an den in der Ehe gemeinsam erwirtschafteten Versorgungsanrechten zu gewährleisten. Er bezweckt eine Verbesserung des Ehegatten, der während der Ehe die geringeren Anwartschaften erworben hat. Das Institut des Versorgungsausgleichs verwirklicht den Halbteilungsgrundsatz, wonach jeder Ehegatte nach Durchführung des Versorgungsausgleichs die Hälfte der Anrechte erhält, die beide Ehegatten während der Ehe erworben haben. Dieser Grundsatz ist unumstritten. Anlässlich des Reformvorhabens haben rechtstatsächliche Erhebungen gezeigt, dass die meist begünstigte und ausgleichsberechtigte Ehefrau eine nicht unerhebliche Aufstockung ihrer Altersversorgung durch den Versorgungsausgleich erhält.

Mit der Rechtskraft der Entscheidung zum Versorgungsausgleich erlangt der begünstigte (ausgleichsberechtigte) Ehegatte ein eigenes Anrecht auf Invaliditäts- und Altersversorgung gegenüber einem meist öffentlich-rechtlichen Träger. Der Anspruch ist, anders als beim Unterhalt, ab diesem Zeitpunkt unabhängig vom Ausgleichsverpflichteten.

Die Regelungen zum Versorgungsausgleich unterlagen seit dem 1.7.1977 zahlreichen gesetzgeberischen Veränderungen, die verschiedene Schwachpunkte, vor allem auch verfassungsrechtlicher Art, beseitigten. In den letzten Jahren hat sich allerdings herausgestellt, dass der Halbteilungsgrundsatz aufgrund der Umwertungsvorschriften des § 1587 a Abs. 3, Abs. 4 BGB zum Teil deutlich verfehlt wurde. Die Änderungen der Barwertverordnung in diesem Zusammenhang schafften keine ausreichende Abhilfe. Ein erster grundlegender Reformansatz der Expertenkommission „Strukturreform des Versorgungsausgleichs“ mündete nicht in einen Referenten- und Regierungsentwurf. Das Bundesjustizministerium arbeitete weiter an einer grundlegenden Reform des Versorgungsausgleichs, der die Schwächen des geltenden Rechts beseitigen sollte. Das Ministerium legte im Februar 2008 einen Referentenentwurf vor, dem ein Regierungsentwurf im Mai 2008 folgte. Das neue Gesetzesvorhaben wurde im Vorfeld umfänglich diskutiert. So gingen dem Referenten- und Regierungsentwurf ein Eckpunktepapier von Ende 2006 und ein Diskussionsentwurf von August 2007 des Bundesjustizministeriums voraus. Zahlreiche Experten und Versorgungsträger gaben Stellungnahmen ab. Der Deutsche Bundestag beschloss Ende September 2008 in erster Lesung das Reformkonzept. Der Rechtsausschuss erarbeitete eine Beschlussempfehlung, der der Bundestag in zweiter und dritter Lesung Anfang 2009 folgte. Nachdem der Bundesrat zugestimmt hatte, tritt das Gesetz zum 1.9.2009 zusammen mit dem neuen Familienverfahrensrecht in Kraft.

Das neue Versorgungsausgleichsgesetz vermeidet fehlerträchtige Umwertungen, die zu Wertverzerrungen geführt haben, in dem es grundsätzlich die Realteilung jedes Anrechts jedes Ehegatten, das er während der Ehezeit erworben hat, anordnet. Prognoseentscheidungen entfallen.

Das Gesetz besticht durch eine verständliche Sprache, und knappe, übersichtliche, deutlich strukturierte Regelungen.

Die Bewertung des Ehezeitanteils überlässt das neue Gesetz den Versorgungsträgern, die sogar dem Gericht einen Vorschlag für den Ausgleichswert (halber Ehezeitanteil) in der Auskunft machen müssen. Zu eigenen Berechnungen sind daher weder das Gericht, noch Rechtsanwälte gezwungen.

Anstelle der sechs Teilungsvorschriften des alten Rechts, die kompliziert in der Anwendung waren, treten die zwei einfachen Teilungsvorschriften der internen Teilung und der externen Teilung. Die interne Teilung, die Vorrang genießt, und in der Vielzahl der Fälle zur Anwendung kommen wird, ist leicht handhabbar.

Das Reformgesetz eröffnet zugleich erhebliche Spielräume für Vereinbarungen zwischen den Ehegatten, aber auch zwischen Ehegatten und Versorgungsträgen bei der externen Teilung.

Dessen ungeachtet bestehen für die Gerichte wie für Rechtsanwälte, umfängliche Prüfungspflichten, so etwa, ob die Versorgungsträger die Bewertung der einzelnen Anrechte zutreffend vorgenommen haben, vor allem aber, ob die interne Teilung zu einem angemessenen und gerechten Ergebnis führt.

Zwar können die Parteien nunmehr vermehrt Vereinbarungen schließen. Sie unterliegen aber einer formellen und materiellen Inhaltskontrolle, wobei letztere sich an der Rechtsprechung des Bundesgerichtshofs zur Inhaltskontrolle von Eheverträgen orientiert. Ob der Ausschluss oder Teilausschluss von Anrechten wirtschaftlich ins Gewicht fällt oder es sich um Bagatellanrechte handelt, lässt sich auf den ersten Blick nach neuem Recht nicht mehr ohne weiteres feststellen, da die Versorgungsträger die Auskünfte gemäß den Bezugsgrößen ihrer Versorgungen erteilen, die nicht miteinander vergleichbar sein müssen.

Das Reformgesetz stellt hohe Anforderungen an die im Ernstfall nicht leicht zu meisternden Prüfungspflichten und Ermessenserwägungen der Gerichte.

Für Rechtsanwälte eröffnet sich ein weites Betätigungsfeld, das zur Gestaltung eine Vielzahl von Möglichkeiten vorsieht, aber auch Fehlerquellen enthält und Haftungsprobleme beinhaltet.

Das vorliegende Buch versucht dazu beizutragen, Struktur und Anwendungsbereich der neuen Regelungen vor allem auch anhand von Fallbeispielen verständlich zu machen.

Augsburg im Juni 2009 *Michael Triebs*

Inhaltsverzeichnis

Literaturverzeichnis

Bergner, Der reformierte Versorgungsausgleich – Die wichtigsten materiellen Neuerungen, NJW 2009, 1169

Bergner, Der reformierte Versorgungsausgleich – Verfahrensrecht, Übergangsrecht und anzuwendendes altes bzw. neues Recht, NJW 2009, 1233

Bergner, Die reformbedürftige Strukturreform des Versorgungsausgleichs, ZRP 2008, 211

Bergner/Schneider, Die Abfindung von künftigen schuldrechtlichen Ausgleichsansprüchen nach § 1587l BGB, FamRZ 2004, 1766 u. 1838

Bergmann, Verfahrensrechtliche Änderungen, FPR 2009, 232

Blomeyer/Rolfs/Otto, Betriebsrentengesetz, 4. Aufl. 2006

Born, Reform der familienrechtlichen Ausgleichssysteme – Kosmetik oder Kurskorrektur?, NJW 2008, 2289

Borth, Die Reform des Verfahrens in Familiensachen, FamRZ 2007, 1925

Borth, Der Regierungsentwurf für ein Gesetz zur Strukturreform des Versorgungsausgleichs, FamRZ 2008, 1797

Borth, Das Gesetz zur Strukturreform des Versorgungsausgleichs, FamRZ 2009, 562

Brudermüller/Schürmann, Tabellen zum Familienrecht, 27. Aufl. 2006

Eichenhofer, Zukünftiger Anwendungsbereich des schuldrechtlichen Versorgungsausgleichs (künftig schuldrechtliche Ausgleichszahlungen), FPR 2009, 211

Elden, Die externe Teilung als Ausnahmefall im neuen Versorgungsausgleich, FPR 2009, 206

Friderici, Das Ergänzungsgesetz zum Versorgungsausgleich, NJW 1983, 785

Glockner, Der schuldrechtliche Versorgungsausgleich, FPR 2000, 305

Hauptmann, Abfindung von Versorgungsanwartschaften gem § 1587l BGB, FPR 2000, 329

Häußermann, Überlegungen des Familiengerichts zur Umsetzung der gesetzlichen Neuregelung des Versorgungsausgleichs – eine Mängelliste, BetrAV 2008, 428

Hauß, Der Verzicht auf Bagatellausgleiche im neuen Versorgungsausgleich, FPR 2009, 214

Hauß, Der neue Versorgungsausgleich, FamRB 2008, 282

Haußleiter, Der neue Versorgungsausgleich, NJW-Spezial 2008, 484

Hoppenz (Hrsg.), Familiensachen, Kommentar, 8. Aufl. 2005

Johannsen/Henrich (Hrsg.), Eherecht – Trennung, Scheidung, Folgen, Kommentar, 4. Aufl. 2003

Keidel/Kuntze/Winkler, Freiwillige Gerichtsbarkeit, Kommentar, 15. Aufl. 2003

Kemper, Die Übergangsvorschriften des Gesetzes zur Strukturreform des Versorgungsausgleichs, FPR 2009, 227

Kroiß/Seiler, Das neue FamFG, 2009

Münchner Kommentar zum Bürgerlichen Gesetzbuch, 7. Band, 4. Aufl. 2000

Rehme, Der Regierungsentwurf eines Gesetzes zur Strukturreform des Versorgungsausgleichs (VAStRefG) vom 21.5.2008, FuR 2008, 370; 2008, 433; 2008, 474

Rehme, Rechtliche und rechtspolitische Bedenken gegen das Ausgleichskonzept im Diskussionsentwurf des Bundesministeriums, der Justiz v. 29.8.2007 für ein Gesetz zur Strukturreform des Versorgungsausgleichs, FamRZ 2008, 738

Schulz/Hauß (Hrsg.), Handkommentar zum Familienrecht, 2008 (zit.: HK-FamR/Bearbeiter)

Schmid, Die Strukturreform des Versorgungsausgleichs: Reformbedarf, FPR 2009, 196

Stegmann/Bieber, Empirische Fakten und Trends zum Versorgungsausgleich, Oktober 2003

Thomas/Putzo, Zivilprozessordnung mit Gerichtsverfassungsgesetz und europarechtlichen Vorschriften, Kommentar, 29. Aufl. 2008

Triebs, Auskunftspflicht öffentlich-rechtlicher Versorgungsträger im Versorgungsausgleichsverfahren, FamRZ 2003, 989

Triebs, Grundsatz der internen Teilung nach dem Versorgungsausgleichsgesetz, FPR 2009, 202

Weil, Ausgleich von Ost/West-Anrechten, FPR 2009, 209

Wick, Vereinbarungen über den Versorgungsausgleich – Regelungsbefugnisse der Ehegatten, FPR 2009, 219

Abkürzungsverzeichnis

aA	anderer Ansicht
aaO	am angegebenen Ort
Abs.	Absatz
aE	am Ende
aF	alte Fassung
AG	Amtsgericht
AltZertG	Gesetz über die Zertifizierung von Altersvorsorgeverträgen
Anh.	Anhang
Art.	Artikel
Aufl.	Auflage
BarwertVO	Barwert-Verordnung
Bd.	Band
BeamtVG	Gesetz über die Versorgung der Beamten und Richter des Bundes
BetrAV	Betriebliche Altersversorgung (Zeitschrift)
BetrAVG	Gesetz zur Verbesserung der betrieblichen Altersversorgung (Betriebsrentengesetz)
BGB	Bürgerliches Gesetzbuch
BGBl.	Bundesgesetzblatt
BGH	Bundesgerichtshof
BR-Drs.	Bundesratsdrucksache
BT-Drs.	Bundestagsdrucksache
BVerfG	Bundesverfassungsgericht
BVerfGE	Entscheidungen des Bundesverfassungsgerichts
bzw	beziehungsweise
dh	das heißt
f, ff	folgende, fortfolgende
FamFG	Gesetz über das Verfahren in Familiensachen und in den Angelegenheiten der freiwilligen Gerichtsbarkeit
FamRZ	Zeitschrift für das gesamte Familienrecht
FGG	Gesetz über die Angelegenheiten der freiwilligen Gerichtsbarkeit
FuR	Familie und Recht (Zeitschrift)
gem.	gemäß
ggf	gegebenenfalls
GKG	Gerichtskostengesetz
grds.	grundsätzlich
HGB-RegE	Regierungsentwurf für ein Gesetz zur Modernisierung des Bilanzrechts; Bilanzrechtsmodernisierungsgesetz – BilMoG
hins.	hinsichtlich
Hrsg.	Herausgeber
Hs	Halbsatz
iE	im Ergebnis
iSd	im Sinne des
iVm	in Verbindung mit
KG	Kammergericht
mwN	mit weiteren Nachweisen
nF	neue Fassung

NJW	Neue Juristische Wochenschrift (Zeitschrift)
Nr.	Nummer
OLG	Oberlandesgericht
Rn	Randnummer
Rspr	Rechtsprechung
S.	Satz/Seite
SGB IV	Sozialgesetzbuch 4. Buch – Gemeinsame Vorschriften für die Sozialversicherung
SGB VI	Sozialgesetzbuch 6. Buch – Gesetzliche Rentenversicherung
SoldVG	Soldatenversorgungsgesetz
u.	und
u.a.	unter anderem
VA	Versorgungsausgleich
VAHRG	Gesetz zur Regelung von Härten im Versorgungsausgleich
VAStrRefG	Gesetz zur Strukturreform des Versorungsausgleichs
VAÜG	Versorgungsausgleichsüberleitungsgesetz
VersAusglG	Gesetz über den Versorgungsausgleich
vgl	vergleiche
VO	Verordnung
VVG	Versicherungsvertragsgesetz
zB	zum Beispiel
Ziff.	Ziffer
zit.	zitiert
ZPO	Zivilprozessordnung
ZRP	Zeitschrift für Rechtspolitik

Glossar

Das Versorgungsausgleichsgesetz bedient sich vieler neuer Begriffe, die dem alten Recht fremd waren. Die Unkenntnis der neuen Terminologie kann zu erheblichen Fehlern führen. Hervorgehoben sei der neue Begriff des Ausgleichswerts (unten 2.). Das Glossar stellt die neuen Begriffe dar und erläutert sie.

1. **Ehezeitanteil** (§ 1 Abs. 1 VersAusglG) – Rn 31
   Auszugleichen sind die in der Ehezeit erworbenen Anteile von Anrechten, die das Gesetz in § 1 Abs. 1 VersAusglG als Ehezeitanteile bezeichnet (wie bisher).
2. **Ausgleichswert** (§ 1 Abs. 2 VersAusglG) – Rn 32
   Ausgleichswert ist die Hälfte des Wertes des Ehezeitanteils, den die ausgleichspflichtige Person an die ausgleichsberechtigte Person auszugleichen hat. Die Definition findet sich in § 1 Abs. 2 VersAusglG.
3. **Korrespondierender Kapitalwert** (§ 47 VersAusglG) – Rn 33 ff
   Das Gesetz benützt den völlig neuen Ausdruck des korrespondierenden Kapitalwerts nach § 47 VersAusglG. Der korrespondierende Kapitalwert dient dazu, festzustellen, ob eine geringe Ausgleichsdifferenz nach § 18 Abs. 1 VersAusglG, ein geringer Ausgleichswert nach § 18 Abs. 2 VersAusglG oder eine grobe Unbilligkeit nach § 27 VersAusglG vorliegt. Beim Abschluss von Vereinbarungen nach § 6 VersAusglG sollen die Parteien mit Hilfe des Kapitalwerts beurteilen können, wie sich die einzelnen Regelungen in der Vereinbarung wertmäßig auswirken.
4. **Auszugleichendes Anrecht** (§ 2 VersAusglG) – Rn 24
   Das Gesetz definiert in § 2 VersAusglG welche Anrechte im Versorgungsausgleich auszugleichen sind.
5. **Kurze Ehezeit** (§ 3 Abs. 3 VersAusglG) – Rn 115 ff
   Erstmals definiert das neue Gesetz in § 3 Abs. 3 VersAusglG den Begriff der kurzen Ehezeit und knüpft daran als Regelfall die Rechtsfolge, dass ein Versorgungsausgleich nicht stattfindet, nur ausnahmsweise auf Antrag.
6. **Maßgebliche Begzugsgröße** (§ 5 Abs. 1 VersAusglG) – Rn 43
   Es handelt sich um eine Frage der Bewertung von Anrechten. Maßgeblich ist die Bezugsgröße des jeweiligen Versorgungssystems, zB Entgeltpunkte (gesetzliche Rentenversicherung), Rentenbetrag (Beamtenversorgung) oder ein Kapitalwert (Lebensversicherung). Der Begriff spielt eine große Rolle bei den Wertermittlungsvorschriften §§ 39 ff VersAusglG.
7. **Ausgleichsansprüche nach der Scheidung** (§§ 20 ff VersAusglG) – Rn 285 ff
   Das Gesetz bezeichnet nunmehr in dieser Weise den schuldrechtlichen Versorgungsausgleich, der im Regelfall erst später nach der Scheidung durchgeführt werden kann.
8. **Wirksamkeits- und Durchsetzungshindernisse** (§ 6 Abs. 2 VersAusglG) – Rn 130
   Die Begriffe spielen bei Vereinbarungen der Parteien eine Rolle.
9. **Formelle Wirksamkeitsvoraussetzung** (§ 7 VersAusglG) – Rn 121
   Es handelt sich um die Definition der Formvorschriften, die bei Vereinbarungen der Parteien einzuhalten sind.
10. **Materielle Wirksamkeitsvoraussetzungen** (§ 8 VersAusglG) – Rn 123

Vereinbarungen der Parteien über den Versorgungsausgleich unterliegen einer Inhalts- und Ausübungskontrolle durch das Familiengericht. Sie entspricht den vom BGH entwickelten Grundsätzen zur Inhalts- und Ausübungskontrolle von Eheverträgen.

11. **Rangfolge der Ausgleichsformen** (§ 9 Abs. 2, 3VersAusglG) – Rn 77
    Das Gesetz definiert den Vorrang der internen Teilung (§§ 10 ff VersAusglG) vor der externen Teilung (§§ 14 ff VersAusglG).
12. **Interne Teilung** (§ 10 VersAusglG) – Rn 78 ff
    Jedes Anrecht jedes Ehegatten wird real geteilt, vorrangig erfolgt die Teilung in der Versorgung der ausgleichspflichtigen Person.
13. **Externe Teilung** (§ 14 VersAusglG) – Rn 89 ff
    Die Teilung des Anrechts der ausgleichspflichtigen Person erfolgt für die ausgleichsberechtigte Person bei einem anderen Versorgungsträger als demjenigen, bei dem das Anrecht der ausgleichungspflichtigen Person besteht.
14. **Teilungskosten** (§ 13 VersAusglG) – Rn 88
    Kosten der internen Teilung.
15. **Wahlrecht hinsichtlich der Zielversorgung** (§ 15 VersAusglG)
    Die ausgleichsberechtigte Person kann bei der externen Teilung die Zielversorgung auswählen.
16. **Angemessene Versorgung** (§ 15 Abs. 2 VersAusglG) – Rn 97
    Es handelt sich um ein Problem der Zielversorgung bei der externen Teilung.
17. **Geringfügigkeit** (§ 18 VersAusglG) – Rn 111 ff
    Möglichkeit des Ausschlusses von einzelnen Anrechten bei einem geringen Ausgleichswert oder einer geringen Differenz der Ausgleichswerte beiderseitiger Anrechte gleicher Art.
18. **Fehlende Ausgleichsreife** (§ 19 VersAusglG) – Rn 105 ff
    Das Gesetz definiert, wann ein Wertausgleich eines Anrechts bei der Scheidung nicht stattfindet.
19. **Ausgleich von Kapitalzahlungen** (§ 22 VersAusglG) – Rn 311
    Begriff im Rahmen des schuldrechtlichen Versorgungsausgleichs.
20. **Teilhabe an der Hinterbliebenenversorgung** (§§ 25 ff VersAusglG) – Rn 343 ff
    Neuer Begriff für den früheren verlängerten schuldrechtlichen Versorgungsausgleich nach § 3 a VAHRG.
21. **Härtefälle** (§ 27 VersAusglG) – Rn 131
    Darunter versteht das Gesetz die Beschränkung oder den Ausschluss des Versorgungsausgleichs wie in § 1587 c BGB aF.
22. Ausgleich eines **Anrecht der Privatvorsorge wegen Invalidität** (§ 28 VersAusglG) – Rn 410 ff
    Der Begriff umschreibt den Ausgleich der privaten Berufsunfähigkeits- und Berufsunfähigkeitszusatzversicherung.
23. **Anpassungsfähige Anrechte** (§§ 32 ff VersAusglG) – Rn 106
    Es handelt sich um einen Begriff im Rahmen der Anpassung wegen Unterhalt, Invalidität, Tod der ausgleichsberechtigten Person.
24. **Anpassung wegen Todes der ausgleichsberechtigten Person** (§ 37 VersAusglG) – Rn 400

Das Gesetz versteht hierunter Härteregelungen, wenn die ausgleichsberechtigte Person stirbt, bevor die ausgleichsberechtigte Person eine Versorgung aufgrund des Versorgungsausgleichs entweder überhaupt nicht oder nur kurze Zeit bezogen hat. Dies entspricht in etwa dem früheren § 4 VAHRG.

25. **Unmittelbare Bewertung** (§ 39 VersAusglG); **Zeitratierliche Bewertung** (§ 40 VersAusglG); **Bewertung einer laufenden Versorgung** (§ 41 VersAusglG); **Bewertung nach Billigkeit** (§ 42 VersAusglG) – Rn 40 ff
Es handelt sich um Begriffe im Rahmen der neu geregelten Wertermittlung.
26. **Wertausgleich bei der Scheidung** (Überschrift vor §§ 9 ff VersAusglG) – Rn 285 ff
Entspricht dem Begriff des (öffentlich-rechtlichen) Versorgungsausgleichs.

Teil A
Der Versorgungsausgleich

I. Entwicklung des Versorgungsausgleichs

1. Entwicklung bis zum 1.9.2009

1 Bereits Anfang der 70er Jahre hat der Bundestag die Thematik eines Versorgungsausgleichs erörtert.[1] Es handelte sich um eine sozialpolitische Diskussion, die die Arbeit der Hausfrau der selbstständigen Erwerbstätigkeit sozialrechtlich gleichzustellen versuchte. Die Überlegungen der Enquete-Kommission Frau und Gesellschaft des Deutschen Bundestags befürworteten einen generellen Übergang von einem System abgeleiteter Renten hin zu einem System eigenständiger sozialer Sicherung für jeden Ehegatten, um die sozialversicherungsrechtliche Benachteiligung erwerbstätiger, wie nichterwerbstätiger Frauen abzumildern. Der Entwurf eines Gesetzes zur Reform des Ehe- und Scheidungsrechts aus dem Jahre 1971 sah erstmals einen öffentlich-rechtlichen Versorgungsausgleich vor, allerdings beschränkt auf Anwartschaften aus der gesetzlichen Rentenversicherung.[2] Es folgten weitere Entwürfe der Bundesregierung und der Ausschüsse des Bundestages.[3] Nach Änderungen im Vermittlungsausschuss[4] nahm der Bundestag und der Bundesrat das Gesetz an, das als 1. Eherechtsreformgesetz am 14.7.1976 verabschiedet und zum 1.7.1977 in Kraft trat.[5]

2 Das Bundesverfassungsgericht bestätigte die grundsätzliche Konzeption des Versorgungsausgleichs,[6] beanstandete aber verschiedene Regelungen und forderte Ergänzungen. Dem kam der Gesetzgeber durch das Gesetz zur Regelung von Härten im Versorgungsausgleich (VAHRG) vom 21.2.1983[7] nach. Das Gesetz schuf neue Möglichkeiten des Versorgungsausgleichs, so die Übertragung von Anwartschaften durch Realteilung, ein Quasisplitting von Anwartschaften bei öffentlich-rechtlichen Trägern, und relativ großzügig, soweit ein Versorgungsausgleich auch nach den erweiterten Formen nicht möglich war, einen weitreichenden schuldrechtlichen Versorgungsausgleich. Im Übrigen regelte das Gesetz die Härtefälle, deren Fehlen das Bundesverfassungsgericht in seiner Entscheidung beanstandet hatte.

3 Das Bundesverfassungsgericht[8] befasste sich in einer weiteren Entscheidung vom 8.4.1986 erneut mit der Verfassungsmäßigkeit des Versorgungsausgleichs. Dieser Entscheidung trug der Gesetzgeber durch das Gesetz über weitere Maßnahmen auf dem Gebiet des Versorgungsausgleichs vom 8.12.1986 Rechnung.[9] Das Gesetz schränkte die weitgehende Anwendung des schuldrechtlichen Versorgungsausgleichs ein und erweiterte die Ausgleichsmöglichkeiten (§ 3 b VAHRG), führte eine Abänderungsmöglichkeit ein (§ 10 a VAHRG) und regelte Fälle von Geringfügigkeit (§§ 3 c, 10 b, 10 c VAHRG aF).

---

1 BT-Drucks. 6/643, 25; 7/5866, 15.
2 BR-Drucks. 266/71; BT-Drucks. 6/2577.
3 BT-Drucks. 7/650; BT-Drucks. 7/4361.
4 BT-Drucks. 7/4694; 7/4992.
5 BGBl. I, 1421.
6 BVerfGE 53, 257.
7 BGBl. I, 105.
8 BVerfGE 71, 364.
9 BGBl. I, 2317.

Das Gesetz wurde später verschiedentlich, u.a. auch durch Neuerungen in der gesetzlichen Rentenversicherung geändert.

Nach der Wiedervereinigung erstreckte der Gesetzgeber die Regelungen des Versorgungsausgleichs auch auf Ehen im Beitrittsgebiet ab dem 1.1.1992 und schuf hierzu ein eigenes Gesetz, das VAÜG.[10] In diesem Zusammenhang erfuhr das VAHRG verschiedene Änderungen (zB Aufhebung für die Bagatellfälle in § 3 c VAHRG). Das VAÜG wurde notwendig, weil in einer Übergangszeit die Renten im ehemaligen Gebiet der Bundesrepublik (alte Bundesländer) und im Beitrittsgebiet (neue Bundesländer) eine unterschiedliche Bewertung erfahren. Nach dem VAÜG konnte nur in bestimmten Fällen ein Wertausgleich sowohl der Westanwartschaften, als der Ostanwartschaften (angleichungsdynamische Anrechte nach § 2 VAÜG) erfolgen, nämlich wenn der Ausgleichsverpflichtete sowohl die höheren Westanwartschaften, als auch die höheren Ostanwartschaften (angleichungsdynamischen Anrechte) besaß. 4

Durch die Neuregelung des Versorgungsausgleichs wird das VAÜG überflüssig, da nunmehr auch die „Ostanrechte" real geteilt werden können (vgl § 50 VersAusglG).

Anlässlich des ersten Reformvorhabens[11] erfolgten rechtstatsächliche Erhebungen zu den Auswirkungen des Versorgungsausgleichs. Wie die Untersuchungen zeigen, kommt der Versorgungsausgleich statistisch weit überwiegend den Frauen, aber nur ausnahmsweise den Männern, zugute. Der Versorgungsausgleich begünstigt die im Regelfall ausgleichsberechtigten Frauen nicht unerheblich. In den 80er Jahren des letzten Jahrhunderts betrug der Zuwachs an monatlicher Rente für die Ausgleichsberechtigten aufgrund des Versorgungsausgleichs zwischen 100 und 200 DM (rund 50 bis 100 EUR). Es wurden auch zum Teil wesentlich höhere Ausgleichsbeträge festgestellt. Der Versorgungsausgleich führt damit zu einer nicht unerheblichen Erhöhung der Rente der oder des Ausgleichsberechtigten. Er reicht aber umgekehrt allein zu einer sozialen Absicherung nicht aus. 5

2. Neuregelung des Versorgungsausgleichs ab 1.9.2009

Der Deutsche Bundestag hat am 12.2.2009 in der zweiten und dritten Lesung die Strukturreform des Versorgungsausgleichs in der durch den Rechtsausschuss empfohlenen Fassung[12] beschlossen. Die Änderungen gegenüber dem Gesetzentwurf der Bundesregierung vom 11.2.2009[13] sind zum Teil redaktioneller Art und/oder dienen der Klarstellung einzelner Vorschriften. Im Übrigen betreffen sie einzelne Regelungen von eher untergeordneter Bedeutung. Sie lassen die Grundlinie der Strukturreform des Versorgungsausgleichs unangetastet. 6

Der Bundesrat[14] hat dem Gesetz in seiner Sitzung vom 6.3.2009 zugestimmt. Damit wird die Strukturreform des Versorgungsausgleichs wie geplant zeitgleich mit dem 7

10 BGBl. 1991 I, 1606.
11 Dr. M. Stegmann/U. Bieber, Empirische Fakten und Trends zum Versorgungsausgleich; Oktober 2003; Anlage zum Abschlussbericht der Kommission „Strukturreform des Versorgungsausgleichs" Homepage des Bundesjustizministeriums www.bmj.de.
12 BT-Drucks. 16/11903.
13 BT-Drucks. 16/10144.
14 BR-Drucks. 128/09.

neuen FamFG zum 1.9.2009 in Kraft treten.[15] Dies ist geboten, weil die materiellrechtlichen Vorschriften des Versorgungsausgleichs eng mit den verfahrensrechtlichen Vorschriften verzahnt sind.

II. Bisheriges System

1. Grundgedanke und Grundsätze

a) Hausfrauenehe

8 In der Bundesrepublik gab es häufig den Typ der Hausfrauenehe. Entgegen einem weit verbreiteten Vorurteil in der Bevölkerung hatte die Hausfrau selbst so gut wie keine soziale Sicherung für den Fall des Alters oder der Erwerbsunfähigkeit (teilweise oder vollständige Erwerbsminderung), wenn nicht über ihren Ehemann. Das gilt heute nur mehr abgeschwächt. Jedoch besitzt die Ehefrau in den weitaus meisten Fällen eine deutlich geringere Absicherung für das Alter und den Fall der Erwerbsunfähigkeit als der Ehemann. Es war daher logisch, eine eigenständige soziale Sicherung der geschiedenen Frau aufzubauen. Dies geschah mit der Reform des Scheidungs- und Scheidungsfolgenrechts zum 1.7.1977. Das Scheidungsfolgenrecht führte u.a. das völlig neue Institut des Versorgungsausgleichs ein. Die gemeinsame Lebensleistung wird in ähnlicher Form wie beim Zugewinn dadurch ausgeglichen, dass der nicht berufstätige Ehepartner oder der Ehepartner (meist die Frau) mit den geringeren Anwartschaften für die Altersversorgung bei Scheidung die Hälfte der von beiden Ehegatten in der Ehezeit erworbenen Versorgungsanwartschaften direkt erwirbt. Unabhängig vom Güterstand des Ehepaars handelte es sich um eine Art verlängerten Zugewinn, in diesem Fall nicht bezogen auf das Vermögen, sondern auf die Versorgungsanwartschaften der Ehepartner. Dabei werden im bisherigem Recht, im sog. öffentlich-rechtlichen Versorgungsausgleich sofort durch Scheidungsurteil im Regelfall die Anwartschaften übertragen oder sogar auch erst geschaffen. Der wirtschaftlich schwächere Ehepartner hat ab diesem Zeitpunkt unmittelbar eine eigenständige soziale Sicherung mit einem eigenständigen (Teil-)Anspruch gegen einen oder die Versorgungsträger. Nach der höchstrichterlichen Rechtsprechung wird der Halbteilungsgrundsatz besonders betont (§ 1587 a Abs. 1 BGB), dh dass nach Durchführung des Versorgungsausgleichs jedem der beiden Ehepartner genau die Hälfte der in der Ehezeit erworbenen Versorgungsanwartschaften zur Verfügung steht.

b) Eigene soziale Sicherung

9 Die soziale Sicherung der ausgleichsberechtigten Person (meist der geschiedenen Ehefrau) hat sich mit der Einführung des Versorgungsausgleichs im Jahr 1977 (in den neuen Bundesländern seit dem Jahr 1992) erheblich verbessert und leistet einen wesentlichen Beitrag zum Aufbau einer eigenständigen Altersversorgung und zur Absicherung bei Invalidität für die ausgleichsberechtigte Person.[16] Statistische Erhebungen anlässlich des Reformvorhabens zeigen, dass die meist ausgleichsberechtigten Frauen eine nicht unwesentliche Erhöhung ihrer Absicherung für das Alter erreichen. Deshalb ist das Institut des Versorgungsausgleichs gerade auch in heutiger Zeit, in der weite Teile der

---

15 BGBl. I, 700.

16 BT-Drucks. 16/10144, S. 29.

Bevölkerung zu Recht im Alter ein Absinken ihres Lebensstandards befürchten, unumstritten.

c) Schwächen des alten Systems

Allerdings weist das bisherige System des Versorgungsausgleichs große Schwächen auf, 10
was sich im Laufe der Zeit herausgestellt hat. Vor allem wird der Grundsatz der Halbteilung verfehlt. Beide Ehegatten erhalten eben nicht die Hälfte der Anrechte, die sie während der Ehe erworben haben, nachdem der Versorgungsausgleich durchgeführt ist, wobei meist die ausgleichsberechtigte Frau den Hauptnachteil trägt.[17]

2. Gesetzliche Grundlagen

Die wesentlichen gesetzlichen Grundlagen finden sich nach altem Recht weit verstreut 11
in verschiedenen Gesetzen, vor allem in den §§ 1587 ff BGB, dem Gesetz zur Regelung von Härten im Versorgungsausgleich (VAHRG), dem VAÜG (der Regelung der angleichungsdynamischen Anrechte und deren Ausgleich, „Ostrenten"), der Barwertverordnung, dem Gesetz zur Altersversorgung der Landwirte, dem Beamtenversorgungsgesetz, dem Soldatenversorgungsgesetz, dem Betriebsrentengesetz und vor allem in SGB VI, das die gesetzliche Rentenversicherung für Arbeiter und Angestellte regelt.

a) Zwangsverbund

Das Familiengericht entscheidet von Amts wegen ohne Antrag zusammen mit der 12
Scheidung gleichzeitig über den Versorgungsausgleich im einheitlichen Verfahren und in einem einheitlichen Urteil (§§ 623 Abs. 1 S. 3, 629 Abs. 1 ZPO). Dies wird als Zwangsverbund bezeichnet.

b) Halbteilungsgrundsatz

In ähnlicher Weise wie beim Zugewinnausgleich werden die beiden von den Ehegatten 13
in der Ehezeit erworbenen Werte an Versorgungsanwartschaften ermittelt. Auszugleichen ist die Hälfte des Wertunterschiedes der beiderseitigen Anrechte.

c) Einmalausgleich

Nachdem sämtliche Anrechte beider Parteien ermittelt sind, werden die Anrechte jedes 14
Ehegatten summiert. Im Wege der Verrechnung ist dann nur ein einmaliger Ausgleich vorzunehmen (§ 1587 b Abs. 3 S. 2 Hs 2 BGB). Eine Ausnahme besteht in bestimmten Fällen, wenn beim Versorgungsausgleich „Westanwartschaften" und „Ostanwartschaften" zusammentreffen. Im Regelfall findet aber kein „Hin- und Her-Ausgleich" der einzelnen Anrechte der Ehegatten statt.

d) Einwegprinzip

Mit Ausnahme der Realteilung in § 1 Abs. 2 VAHRG erfolgt der Ausgleich für den 15
Berechtigten in die gesetzliche Rentenversicherung durch Übertragung oder Begründung von Anwartschaften. Dies gilt selbst dann, wenn beide Ehegatten dem gleichen Versorgungssystem angehören, so zB auch bei zwei Beamten.

17 BT-Drucks. 16/10144, S. 30; Schmid, FPR 2009, 196.

e) Fiktion des Versorgungsfalls

16 Da die Ehegatten meistens zum Zeitpunkt der Entscheidung zum Versorgungsausgleich noch keine Renten beziehen, wird der Versorgungsfall zum Ehezeitende fingiert.

§ 1587 a Abs. 2 BGB regelt die Bewertung der einzelnen Anrechte, vor allem die Berechnung des Ehezeitanteils.

f) Vergleichbarmachung

17 Nachdem die einzelnen Anrechte, wie zB die gesetzliche Rentenversicherung, die Beamtenversorgung, vor allem aber die betrieblichen Altersversorgungen und Lebensversicherungen nicht miteinander vergleichbar sind, da sie unterschiedliche Leistungsspektren aufweisen, bedarf es einer „Vergleichbarmachung", die § 1587 a Abs. 3, Abs. 4 BGB regelt. Die Umwertung mit Hilfe der Barwertverordnung, vor allem durch die fiktive Einzahlung in die gesetzliche Rentenversicherung, führt zu heute nicht mehr vertretbaren Wertverzerrungen und zur Verletzung des Halbteilungsgrundsatzes (vgl oben Rn 13).

Beispiel: Beginn der Ehezeit: 1.1.1990

Ende der Ehezeit: 31.10.2008

Geburtsdatum: 3.5.1955

Ehezeitanteil Jahresrente: 1.200 EUR ≙ 100 EUR monatlich

Für Alter und Invalidität, statisch, Dynamisierung mit neuester BarwertVO (1.6.2006)

Lösung:

Alter bei Ehezeitende 53 Jahre

Altersgrenze 65,75

1.200 EUR x 6,8= 8.160 EUR Barwert

Multiplikation mit Faktor Umrechnung von Barwerten in Entgeltpunkte aus Tabelle B. V.[18]

8.160 EUR x 0,0001670365 = 1,363 Entgeltpunkte

Multiplikation mit aktuellem Rentenwert aus Tabelle B. II.

1,363 x 26,56 EUR = 36, 20 EUR monatlich

Vergleichbare Rente in der gesetzlichen Rentenversicherung

3. Durchführung des Versorgungsausgleichs in bestimmter Reihenfolge

18 In einem weiteren Schritt regelt das bisherige Gesetz in einer strengen Rangfolge, wie der einmal ermittelte Ausgleichsbetrag über die verschiedenen Versorgungen auszugleichen ist (§ 1587 b Abs. 1, Abs. 2 BGB, § 1 Abs. 2, Abs. 3, § 3 b Abs. 1 VAHRG). Dieser Vorgang kompliziert den Versorgungsausgleich zusätzlich. Die Komplexität des Gesamtausgleichsvorgangs führt, wie sich aus der Darlegung unschwer erschließen lässt, zu einem reinen Expertenrecht, das nur von wenigen beherrscht und verstanden wird, während gerade der rechtsuchende Bürger, aber auch zahlreiche Rechtanwender, große Schwierigkeiten mit dem Versorgungsausgleich haben.[19]

18 Beilage zu Heft 4/2009 der NJW.
19 BT-Drucks. 16/10144, S. 30.

III. Struktur des bisherigen Versorgungsausgleichs

1. § 1587 a BGB 19
   a) Bewertung der einzelnen Anrechte
   b) Dazu notwendig eventuell Prüfung der Verfallbarkeit von Anrechten und
   c) Gegebenenfalls Dynamisierung von Anrechten (Vergleichbarmachung)
   d) Halbteilung und Feststellung des Einmalausgleichsbetrags
2. Ausgleich der einzelnen Anrechte in bestimmter Reihenfolge nach § 1587 b BGB, § 1 Abs. 2, Abs. 3, § 3 b VAHRG
   Ausgleichsformen:
   - § 1587 b Abs. 1 BGB
   - § 1587 b Abs. 2 BGB
   - § 1 Abs. 2 VAHRG
   - § 1 Abs. 3 VAHRG
   - § 3 b Abs. 1 S. 1 VAHRG
   - § 3 b Abs. 1 S. 2 VAHRG
   - § 2 (3 a) VAHRG
3. Sonstige Fragen, zB § 1587 c BGB (grobe Unbilligkeit) oder § 1587 o BGB (Vereinbarungen)

IV. Neues System

1. Allgemeine Erwägungen

a) Geänderte Struktur

Um die Schwächen des geltenden Rechts zu vermeiden, weist das neue Gesetz zum Versorgungsausgleich eine völlig geänderte Struktur auf, die im Vergleich zum alten System (fast) keinen Stein auf dem anderen lässt. Zwar findet auch eine Bewertung des Ehezeitanteils der einzelnen Rentenanwartschaften nach dem neuen Recht statt, es **entfällt aber eine Dynamisierung (Vergleichbarmachung)**, und die Berechnung eines Einmalausgleichsbetrags. Die verschiedenen Ausgleichsformen des geltenden Rechts werden durch zwei klare Regelungen abgelöst.[20] 20

b) Sprachliche Neufassung

Die Strukturreform des Versorgungsausgleichs verfolgt das Ziel, Anwendungsdefizite des geltenden Rechts durch eine **klare Strukturierung**, eine **Vereinfachung und Flexibilisierung** zu beseitigen.[21] Neben der neuen klaren Struktur zeichnet sich die Reform durch **kurze, knappe, klar verständliche Regelungen** aus (im Gegensatz zum geltenden Recht, vgl § 1587 a BGB; er umfasst im gängigen BGB-Kommentar Palandt 1½ Seiten an reinem Gesetzestext). Daneben bedienen sich die neuen Regelungen einer ebenfalls **klaren und gut verständlichen Sprache.**[22] Die Reform vermeidet durch den Grundsatz der Realteilung jedes Anrechts jedes Ehegatten eine Vergleichbarmachung und Prognosen für die Zukunft.[23] 21

20 Schmid, FPR 2009, 196.
21 BT-Drucks. 16/10144, S. 31.
22 BT-Drucks. 16/10144, S. 31.
23 BT-Drs, 16/10144, S. 37 – 39.

2. Struktur des neuen Versorgungsausgleichs[24]

22 a) Bewertung (Ehezeitanteil) der einzelnen Anrechte §§ 5, 39 – 47 ff VersAusglG. (alt § 1587 a Abs. 2 – 5 BGB)

b) Halbteilung jedes Anrechts § 1 VersAusglG, keine Vergleichbarmachung, kein Einmalausgleich (alt § 1587 a Abs. 1, Abs. 3, Abs. 4, § 1587 b Abs. 3 S. 2 1. Hs BGB); kein Einwegausgleich in die gesetzliche Rentenversicherung

c) Realteilung jeden Anrechts jedes Ehegatten § 1 VersAusglG

aa) vorrangig interne Teilung §§ 10 – 13 VersAusglG

bb) nachrangig externe Teilung §§ 14 – 17 VersAusglG (Völlige Neuregelung; alt § 1587 b Abs. 1, Abs. 2 BGB, §§ 1 Abs. 2, Abs. 3, § 3 b VAHRG)

d) sonstige Fragen:

aa) Vereinbarungen §§ 6 – 8 VersAusglG

bb) Härtefälle (grobe Unbilligkeit) § 27 VersAusglG

cc) Geringfügigkeit § 18 VersAusglG

dd) fehlende Ausgleichsreife § 19 VersAusglG (fehlende Unverfallbarkeit, Unwirtschaftlichkeit, ausländische Anrechte)

3. Grundsätze der Neuregelung

a) Realteilung jeden Anrechts

23 Die Reform hält grundsätzlich an der **Halbteilung** der in der Ehezeit erworbenen Anrechte beider Ehegatten fest. Auszugleichen ist die **Hälfte jeden Anrechts** zwischen den geschiedenen Ehegatten (§§ 1 Abs. 1, 3 Abs. 2, 10 Abs. 1, 14 Abs. 1 VersAusglG). Grundsätzlich ist also jeder Ehezeitanteil jedes Anrechts jedes Ehegatten hälftig zu teilen, wobei ausgleichungspflichtig nur die Ehegatten sind (§ 1 Abs. 2 VersAusglG). Dabei ist die **Ehezeit**, wie bisher (§ 1587 Abs. 2 BGB), in § 3 Abs. 1 VersAusglG definiert (Fall 1 Rn 429).

b) Art des Anrechts

24 aa) § 2 definiert die auszugleichenden Anrechte, und zwar **Anwartschaften** und **laufende Versorgungen** (§ 2 Abs. 1 VersAusglG). Hierzu zählen **in- und ausländische Anrechte**, wobei § 2 Abs. 1 VersAusglG beispielhaft aufführt Anrechte aus der gesetzlichen Rentenversicherung, aus anderen Regelsicherungssystemen wie der Beamtenversorgung und der berufsständischen Versorgung und aus der betrieblichen Altersversorgung oder aus der privaten Alters- und Invaliditätsvorsorge.

25 bb) Diese Anrechte müssen (§ 2 Abs. 2 VersAusglG) durch **Arbeit oder Vermögen** geschaffen oder aufrechterhalten worden sein (§ 2 Abs. 2 Nr. 1 VersAusglG) und der Absicherung im Alter oder bei Invalidität (§ 2 Abs. 2 Nr. 2 VersAusglG) dienen und auf

24 Vgl auch zu den Einzelheiten ausführlich Schulz/Hauß, HK-FamR, Anhang zu §§ 1587 ff BGB; Borth, FamRZ 2008, 1797; FamRZ 2009, 562; Bergner NJW 2009, 1169, 1233; Haußleiter NJW-Spezial 2008, 484; Kritisch Bergner ZRP 2008, 211; Rehme, FuR 2008, 370, 433, 474; FamRZ 2008, 738; Häußermann, BetrAV 2008, 428; Häußermann FPR 2009, 223.

eine Rente gerichtet sein (§ 2 Abs. 2 Nr. 3 VersAusglG). Die Voraussetzungen müssen kumulativ vorliegen.[25]

cc) Die Definition nach § 2 Abs. 2 Nr. 3 VersAusglG dient der Abgrenzung von nicht einzubeziehenden Anrechten. Eine wesentliche Änderung zum bisher geltenden Recht ist nicht gegeben. So fallen Leistungen mit Entschädigungscharakter nicht in den Versorgungsausgleich, wohl aber Versorgungen wegen Invalidität (verminderte Erwerbsfähigkeit/Invalidität, Renten wegen voller oder teilweiser Erwerbsminderung nach § 43 SGB VI).[26] Bei der Bewertung ist eine Hinterbliebenenversorgung, soweit das auszugleichende Recht dies vorsieht, miteinzubeziehen.[27] Wesentlich ist nach § 2 Abs. 2 Nr. 3 VersAusglG, dass das Anrecht, wie nach bisher geltendem Recht, **auf eine Rente gerichtet** ist. 26

dd) Neu kommt hinzu, dass **Anrechte der betrieblichen Altersversorgung** oder nach dem **Altersvorsorgeverträge-Zertifizierungsgesetz unabhängig von ihrer Leistungsform** auszugleichen sind, also auch soweit sie sich nicht auf eine Rente, sondern auf einen **Kapitalbetrag** richten.[28] Insoweit unterliegen diese Anrechte nicht mehr dem Zugewinnausgleich, soweit sie dem Versorgungsausgleich unterfallen. Ähnliches gilt für Auszahlungsformen des Altersvorsorgeverträge-Zertifizierungsgesetzes, soweit der Auszahlungsplan eine anschließende Teilkapitalverrentung vorsieht (§ 1 Abs. 1 S. 1 Nr. 4 AltZertG). 27

c) Voraussetzungen einer Anwartschaft

§ 2 Abs. 3 VersAusglG entspricht der bisherigen Regelung des § 1587a Abs. 7 S. 1 Hs 1 BGB und umschreibt die **Voraussetzungen einer Anwartschaft** im Sinne des Gesetzes. 28

d) Verbot der Doppelverwertung

§ 2 Abs. 4 VersAusglG entspricht § 1587 Abs. 3 BGB. Er schließt eine **Doppelverwertung** eines Anrechts sowohl im Versorgungsausgleich, als auch im Güterrecht aus (wie bisher).[29] 29

4. Ehezeitanteil, Ausgleichswert, korrespondierender Kapitalwert

Das Gesetz bedient sich, wie dargelegt, einer völlig neuen Sprache und auch einer neuen Terminologie. 30

Ganz wesentlich sind die folgenden neuen Bezeichnungen:

a) Ehezeitanteil (§ 1 Abs. 1 VersAusglG)

Auszugleichen sind die in der Ehezeit erworbenen Anteile von Anrechten, die das Gesetz in § 1 Abs. 1 VersAusglG als Ehezeitanteile bezeichnet (wie bisher). 31

---

25 BT-Drucks. 16/10144, S. 46.
26 BT-Drucks. 16/10144, S. 46.
27 BT-Drucks. 16/10144, S. 46.
28 BT-Drucks. 16/10144, S. 46/47.
29 BT-Drucks. 16/10144, S. 47.

b) Ausgleichswert (§ 1 Abs. 2 VersAusglG)

32 Ausgleichswert ist die Hälfte des **Wertes** des Ehezeitanteils, den die ausgleichspflichtige Person an die ausgleichsberechtigte Person auszugleichen hat. Die Definition findet sich in § 1 Abs. 2 VersAusglG.

c) Korrespondierender Kapitalwert (§ 47 VersAusglG)

33 Schließlich benützt das Gesetz den völlig neuen Ausdruck des korrespondierenden Kapitalwerts nach § 47 VersAusglG (s. auch Fall 4 Rn 432). Der korrespondierende Kapitalwert dient dazu, festzustellen, ob eine geringe Ausgleichsdifferenz nach § 18 Abs. 1 VersAusglG oder eine grobe Unbilligkeit nach § 27 VersAusglG vorliegt. Beim Abschluss von Vereinbarungen nach § 6 VersAusglG sollen die Parteien mit Hilfe des korrespondierenden Kapitalwerts beurteilen können, wie sich die einzelnen Regelungen in der Vereinbarung wertmäßig auswirken. Dies ist deshalb notwendig, weil nach den neuen Bewertungsregeln häufig keine Kapitalwerte oder Rentenwerte mitgeteilt werden, sondern zB Entgeltpunkte. Entgeltpunkte lassen einen Vergleich mit Kapitalwerten, zB bei Lebensversicherungen, nicht zu.

34 aa) In diesem Zusammenhang ist zu unterscheiden der Kapitalwert als Ausgleichswert, den zum Beispiel eine Lebensversicherung als Deckungskapital mitteilt (§ 39 Abs. 2 Nr. 2, § 46 VersAusglG) oder auch bei Betriebsrenten (§ 2 Abs. 2 Nr. 3 VersAusglG) vom korrespondierenden Kapitalwert § 47 VersAusglG. In den meisten Fällen entspricht zwar der korrespondierende Kapitalwert den Kapitalwerten aufgrund der besonderen Bewertungsvorschriften (§ 5 Abs. 3 VersAusglG), er muss aber nicht identisch sein.

35 bb) Nach § 47 Abs. 1 VersAusglG handelt es sich um einen Hilfswert, der nur benötigt wird, wenn der Ausgleichswert eines Anrechts nicht ohnehin unmittelbar als Kapitalwert bestimmt ist.[30] Der Begriff des korrespondierenden Kapitalwerts war im Gesetzgebungsverfahren sehr umstritten, so dass der Rechtsausschuss verschiedene zum Teil tiefgreifende Änderungen vorgenommen hat.

36 cc) § 47 Abs. 2 bis 5 VersAusglG gibt Wertermittlungsvorschriften für die Berechnung des korrespondierenden Kapitalwerts vor. Im Wesentlichen beziehen sie sich auf die besonderen Bestimmungen des jeweiligen Versorgungssystems.

37 dd) Nach § 47 Abs. 6 VersAusglG sind in den Fällen der §§ 6–8, 18 Abs. 1 und § 27 VersAusglG nicht allein die Kapitalwerte und korrespondierenden Kapitalwerte maßgeblich, sondern auch weitere Faktoren, die sich auf die Versorgungen auswirken. Es kommt nicht allein auf die Höhe des Wertes an, sondern auch auf weitere wertbildende Faktoren,[31] etwa das Leistungsspektrum. Zum Beispiel gibt es Versorgungen, die nur eine isolierte Altersversorgung zusagen. Andere Versorgungen gewähren eine Altersversorgung und auch einen Invaliditätsschutz, teilweise auch einen Hinterbliebenenschutz. Ebenso gibt es Versorgungen, die keinerlei Steigerungen (Anpassung) kennen, während andere Versorgungen starke Anpassungen (meist in Prozenten pro Jahr) aufweisen. Maßgeblich kann auch das Finanzierungsverfahren sein.[32] Die Vorschrift

30 BT-Drucks. 16/11903, S. 111.
31 BT-Drucks. 16/11903, S. 111.
32 BT-Drucks. 16/11903, S. 112.

wird durch die Änderungen im Rechtsausschuss verwässert. Die geäußerte Kritik, die zur Gesetzesänderung geführt hat, mag berechtigt sein. In der Praxis wird die komplizierte Regelung des § 47 Abs. 6 VersAusglG kaum nachvollziehbar sein, außer für Experten der jeweiligen Versorgungssysteme.

ee) Lässt sich ein korrespondierender Kapitalwert nach den Absätzen 2 mit 4 nicht errechnen, so schreibt § 47 Abs. 5 VersAusglG eine Bewertung nach versicherungsmathematischen Grundsätzen vor. Nach § 253 Abs. 2 HGB wird der Rechnungszins für die Bewertung von Pensionsrückstellungen durch eine Rechtsverordnung ermittelt und monatlich von der Deutschen Bundesbank bekanntgegeben. Diese Regelung kann für die Zwecke des Versorgungsausgleichs nutzbar gemacht werden.[33] 38

Ob der korrespondierende Kapitalwert einen wirksamen Maßstab für den Vergleich der einzelnen Versorgungen darstellt, ist bereits heute sehr umstritten. Verschiedene Autoren werden mit Hilfe von Tabellen versuchen für die Praxis Handreichungen zu geben. Das ist versicherungsmathematisch bedenklich, aber für die Anwendung in der täglichen Arbeit wünschenswert. 39

5. Bewertungsvorschriften für den Ehezeitanteil und den Ausgleichswert

a) Allgemeine Bewertungsvorschrift

In § 5 VersAusglG enthält das neue Gesetz eine allgemeine Regelung für die Bewertung des **Ausgleichswertes** und des **Ehezeitanteils** (Definition in § 1 Abs. 2 VersAusglG). Die §§ 39 bis 46 VersAusglG enthalten Regelungen für die Bewertung von Anwartschaften und laufende Versorgungen, wobei die Vorschriften der §§ 39 bis 42 VersAusglG wiederum allgemeinere Vorschriften darstellen, während die §§ 43 bis 46 VersAusglG Sondervorschriften für die Berechnung von Anrechten aus speziellen Versorgungen vorsehen. 40

b) Auskunftspflicht gegenüber dem Gericht

§ 220 des neuen FamFG korrespondiert mit § 5 VersAusglG. Die Vorschrift normiert die **Auskunftspflicht der Beteiligten** nach § 219 FamFG für die einzelnen Versorgungen, vor allem auch der Versorgungsträger (§ 220 Abs. 4 FamFG) **gegenüber dem Gericht.** Davon zu unterscheiden sind die Auskunftsansprüche der Beteiligten untereinander nach § 4 VersAusglG. Allerdings haben die Ehegatten, Hinterbliebenen und Erben, soweit sie die Auskünfte vom anderen Ehegatten nicht erhalten können, einen Auskunftsanspruch gegen die betroffenen Versorgungsträger (§ 4 Abs. 2 VersAusglG). Die Versorgungsträger können Auskünfte von den anderen Beteiligten verlangen (§ 4 Abs. 3 VersAusglG; vgl Rn 201). 41

c) Maßgeblicher Zeitpunkt für die Bewertung

Nach § 5 Abs. 2 VersAusglG ist maßgeblicher **Zeitpunkt für die Bewertung das Ende der Ehezeit (§ 3 Abs. 1 VersAusglG).** Dies gilt für die Bewertung des Ehezeitanteils und damit auch für die Bestimmung des Ausgleichswertes.[34] Maßgeblich ist also das **Stichtagsprinzip.** Die Ausnahme hiervon regelt § 5 Abs. 2 S. 2 VersAusglG, soweit es um 42

33 BT-Drucks. 16/11903, S. 112.
34 BT-Drucks. 16/10144, S. 49.

Änderungen geht, die zwischen Ehezeitende und Entscheidung eintreten (Teil B Fall 7 Rn 435; Fall 8 Rn 436), aber nur soweit sie rückwirkend zu einer anderen Bewertung des Ehezeitanteils und damit gleichzeitig des Ausgleichswerts (§ 1 Abs. 2 VersAusglG) führen.[35] Dies folgt nach der Rechtsprechung des BGH im geltenden Recht aus dem Rechtsgedanken des § 10 a VAHRG (Abänderungsverfahren) und im neuen Recht aus der ebenfalls gegebenen Abänderungsmöglichkeit nach §§ 225, 226 FamFG.[36] Allerdings sind Wertentwicklungen des Anrechts, zB der Dynamik und nachehezeitlicher Veränderungen ohne Bezug zur Ehezeit nicht zu berücksichtigen.[37]

d) Bestimmung von Ehezeitanteil, Ausgleichswert, korrespondierendem Kapitalwert

43 § 5 Abs. 1 VersAusglG legt den Versorgungsträgern die Pflicht auf, den **Ehezeitanteil** des Anrechts zu berechnen, und zwar (je nach Art der Versorgung) in **Form von Entgeltpunkten, eines Rentenbetrags**, eines **Kapitalwerts** oder **einer anderen** für das jeweilige Versorgungssystem maßgeblichen **Bezugsgröße.**[38] Die Versorgungsträger besitzen kein Wahlrecht hinsichtlich der Bezugsgröße. Maßgeblich ist allein die Bezugsgröße des jeweiligen Versorgungssystems.[39] Ausnahmen bestehen nur, sofern die Bewertungsvorschriften der §§ 39 ff VersAusglG Wahlrechte einräumen[40] oder konkrete Vorgaben zur Berechnung von Ehezeitanteil und Ausgleichswert für besondere Anrechte enthalten.[41] Gleichzeitig hat der Versorgungsträger dem Familiengericht einen **Vorschlag** für die Bestimmung des **Ausgleichswertes** zu unterbreiten und, falls er keinen Kapitalwert bei seiner Berechnung zugrunde legt, einen **korrespondierenden Kapitalwert** nach § 47 VersAusglG mitzuteilen (§ 5 Abs. 3 VersAusglG). Damit obliegt die **Bewertung** und Berechnung eines Anrechts **dem Versorgungsträger**, was günstig für die Gerichte ist, da es sie von schwierigen Berechnungen und Bewertungsfragen befreit. Allerdings haben die Gerichte nach wie vor die mitgeteilte Bewertung zu überprüfen,[42] da die Versorgungsträger dem Familiengericht lediglich einen **Vorschlag** für die Bestimmung des **Ausgleichswertes** unterbreiten (§ 5 Abs. 3 VersAusglG). Dies entspricht dem System des neuen Versorgungsausgleichsgesetzes, wonach die Primärsysteme (die einzelnen Versorgungen) die Bewertungen vorgeben, die Bewertung sich also nach den Regeln des Primärsystems richtet, während das Versorgungsausgleichsgesetz als Sekundärsystem den Regeln des Primärsystems folgt. In der Praxis besteht aber die Gefahr, dass Gerichte tatsächlich eine Überprüfung nicht oder nicht im wesentlichen Umfang vornehmen, zumal die Materie in diesem Bereich nach wie vor sehr komplex und sehr schwer durchschaubar sein kann. Der Vorteil liegt darin, dass der mit seiner Versorgung vertraute Versorgungsträger die Bewertung des Anrechts vornimmt und den Ausgleichswert errechnet. Das Gericht hat den Ehezeitanteil selbst, zumindest zunächst, nicht zu ermitteln.[43]

---

35 BT-Drucks. 16/10144, S. 49.
36 BGH, FamRZ 1988, 1148; FamRZ 2003, 437; st. Rspr des BGH.
37 BT-Drucks. 16/10144, S. 49.
38 BT-Drucks. 16/11903, S. 102.
39 BT-Drucks. 16/11903, S. 102.
40 Vgl § 45 VersAusglG.
41 Vgl § 46 VersAusglG.
42 BT-Drucks. 16/10144, S. 49.
43 BT-Drucks. 16/10144, S. 49.

e) Maßgebliche Bezugsgröße

Die Versorgungsträger sind verpflichtet, den Ehezeitanteil (die Bewertung) nach den in ihrem jeweiligen Versorgungssystem maßgeblichen Bemessungs- bzw Bezugsgrößen zu bestimmen. So führt § 5 Abs. 1 VersAusglG beispielhaft **Entgeltpunkte** (typisch für die gesetzliche Rentenversicherung), einen **Rentenbetrag** (zB Beamtenversorgung) oder einen **Kapitalwert** auf. Es ist aber auch eine **andere maßgebliche Bezugsgröße** des Versorgungssystems (§ 5 Abs. 1 Hs 1 VersAusglG) möglich (ein Wahlrecht des Versorgungsträgers besteht nicht; vgl oben Rn 43), das können zum Beispiel bei berufsständischen Versorgungswerken, etwa der **Zusatzversorgung des öffentlichen Dienstes, Versorgungspunkte** oder auch Leistungszahlen und Steigerungszahlen sein. Nachdem alle Versorgungen real geteilt werden, ist es nicht notwendig, bei den einzelnen Versorgungen vergleichbare Werte zu ermitteln.[44] 44

f) Korrespondierender Kapitalwert

Aus Gründen der Transparenz für die Beteiligten, vor allem der Eheleute, wird den Versorgungsträgern, soweit sie nicht ohnehin einen Kapitalwert ermitteln, aufgegeben, einen **korrespondierenden Kapitalwert nach § 47 VersAusglG mitzuteilen** (§ 5 Abs. 3 VersAusglG; s. auch Fall 4 Rn 432). 45

Beispiel: Eine Auskunft eines Versorgungsträgers aus der gesetzlichen Rentenversicherung nach § 220 Abs. 4 FamFG iVm § 5 Abs. 1, Abs. 3 VersAusglG enthält folgende Angaben:

E verfügt nach Auskunft des Trägers der gesetzlichen Rentenversicherung über eine Rente in Höhe von 100 EUR monatlich, die auf die Ehezeit entfällt, nach dem Recht, das vor dem 1.9.2009 im Versorgungsausgleich anzuwenden war.

Die Auskunft des Trägers nach dem 1.9.2009 (neues Recht) enthält den Ehezeitanteil des E in Höhe von 3,7651 Entgeltpunkten, den Ausgleichswert mit 1,8825 Entgeltpunkten und den korrespondierenden Kapitalwert in Höhe von 11.269,99 Euro (der dem Ausgleichswert entspricht). Der Träger wird nach dem 1.9.2009 eine Rente (von Ausnahmefällen abgesehen, zB beim schuldrechtlichen Versorgungsausgleich nach § 5 Abs. 4 VersAusglG) nach §§ 220 Abs. 4 FamFG iVm § 5 Abs. 1 u. Abs. 3 VersAusglG nicht mehr mitteilen.

Damit können das Gericht, aber auch andere Beteiligte, vor allem die Eheleute, eine **Versorgungsbilanz** aufstellen. Dies ist notwendig für Vereinbarungen der Eheleute über den Versorgungsausgleich (§ 6 VersAusglG) und gegebenenfalls im Rahmen von weiteren Folgesachen wie Unterhalt und Zugewinn für die Prüfung des Gerichts, ob der Versorgungsausgleich wegen grober Unbilligkeit nach § 27 VersAusglG auszuschließen und ob die Durchführung des Versorgungsausgleichs trotz geringwertiger Wertunterschiede oder eines geringen Ausgleichswerts am Stichtag nach § 18 Abs. 1, 2 VersAusglG geboten ist.[45] 46

§ 5 Abs. 5 VersAusglG verweist auf die Einzelheiten der Wertermittlung in den §§ 39 – 47 VersAusglG.

Weiteres Beispiel zum korrespondierenden Kapitalwert: Der Träger der gesetzlichen Rentenversicherung der F teilt dem Familiengericht einen Ehezeitanteil in Höhe von 2,259 Entgeltpunkten, einen Ausgleichswert in Höhe von 1,1295 Entgeltpunkten und einen korrespondierenden Kapitalwert in Höhe von 6.762 EUR mit. Zusätzlich ergibt die Auskunft des Trägers der betrieblichen Altersversorgung bei der F einen Ehezeitanteil in Höhe von 10 EUR monatlich und einen Aus- 47

44 BT-Drucks. 16/10144, S. 49.
45 BT-Drucks. 16/10144, S. 50.

gleichswert in Höhe von 5 EUR monatlich an Rente sowie einen korrespondierenden Kapitalwert in Höhe von 1.127,30 EUR.

Der Träger der gesetzlichen Rentenversicherung des M teilt dem Familiengericht einen Ehezeitanteil in Höhe von 3,7651 Entgeltpunkten, einen Ausgleichswert in Höhe von 1,8825 Entgeltpunkten und einen korrespondierenden Kapitalwert in Höhe von 11.269,99 EUR mit. Die Summe der Kapitalwerte beträgt bei M 11.269,99 EUR und bei F 7.889,30 EUR (zur Lösung im Einzelnen vgl Teil B Fall 4 Rn 432).

6. Unmittelbaren Bewertung

a) Vorrang der unmittelbaren Bewertung

48 Grundsätzlich unterliegt eine Anwartschaft der **unmittelbaren Bewertung nach § 39 Abs. 1 VersAusglG.**[46] Dies gilt auch für einen laufenden Bezug nach § 41 Abs. 1 VersAusglG. Richtet sich ein Wert nach einer Bezugsgröße, die unmittelbar bestimmten Zeitabschnitten zugeordnet werden kann, so ist auf diese Art und Weise der Ehezeitanteil zu errechnen. Ein Beispiel bildet die gesetzliche Rentenversicherung, die nach Entgeltpunkten rechnet. Entgeltpunkte sind bestimmten Zeitabschnitten (einem Monat, einem Jahr) zuzuordnen. Mit Hilfe des Umrechnungsfaktors (aktueller Rentenwert) lässt sich der Zahlbetrag einer Rente für die Parteien errechnen (aber nicht mehr für den Versorgungsausgleich im Regelfall notwendig).

49 Wie sich aus § 40 Abs. 1 VersAusglG erschließt, räumt das Gesetz der **unmittelbaren Bewertung den Vorrang ein.** Es gibt aber verschiedene Versorgungen, bei denen Teile der Versorgung der unmittelbaren Bewertung unterliegen, und andere Teile nur zeitratierlich errechnet werden können.[47]

b) Fälle der unmittelbaren Bewertung

50 § 39 Abs. 2 VersAusglG zählt beispielhaft Versorgungssysteme auf, die der unmittelbaren Bewertung unterliegen.

51 aa) § 39 Abs. 2 Nr. 1 VersAusglG bezieht sich auf Anrechte, deren Bewertung sich aus der Summe von **Entgeltpunkten** oder vergleichbaren Rechengrößen, wie Versorgungspunkten oder Leistungszahlen, ergibt. Der wichtigste Anwendungsfall ist die **gesetzliche Rentenversicherung** (Fall 1 Rn 429; Fall 2 Rn 430), aber auch die Zusatzversorgung des öffentlichen Dienstes.[48]

52 bb) § 39 Abs. 2 Nr. 2 VersAusglG betrifft **private Renten-Lebensversicherungen.** Nach dieser Vorschrift teilt der Versorgungsträger nur das **Deckungskapital**, das auf die Ehezeit entfällt, mit. Einer Umrechnung, wie bisher (§ 1587a Abs. 2 Nr. 5 BGB) über die fiktive Umwandlung in eine prämienfreie Versicherung, bedarf es nicht.[49]

53 cc) § 39 Abs. 2 Nr. 3 VersAusglG regelt die Bewertung neuerer Arten der **betrieblichen Altersversorgung**, die in meist jährlichen **Rentenbausteinen (Kapital)** rechnen (Fall 2 Rn 430).

---

46 BT-Drucks. 16/10144, 77.
47 Zu den Einzelheiten BT-Drucks. 16/10144, S. 79.
48 BT-Drucks. 16/10144, S. 78.
49 BT-Drucks. 16/10144, S. 79.

dd) Für meist **berufsständische Versorgungen** gilt § 39 Abs. 2 Nr. 4 VersAusglG (bisher § 1587 a Abs. 2 Nr. 4 c BGB). Die Vorschrift des § 39 Abs. 2 Nr. 5 VersAusglG entspricht dem bisherigen § 1587 a Abs. 2 Nr. 4 a BGB.[50] 54

7. Zeitratierliche Berechnung

a) Berechnungsmethode

Soweit die unmittelbare Bewertung einer Anwartschaft ausscheidet, ist die **zeitratierliche Bewertung** (Fall 3 Rn 431) einer Anwartschaft nach § 40 VersAusglG **nachrangig** zu prüfen. § 40 Abs. 2 VersAusglG definiert die Berechnung im Wege einer mathematischen Formel, wobei § 40 Abs. 3 VersAusglG als Bemessungsgrundlage das Ende der Ehezeit vorgibt (wie schon § 5 Abs. 2 S. 1 VersAusglG). Tatsächliche oder rechtliche Änderungen zwischen Ende der Ehezeit und dem Zeitpunkt der Entscheidung sind aber zu berücksichtigen (Fall 8 Rn 436). § 40 Abs. 3 Hs 1 VersAusglG weist auf § 5 Abs. 2 S. 2 VersAusglG hin. Auch hier ist wieder der Rechtsgedanke der §§ 225, 226 FamFG maßgeblich (vgl Rn 42). Der Hinweis auf die Bemessungsgrundlage ist wegen der prognostischen Werte bei der zeitratierlichen Berechnung notwendig. Die Vorschrift gilt auch für Leistungen (Rentenbezug) nach § 41 Abs. 2 VersAusglG. 55

Prüfungsreihenfolge: 56

aa) Bewertung der vollen Versorgung unter Hochrechnung auf das 65. Lebensjahr (R)

bb) zeitanteilige Berechnung („pro-rata-temporis") durch Verhältnisbildung des Ehezeitanteils (m) der Betriebszugehörigkeit zur gesamt möglichen hochgerechneten Betriebszugehörigkeit (n) (Verhältniswert = Bruchteil oder Prozentsatz)
Also: Multiplikation der Versorgung nach Bewertung mit dem Verhältniswert (Bruchteil oder Prozentsatz): m/n x R.

Beispiel bei einer betrieblichen Altersversorgung (nach bisherigen § 1587 a Abs. 2 Nr. 3 BGB, **jetzt aber Änderung nach § 45 Abs. 2 VersAusglG):**

- **Nach altem Recht** 57
  Eine betriebliche Altersversorgung gewährt 7.200 EUR Rente pro Jahr bei Erreichen des 65. Lebensjahrs. Der Ehegatte hat dann 40 Jahre dem Betrieb angehört. In die Ehezeit fallen davon 20 Jahre. Der Ehezeitanteil beträgt 20/40 x 7.200 EUR = 3.600 EUR jährlich oder 300 EUR monatlich.

- **Nach neuem Recht** 58
  Bei Ehezeitende ist der Ehegatte 30 Jahre im Betrieb. Die Ehezeit beträgt 20 Jahre. Er würde bei Ehezeitende eine Rente von 5.400 EUR erhalten.

Berechnung des Ehezeitanteils: 20/30 x 5.400 EUR = 3.600 EUR oder 300 EUR monatlich.

b) Beamtenversorgung

§ 40 Abs. 4 VersAusglG nennt als **Hauptanwendungsfall** der zeitratierlichen Bewertung, Versorgungssysteme, bei denen der Versorgungsausgleich vom Entgelt beim Eintritt des Versorgungsfalls abhängt. Dies gilt insbesondere für die **Beamtenversorgung** 59

50 BT-Drucks. 16/10144, S. 79.

(bisher § 1587 a Abs. 2 Nr. 1 BGB; s. hierzu auch Fall 3 Rn 431; Fall 9 Rn 437), aber auch für bestimmte betriebliche Versorgungszusagen (zB wie bisher bei § 1587 a Abs. 2 Nr. 3 BGB).[51]

c) Familienbezogene Bestandteile

60 § 40 Abs. 5 VersAusglG entspricht dem bisherigen § 1587 a Abs. 8 BGB, wonach familienbezogene Bestandteile des Ehezeitanteils, die die Ehegatten nur aufgrund einer Ehe oder für die Kinder erhalten, bei der zeitratierlichen Bewertung nicht zu berücksichtigen sind.

d) Berechnung von Anrechten in der Leistungsphase

61 Nach § 41 VersAusglG unterliegen auch **Anrechte in der Leistungsphase** (also bei einem bestehenden Rentenbezug) dem Versorgungsausgleich. Ihre Bewertung folgt den Vorschriften der Bewertung von Anwartschaften nach §§ 39 u. 40 VersAusglG. Vorrang hat wieder die unmittelbare Bewertung nach § 39 Abs. 1 VersAusglG. § 41 Abs. 2 VersAusglG stellt klar, dass auch bei der Anwendung der zeitratierlichen Bewertung der tatsächliche Versorgungsbezug zugrunde zu legen ist. Es darf also nicht mehr auf die höchstens erreichbare Zeitdauer hochgerechnet werden, da die tatsächlichen Werte im Zeitpunkt des Versorgungsbezugs bekannt sind. Für Versorgungen, die der unmittelbaren Bewertung folgen, ergibt sich das aus § 41 Abs. 1 VersAusglG in Verbindung mit den einzelnen Versorgungen.

Die Rechtsprechung des BGH zum Bestandsschutz von Renten wegen Erwerbsminderung bleibt bestehen.[52]

62 Nachdem bei der gesetzlichen Rentenversicherung nunmehr Entgeltpunkte geteilt werden, bedarf es der weiteren Bewertungsvorschrift des alten § 1587 a Abs. 2 Nr. 2 BGB, wonach die Bewertung ohne Berücksichtigung des Zugangsfaktors erfolgt, nicht mehr.[53] Die umstrittene Rechtsprechung des BGH bei vorzeitigem Rentenbezug ist damit hinfällig.[54]

e) Auffangtatbestand für die Bewertung

63 Kann eine Bewertung nach §§ 39 u. 40 bzw 41 VersAusglG nicht erfolgen, so ordnet der **Auffangtatbestand des § 42 VersAusglG** eine Bewertung nach Billigkeit an. Dies gilt auch in den Fällen, in denen die unmittelbare Bewertung oder die zeitratierliche Bewertung zu einem Ergebnis führt, das dem Grundsatz der Halbteilung nicht entspricht. Bei der Ausfüllung des Ermessens sind versicherungsmathematische Grundsätze heranzuziehen.[55]

---

51 BT-Drucks. 16/10144, S. 79; BGH, FamRZ 2007, 891.
52 Zu den Einzelheiten: BT-Drucks. 16/10144, S. 79/80; BGH FamRZ 1997, 160.
53 BT-Drucks. 16/10144, S. 80.
54 BGH FamRZ 2007, 1542; FamRZ 2008, 1602; FamRZ 2009, 28; FamRZ 2009, 107; FamRZ 2009, 948.
55 BT-Drucks. 16/10144, S. 80.

8. Sondervorschriften für bestimmte Versorgungen

64 In Kapital 2 (Sondervorschriften für bestimmte Versorgungen) regelt das Gesetz die Besonderheiten für bestimmte Versorgungssysteme. Diese Regelungen gehen den Regelungen der §§ 39–42 VersAusglG vor.

a) Gesetzliche Rentenversicherung

65 **§ 43 VersAusglG** betrifft die Anrechte aus der **gesetzlichen Rentenversicherung,** einem der Hauptversicherungssysteme in der Bundesrepublik Deutschland. Die Mehrzahl der Bevölkerung besitzt Ansprüche in diesem Versicherungssystem.

66 aa) Zunächst stellt § 43 Abs. 1 VersAusglG klar, dass die Grundsätze der unmittelbaren Bewertung gelten, was sich auch aus § 39 Abs. 1, Abs. 2 Nr. 1 VersAusglG ergibt. Eine grundsätzliche Änderung zum bisher bestehenden Recht (§ 1587 a Abs. 2 Nr. 2 BGB) folgt aus dieser Vorschrift nicht.

67 bb) § 43 Abs. 2 VersAusglG regelt einen Sonderfall bei abzuschmelzenden Besitzschutzbeträgen für Renten im Beitrittsgebiet nach dem SGB VI nach der Scheidung.[56]

68 cc) § 43 Abs. 3 VersAusglG bestimmt, dass besondere Wartezeiten in der gesetzlichen Rentenversicherung nur dann werterhöhend zu berücksichtigen sind, wenn sie am Ende der Ehezeit (§ 5 Abs. 2 VersAusglG) erfüllt sind oder in Ausnahmefällen nach Ende der Ehezeit eine Rückwirkung auf die Ehezeit entfalten. Sie hat klarstellenden Charakter.[57]

b) Anrechte öffentlicher Dienst

69 § 44 VersAusglG als **Sondervorschrift für die Anrechte aus einem öffentlich-rechtlichen Dienstverhältnis** (Beamtenversorgung; s. auch Fall 3 Rn 431) ordnet unter Abs. 1 die zeitratierliche Bewertung an. Insofern besteht, ebenso wie in Abs. 2, keine Änderung zum bisher geltenden Recht (§ 1587 a Abs. 2 Nr. 1, § 1587 a Abs. 6 Hs 1 BGB).[58]

70 aa) § 44 Abs. 3 VersAusglG regelt die Bewertung, wenn einer Person **mehrere Versorgungen** zustehen und **auf die Beamtenversorgung andere Versorgungen anzurechnen sind,** typischerweise aus der gesetzlichen Rentenversicherung. Auch dies stellt keine grundsätzliche Neuregelung zum geltenden Recht dar (§ 1587 a Abs. 6 Hs 2 BGB). Die dazu ergangene Rechtsprechung hat der Gesetzestext aufgenommen.[59] Die Berechnung ist im Einzelfall schwierig. Auf eine Erläuterung wird hier verzichtet.[60]

71 bb) § 44 Abs. 4 VersAusglG ordnet für die Bewertung von **Beamten auf Widerruf und von Soldaten und Soldatinnen auf Zeit** eine **fiktive Nachversicherung** (Fall 10 Rn 438) in der gesetzlichen Rentenversicherung an. Dies entspricht der ständigen Rechtsprechung des BGH in diesen Fällen.[61] Eine Änderung zur Rechtsprechung ergibt sich aus dieser Vorschrift nicht. Die Auskunft hat das Familiengericht beim Träger der gesetzlichen Rentenversicherung einzuholen.[62]

---

56 Zu den Einzelheiten: BT-Drucks. 16/10144, S. 81.
57 Zu den Einzelheiten: BT-Drucks. 16/10144, S. 81.
58 BT-Drucks. 16/10144, S. 81.
59 BT-Drucks. 16/10144, S. 81.
60 BGH FamRZ 1983, 538; 1983, 1005, 1986, 563; 2000, 746; 2000, 748; 2005, 511.
61 BGH, FamRZ 2003, 29.
62 BT-Drucks. 16/10144, S. 81.

c) Anrechte nach dem Betriebsrentengesetz

72 § 45 VersAusglG enthält Sondervorschriften für Anrechte nach dem **Betriebsrentengesetz** (§§ 1 ff BetrAVG; s. auch Fall 1 und 2 Rn 429 f).[63] Die Vorschrift regelt die Bewertung nach den Bewertungsvorschriften des Betriebsrentengesetzes. Dh, der Versorgungsausgleich als Sekundärsystem folgt dem System der Betriebsrenten als Primärsystem. § 45 Abs. 1 u. Abs. 2 VersAusglG lässt sich daher, da trotz sprachlich klarer Fassung, nicht leicht verständlich, dahingehend zusammenfassen, **dass die Bewertung der Betriebsrenten nach den Bewertungsregeln des Betriebsrentengesetzes erfolgt.** Insofern liegt eine Änderung zur geltenden Gesetzeslage nach § 1587 a Abs. 2 Nr. 3 BGB vor, die durch die starke Aufsplitterung und Veränderung der Betriebsrenten häufig nicht mehr Anwendung finden konnte und zu keinen sachgerechten Ergebnissen führte.[64] Bei der nachrangigen zeitratierlichen Berechnung nach § 45 Abs. 2 VersAusglG ist die ehezeitliche Betriebszugehörigkeit m zur gesamten Betriebszugehörigkeit **bis zum Ehezeitende** n ins Verhältnis zu setzen.

Beispiel: Nach neuem Recht: Bei Ehezeitende ist der Ehegatte 30 Jahre im Betrieb. Die Ehezeit beträgt 20 Jahre. Er würde bei Ehezeitende eine Rente von 5.400 EUR erhalten.

Lösung:

Berechnung des Ehezeitanteils: 20/30 x 5.400 EUR = 3.600 EUR oder 300 EUR monatlich.

Die Bewertung nimmt der Versorgungsträger vor.

73 aa) § 45 Abs. 1 S. 1 VersAusglG bestimmt, dass bei einem auszugleichenden Anrecht im Sinne des Betriebsrentengesetzes vom Wert des Anrechts entweder als **Rentenbetrag** nach § 2 BetrAVG oder als **Kapitalwert** nach § 4 Abs. 5 BetrAVG auszugehen ist.[65]

bb) § 45 Abs. 1 S. 2 VersAusglG fingiert für die Wertermittlung, das Ausscheiden aus dem Betrieb zum Ehezeitende.[66]

74 cc) § 45 Abs. 2 VersAusglG regelt den Vorrang der unmittelbaren Bewertung des Ehezeitanteils. Nur in den Fällen, in denen dies nicht möglich ist, ordnet § 45 Abs. 2 S. 2 VersAusglG die zeitratierliche Bewertungsmethode an und gibt in S. 3 die mathematische Berechnungsformel vor.[67]

d) Zusatzversorgung des öffentlichen Dienstes oder des kirchlichen Dienstes

75 Bei der **Zusatzversorgung des öffentlichen Dienstes oder des kirchlichen Dienstes** (Fall 11 Rn 439) handelt es sich zwar auch um Betriebsrenten. Sie sind aber nicht in Betriebsrentengesetz geregelt und folgen anderen Bewertungen, so dass § 45 VersAusglG nicht für diese Versorgungen gilt (§ 45 Abs. 3 VersAusglG). Ihre Bewertung erfolgt nach § 39 VersAusglG (falls sie nach **Versorgungspunkten** rechnen) **oder** nach § 40 VersAusglG (soweit eine **zeitratierliche** Bewertung zu erfolgen hat).

63 BT-Drucks. 16/10144, S. 81.
64 BT-Drucks. 16/10144, S. 81/82.
65 BT-Drucks. 16/10144, S. 82.
66 BT-Drucks. 16/10144, S. 82.
67 Zu den Einzelheiten mit informativem Beispiel: BT-Drucks. 16/10144, S. 82/83.

e) Private Rentenversicherung

Schließlich enthält § 46 VersAusglG Sondervorschriften für die Anrechte aus **Privatrentenversicherungen** (bisher § 1587a Abs. 2 Nr. 5 BGB; s. hierzu Fall 12 Rn 440). Maßgeblich ist nunmehr der auf die Ehezeit entfallende **Rückkaufswert** (vgl auch § 39 VersAusglG). Die Regelung der Bewertung im Versorgungsausgleich folgt den Bewertungsvorschriften im privaten Versicherungsvertrag.[68] Die Einzelheiten der Bewertung ergeben sich aus **§ 169 Abs. 3 S. 1, Abs. 4 S. 1 VVG.**[69] Der Versicherungsträger kann nach § 46 S. 2 VersAusglG Stornokosten nicht abziehen. 76

V. Durchführung der Teilung

Stehen die Werte der einzelnen Anrechte im Versorgungsausgleich nach §§ 5, 39 – 47 VersAusglG fest, so erfolgt die Teilung der einzelnen Anrechte jedes Ehegatten (§ 1 Abs. 1 VersAusglG). 77

Dabei unterscheidet das Gesetz nur zwischen der internen Teilung nach §§ 10 ff VersAusglG und der externen Teilung nach §§ 14 ff VersAusglG.

Die interne Teilung ist vorrangig (§ 9 Abs. 2 VersAusglG), die externe Teilung nachrangig. Sie kommt nur in bestimmten Ausnahmefällen vor (§ 9 Abs. 3 VersAusglG).

1. Grundsatz der internen Teilung nach § 10 VersAusglG[70]

§ 10 VersAusglG ordnet **vorrangig** (§ 9 Abs. 2 VersAusglG) **die interne Teilung** jedes Anrechts der Ehegatten an. Das bedeutet im Regelfall ein **sog. Hin- und Her-Ausgleich** im Gegensatz zum bisherigem Recht (§ 1587b Abs. 3 l. Hs BGB). Der Ausgleich erfolgt durch das Familiengericht, in dem es für die ausgleichsberechtigte Person zu Lasten des Anrechts der ausgleichspflichtigen Person ein Anrecht in Höhe des Ausgleichswerts bei dem Versorgungsträger, bei dem das Anrecht der ausgleichspflichtigen Person besteht, überträgt. Der **Ausgleichswert** (§ 1 Abs. 2 VersAusglG) stellt die **Hälfte des Wertes des Ehezeitanteils** eines Anrechts nach entsprechender Bewertung dar, wozu der Versorgungsträger eine Auskunft („Vorschlag“) nach § 5 Abs. 3 VersAusglG erteilt. Er teilt also bereits den hälftigen Wert des Ehezeitanteils mit. Die Formulierung „Übertragung“ entspricht der bisherigen Gesetzeslage in § 1587b Abs. 1 BGB.[71] **Der Ausgleich erfolgt durch Teilung des Anrechts des Ausgleichsverpflichteten für den Ausgleichsberechtigten im Versorgungssystem des Ausgleichsverpflichteten.** 78

Beispiel: Der Versorgungsträger der gesetzlichen Rentenversicherung teilt dem Familiengericht einen Ausgleichswert des M in der gesetzlichen Rentenversicherung in Höhe von 6 Entgeltpunkten mit, bei der F von 3 Entgeltpunkten.

Das Familiengericht hat in zwei Schritten zu entscheiden:

Es überträgt 6 Entgeltpunkte zu Lasten der gesetzlichen Rentenversicherung des M für die F in der gesetzlichen Rentenversicherung beim Versorgungsträger des M.

Es überträgt 3 Entgeltpunkte zu Lasten der gesetzlichen Rentenversicherung der F für den M in der gesetzlichen Rentenversicherung beim Versorgungsträger der F.

---

68 BT-Drucks. 16/10144, S. 83.
69 BT-Drucks. 16/10144, S. 84 mit weiteren Einzelheiten zur Bewertung.
70 BT-Drucks. 16/10144, S. 37, 42;Triebs FPR 2009, 202.
71 BT-Drucks. 16/10144, S. 54/55.

Nach § 10 Abs. 2 VersAusglG vollzieht der **Versorgungsträger** nach der internen Teilung durch das Familiengericht den Ausgleich nur in Höhe des Wertunterschiedes nach Verrechnung bei **gleichartigen Anrechten**.

Beim obigen Beispiel überträgt der Versorgungsträger im Wege der Verrechnung 3 Entgeltpunkte vom Versicherungskonto des M auf das Versicherungskonto der F (6 Entgeltpunkte – 3 Entgeltpunkte = 3 Entgeltpunkte).

Die Verrechnung ist also ausdrücklich den **Versorgungsträgern**, und nicht den Familiengerichten, überlassen. Entsprechendes gilt bei verschiedenen Versorgungsträgern, bei denen bei gleichartigen Anrechten Vereinbarungen über eine Verrechnung bestehen (§ 10 Abs. 2 S. 2 VersAusglG). Wie die Übertragung im Einzelnen zu vollziehen ist, folgt aus den Regelungen des auszugleichenden und des zu übertragenden Anrechts (§ 10 Abs. 3 VersAusglG).

Im Beispiel also nach dem SGB VI, das die gesetzliche Rentenversicherung regelt.[72]

Bei anderen Versorgungen können dies Gesetze sein (Beamtenversorgungsgesetz beispielsweise) oder auch Satzungen und untergesetzliche Regelungen. Diese sind aber an § 11 VersAusglG zu messen (unten Rn 80).

2. Anforderungen an die interne Teilung nach § 11 VersAusglG

79 Die **interne Teilung nach §§ 10, 11 VersAusglG stellt ein Kernstück** des neuen Rechts zum Versorgungsausgleich dar (Fall 13 Rn 441; Fall 14 Rn 442).[73] Nachdem nunmehr viele Anrechte real geteilt werden, muss das neue Gesetz Regelungen für die Anforderungen an die interne Teilung treffen. **Das Familiengericht trifft die Verpflichtung beispielsweise Regelungen in der Satzung zur internen Teilung am Maßstab des § 11 VersAusglG zu überprüfen.** § 11 VersAusglG gilt nicht für Versorgungen, die eigenständige gesetzliche Regelungen über den Versorgungsausgleich besitzen.[74] Vor allem eine der wichtigsten Versorgungen, die gesetzliche Rentenversicherung, ist gesetzlich im SGB VI geregelt. Hier finden sich auch detaillierte Bestimmungen für den Versorgungsausgleich. Damit betrifft die Vorschrift **hauptsächlich privatrechtliche Regelungen in Satzungen** von Versorgungsträgern, vor allem der **betrieblichen Altersversorgung** und der **berufsständischen Versorgungen.**[75] Soweit eine interne Teilung bei der Beamtenversorgung in Betracht kommt (vgl Art. 5, Gesetz über die interne Teilung beamtenversorgungsrechtlicher Ansprüche von Bundesbeamtinnen und Bundesbeamten im Versorgungsausgleich),[76] findet § 11 VersAusglG ebenfalls keine Anwendung, da gesetzliche Regelungen wie bei der gesetzlichen Rentenversicherung und der Beamtenversorgung ohnehin verfassungsrechtlichen Vorgaben entsprechen müssen.

a) Gleichwertige Teilhabe

80 § 11 Abs. 1 S. 1 VersAusglG regelt den allgemeinen Grundsatz, dass die interne Teilung **die gleichwertige Teilhabe der Ehegatten** an den in der Ehezeit erworbenen Anrechten sicherstellen muss. In § 11 Abs. 1 S. 2 VersAusglG konkretisiert der Gesetzgeber gewisse Mindestanforderungen. Es ist im Rahmen des Versorgungsausgleichsgesetzes nicht möglich, einzelne Ausgestaltungen der internen Teilung zu regeln, da die Versorgungen sehr unterschiedlich und sehr zahlreich sind. Zum anderen soll den vor allem

72 Zu den weiteren Einzelheiten: BT-Drucks. 16/10144, S. 55.
73 BT-Drucks. 16/10144, S. 37, 54.
74 BT-Drucks. 16/10144, S. 55; Triebs, FPR 2009, 202.
75 BT-Drucks. 16/10144, S. 55.
76 BT-Drucks. 16/10144, S. 22 ff, 103; BGBl. 2009 , S. 716.

privaten Versorgungsträgern ein wünschenswerter Spielraum für passgenaue Regelungen erhalten bleiben. Detaillierte gesetzliche Regelungen würden diesen Spielraum einengen.[77] Einzelheiten der Regelungen sind den Versorgungsträgern zu überlassen, wie bisher schon nach § 1 Abs. 2 S. 2 VAHRG und der dazu ergangenen Rechtsprechung.[78] Allerdings müssen die Regelungen gewissen verfassungsrechtlichen Mindestanforderungen nach der bisherigen Rechtsprechung genügen.

b) Regelungsauftrag an private Versorgungsträger

§ 11 Abs. 1 VersAusglG enthält nach den Vorstellungen des Gesetzgebers daher primär einen Regelungsauftrag an die (meist privaten) Versorgungsträger, Bestimmungen über die interne Teilung von Anrechten zu treffen.[79] Es bleibt abzuwarten, ob, wie in der Vergangenheit nicht, nunmehr diese Versorgungsträger entsprechende Regelungen in ihre Satzungen aufnehmen werden. 81

Soweit solche Regelungen fehlen oder aber entsprechende Regelungen in den Satzungen gegen den Maßstab des § 11 Abs. 1 VersAusglG verstoßen, stellt **§ 11 Abs. 2 VersAusglG einen Auffangtatbestand** dar, wonach die Vorschriften über das Anrecht der ausgleichspflichtigen Person in diesen Fällen entsprechend anzuwenden sind.[80] Soweit keine der Satzungen eine Regelung vorsieht, dürfte eine Regelungslücke vorliegen. Die Mindestanforderungen, die § 11 Abs. 1 S. 2 Nr. 1 bis 3 VersAusglG normiert, kodifizieren die bisherige Rechtsprechung zu § 1 Abs. 2 VAHRG.[81] Mögliche Regelungen der Versorgungsträger können in Satzungen, Betriebsvereinbarungen, Einzelzusagen, im Tarifvertrag oder Geschäftsplan entwickelt werden.[82]

c) Eigenständige Versorgung

Nach § 11 Abs. 1 S. 2 Nr. 1 VersAusglG muss die ausgleichsberechtigte Person eine **eigenständige Versorgung** aufgrund der Teilung erhalten. Sie muss also einen selbstständigen Anspruch gegen den Versorgungsträger der ausgleichspflichtigen Person erlangen. Es hat eine endgültige Trennung der Versorgungsschicksale der Ehegatten zu erfolgen. Das Versorgungsschicksal der ausgleichsberechtigten Person darf damit nicht von der ausgleichspflichtigen Person abhängen. Eine Abtretung ist nicht ausreichend. Bei privaten Lebensversicherungsverträgen und bei Direktversicherungen der betrieblichen Altersversorgung muss die ausgleichsberechtigte Person selbstversicherte Person werden.[83] 82

d) Vergleichbare Sicherung

§ 11 Abs. 1 S. 2 Nr. 1 VersAusglG normiert, dass das zu übertragende Anrecht **vergleichbar gesichert** sein muss wie das auszugleichende Anrecht. Für betriebliche Altersversorgungen bedeutet dies nach §§ 7 ff BetrAVG in Verbindung mit § 12 VersAusglG eine **Insolvenzsicherung** für die ausgleichsberechtigte Person. Für private Ver- 83

77 BT-Drucks. 16/10144, S. 55.
78 BT-Drucks. 16/10144, S. 55/56.
79 BT-Drucks. 16/10144, S. 55/56.
80 BT-Drucks. 16/10144.
81 BT-Drucks. 16/10144, S. 56; BGH, FamRZ 1988, 1254; FamRZ 1989, 951; FamRZ 1997, 1470, FamRZ 1999, 158.
82 BT-Drucks. 16/10144, S. 56.
83 BT-Drucks. 16/10144, S. 56.

sorgungen gilt der Versicherungsschutz des Versicherungsaufsichtsrechts.[84] In den beiden genannten Fällen ist dies unproblematisch, da sich die Sicherung aus dem Gesetz ergibt. Soweit aber das Betriebsrentengesetz keine Anwendung findet, zB bei betrieblichen Unternehmungsversorgungen eines allein geschäftsführenden Gesellschafters, besteht häufig kein Insolvenzschutz, erlangt § 11 Abs. 1 Nr. 1 VersAusglG Bedeutung. Wenn die Rente des Ausgleichsverpflichteten keinen Insolvenzschutz kennt, muss aber das zu übertragende Anrecht für den Berechtigten ebenfalls keinen Insolvenzschutz vorsehen. Etwas anderes gilt nur, wenn die Versorgung des Ausgleichsverpflichteten eine entsprechende Absicherung vorsieht, zB, wenn sie durch eine Lebensversicherung rückgedeckt ist.[85] Die letztgenannten Möglichkeiten werden in der Praxis aber wohl eher von untergeordneter Bedeutung sein.

e) Vergleichbare Wertentwicklung

84 § 11 Abs. 1 S. 2 Nr. 2 VersAusglG sichert dem Ausgleichsberechtigten aufgrund der Teilung ein **Anrecht in Höhe des Ausgleichswerts mit vergleichbarer Wertentwicklung** (s. Fall 13 Rn 441). Nach der Gesetzesbegründung[86] stehen dem Versorgungsträger **drei Möglichkeiten** zur Verfügung, was nach bisheriger Rechtsprechung nicht einheitlich gehandhabt wurde. Es besteht die Möglichkeit

a) einer Teilung auf der Grundlage des Deckungskapitals,
b) einer Halbteilung von Rentenbeträgen und Bezugsgrößen und
c) der Ermittlung gleich hoher Rentenbeträge nach dem vorhandenen Deckungskapital und der entsprechenden Aufteilung dieses Deckungskapitals.[87]

Die vergleichbare Wertentwicklung nach Nr. 2 bedeutet aber auch, dass das zu übertragende Anrecht an **künftigen Anpassungen** in der Anwartschafts- und/oder in der Leistungsphase in gleichem Umfang wie bei der ausgleichspflichtigen Person teilnimmt. Ob diese Voraussetzung erfüllt werden kann, erscheint zweifelhaft. Insofern besteht erheblicher Streit.[88] Veränderungen von Satzungen und Bemessungsgrundlagen, die nach dem Ehezeitende ohne Bezug zur Ehezeit eintreten, bleiben allerdings außer Betracht (vgl § 5 Abs. 2 VersAusglG).[89]

f) Gleiche Qualität der Risikoabsicherung (Altersrente)

85 Nach § 11 Abs. 1 S. 2 Nr. 3 VersAusglG soll das zugeteilte Anrecht **grundsätzlich die gleiche Qualität wie das auszugleichende Anrecht** haben, also die gleichen Risiken absichern.[90] Es bedeutet auf jeden Fall eine Absicherung durch eine **lebenslange Altersversorgung**. Häufig sehen Versorgungen daneben eine Invaliditätsabsicherung und Hinterbliebenenversorgung vor, was aber nach Nr. 3 nicht zwingend ist. Es genügt also den Anforderungen nach Nr. 3, wenn nur das Risiko der Altersversorgung abgesichert

84 BT-Drucks. 16/10144, S. 56.
85 BT-Drucks. 16/10144, S. 56.
86 BT-Drucks. 16/10144, S. 56.
87 BT-Drucks. 16/10144, S. 56.
88 Bergner ZRP 2008, 211; Rehme, FuR 2008, 370, 433, 474; FamRZ 2008, 738; Häußermann, BetrAV 2008, 428.
89 BT-Drucks. 16/10144, S. 56.
90 BT-Drucks. 16/10144, S. 56.

ist. Allerdings ist in diesem Fall der verminderte Risikoschutz im Rahmen der Altersversorgung zu kompensieren.[91]

Die Voraussetzungen des § 11 Abs. 1 S. 2 Nr. 1 mit 3 VersAusglG müssen kumulativ vorliegen.

g) Auffangtatbestand

86 § 11 Abs. 2 VersAusglG stellt einen **Auffangtatbestand** dar, wenn der Versorgungsträger keine Regelung in seiner Satzung für den Versorgungsausgleich/Realteilung getroffen hat oder aber seine Regelung gegen § 11 Abs. 1 VersAusglG verstößt (vgl oben Rn 81).[92]

h) Sonderregelung für Betriebsrenten

87 § 12 VersAusglG hat eine **Sonderregelung für Betriebsrenten** bei der internen Teilung zum Inhalt. Die ausgleichsberechtigte Person erlangt in diesem Fall mit der Übertragung des Anrechts die **Stellung eines ausgeschiedenen Arbeitnehmers** im Sinne des Betriebsrentengesetzes. Das bedeutet, dass die Anpassungsregelungen für laufende Leistungen nach § 16 BetrAVG und der Insolvenzschutz nach §§ 7 ff BetrAVG auf die ausgleichsberechtigte Person Anwendung findet. Sie erhält ein Anrecht zur Fortsetzung der Versorgung mit eigenen Beiträgen nach § 1 b Abs. 5 S. 1 Nr. 2 BetrAVG und das Recht zur Mitnahme nach § 4 Abs. 3 BetrAVG. Für Rechtsstreitigkeiten der ausgleichsberechtigten Person mit dem Versorgungsträger ist das Arbeitsgericht zuständig.[93]

i) Kosten Interne Teilung

88 Der **Versorgungsträger kann bei der internen Teilung entstehende Kosten mit den Anrechten beider Ehegatten jeweils hälftig verrechnen** (s. Fall 15 Rn 443). Die Kosten müssen aber nach § 13 VersAusglG angemessen sein. Die Regelung des § 13 VersAusglG gilt nicht für die externe Teilung nach §§ 14 ff VersAusglG, weil insofern kein Bedürfnis besteht.[94] Der Versorgungsträger darf nur Kosten abziehen, die durch die interne Teilung entstehen, zB durch die Einrichtung eines neuen Kontos und dem damit zusammenhängenden Verwaltungsaufwand. Nicht unter diese Kostenregelung fällt der Aufwand für die reine Auskunft bei der Ermittlung des Ehezeitanteils. Die voraussichtlichen Kosten soll der Versorgungsträger bei seiner Auskunft nach § 220 Abs. 4 FamFG bereits mitteilen.[95]

Nach der Begründung zum Gesetz sollen, wie nach bisheriger Rechtsprechung, **pauschale Kostenabzüge von zwei bis drei Prozent des Deckungskapitals** angemessen sein.[96]

Der Bundesrat hat in seiner Stellungnahme zu § 13 VersAusglG Bedenken geäußert, da der Begriff „Angemessenheit" zu unbestimmt und eventuell eine Pauschalierung dieser Kosten in § 13 VersAusglG vorzunehmen sei.[97] Die Bundesregierung hat in der Gegen-

91 BT-Drucks. 16/10144, S. 56.
92 BT-Drucks. 16/10144, S. 57.
93 BT-Drucks. 16/10144, S. 57.
94 BT-Drucks. 16/10144, S. 57.
95 BT-Drucks. 16/10144, S. 57.
96 BT-Drucks. 16/10144, S. 57 mwN.
97 BT-Drucks. 16/10144, S. 117.

äußerung zwar grundsätzlich eine Pauschalierung für möglich gehalten. Sie wollte aber im Interesse einer praxisgerechten und flexiblen Handhabung der Norm von einer detaillierten Regelung im Gesetz absehen. Die Ausdifferenzierung sollte zunächst der Praxis überlassen werden.[98]

Dabei hat es der Rechtsausschuss im Wesentlichen belassen.[99]

3. Externe Teilung nach §§ 14 ff VersAusglG[100]

89 Der Gesetzgeber hat der internen Teilung den absoluten Vorrang eingeräumt. Dies ergibt sich aus der Formulierung des Gesetzes in § 14 Abs. 2 VersAusglG („nur durchzuführen") und der klaren Regelung der Rangfolge der Ausgleichsformen in § 9 VersAusglG. **Nach § 9 Abs. 2 VersAusglG sind Anrechte in der Regel intern auszugleichen. Nur ausnahmsweise findet nach § 9 Abs. 3 VersAusglG in den Fällen des §§ 14 Abs. 2 u. 16 Abs. 1 oder Abs. 2 VersAusglG eine externe Teilung statt.**[101]

90 Bei der externen Teilung ist die **verfahrensrechtliche Vorschrift des § 222 FamFG** zu beachten, die Fristen für die Ausübung von Wahlrechten der Versorgungsträger und der ausgleichsberechtigten Person setzt, einen Nachweis des Einverständnisses des ausgewählten Versorgungsträgers der Zielversorgung (§ 222 Abs. 1, Abs. 2 FamFG) verlangt und dem Gericht vorschreibt, den Ausgleichswert als Kapitalbetrag festzusetzen, den der Versorgungsträger der ausgleichspflichtigen Person an den Versorgungsträger der ausgleichsberechtigten Person zu zahlen hat (§ 222 Abs. 3 FamFG, § 14 Abs. 4 VersAusglG).

a) Definition externe Teilung

91 § 14 Abs. 1 VersAusglG definiert die externe Teilung. Im Gegensatz zur internen Teilung begründet das Familiengericht für die ausgleichsberechtigte Person ein Anrecht **bei einem anderen Versorgungsträger** als demjenigen, bei dem das Anrecht der ausgleichspflichtigen Person besteht.

Beispiel: Ein Ausgleich erfolgt statt intern innerhalb der betrieblichen Altersversorgung ausnahmsweise durch Begründung eines Anrechts für den Berechtigten, zB in einer privaten Renten-Lebensversicherung.

b) Die zwei Fälle der externen Teilung

92 § 14 Abs. 2 VersAusglG regelt die **beiden Fälle**, in denen eine externe Teilung zulässig ist. Liegt eine der Voraussetzungen vor, so ist das Gericht an die Wahl der externen Teilung grundsätzlich gebunden.[102]

c) Einigung auf externe Teilung

93 § 14 Abs. 2 Nr. 1 VersAusglG sieht eine externe Teilung vor, wenn sich die ausgleichsberechtigte Person und der **Versorgungsträger der ausgleichspflichtigen Person** auf eine **solche Teilung einigen** (s. Fall 16 Rn 444). Dazu ist eine Abrede zwischen dem Versor-

98 BT-Drucks. 16/10144, S. 125/126.
99 BT-Drucks. 16/11903, S. 103.
100 Elden, FPR 2009, 206.
101 BT-Drucks. 16/10144, S. 57/58.
102 BT-Drucks. 16/10144, S. 58.

gungsträger der ausgleichspflichtigen Person und der ausgleichsberechtigten Person notwendig. Sie ist nicht formbedürftig.

d) Externe Teilung kleinerer Anrechte ohne Zustimmung des Berechtigten

Nach § 14 Abs. 2 Nr. 2 VersAusglG kann der Versorgungsträger bei **kleineren Ausgleichswerten auch ohne Zustimmung der ausgleichsberechtigten Person Ausgleichswerte extern teilen** (s. Fall 17 Rn 445). Damit soll die Entstehung von Kleinstanrechten u.a. vermieden werden, weil die Abfindung des Versorgungsträgers in bestehende Versorgungen fließt, hilfsweise in die gesetzliche Rentenversicherung. Dieser Ausgleich soll auch der Vermeidung von Verwaltungskosten des Versorgungsträgers dienen.[103] Es muss sich um Ausgleichswerte von geringem Wert handeln (im 1. Halbjahr 2009 50,40 EUR Rentenwert oder 6.048 EUR als Kapitalwert), was § 14 Abs. 2 Nr. 2 VersAusglG durch Bezugnahme auf eine Bezugsgröße (§ 18 Abs. 1 SGB IV) detailliert regelt. 94

e) Einverständnis des Trägers der Zielversorgung

Der **Träger der Zielversorgung muss einverstanden sein**, wenn die ausgleichsberechtigte Person diese auswählt, § 15 Abs. 1, Abs. 2 VersAusglG iVm § 222 Abs. 2 FamFG. Die ausgleichsberechtigte Person hat ein Wahlrecht, ob sie ein bestehendes Anrecht ausbaut oder ein neues Anrecht begründet (§ 15 Abs. 1 VersAusglG). Wenn die ausgleichsberechtigte Person ihr Wahlrecht nicht ausübt, so erfolgt die externe Teilung nach § 15 Abs. 5 VersAusglG durch Begründung eines Anrechts in der gesetzlichen Rentenversicherung oder bei einer betrieblichen Altersversorgung in die Versorgungsausgleichskasse (Rn 101). 95

f) Prüfungspflicht des Familiengerichts

Die externe Teilung führt das **Familiengericht** durch. Dies ist zwar **prinzipiell an die Wahl gebunden.** Jedoch muss das Familiengericht die getroffene **Wahl** nach § 15 Abs. 2 VersAusglG dahin **überprüfen**, ob die gewählte Zielversorgung eine angemessene Versorgung gewährleistet. Das Familiengericht überprüft die Vereinbarung mit der Folge, ob sie den Anforderungen des § 15 Abs. 2 VersAusglG entspricht oder vollständige Unwirksamkeit der Vereinbarung eintritt nach § 139 BGB oder die externe Teilung durch Begründung eines Anrechts nach § 15 Abs. 4 VersAusglG in der gesetzlichen Rentenversicherung im Wege der Anpassung nach § 242 BGB durchgeführt wird. Das Formerfordernis des § 7 VersAusglG gilt für diese Vereinbarung nicht, da keine Vereinbarung nach den §§ 6 bis 8 VersAusglG zwischen den Ehegatten vorliegt. 96

g) Angemessene Versorgung

Nach § 15 Abs. 4 VersAusglG liegt eine **angemessene Versorgung immer** bei einem Vertrag vor, der nach § 5 VersAusglG des **Altersvorsorgeverträge-Zertifizierungsgesetzes zertifiziert** ist, **bei einem Anrecht in der gesetzlichen Rentenversicherung und nach dem Betriebsrentengesetz.** Dies schließt aber die Wahl anderer Versorgungen nicht aus. Hierbei muss das Familiengericht aber dann besonders prüfen, ob eine angemessene Versorgung vorliegt.[104] 97

103 BT-Drucks. 16/10144, S. 58.
104 BT-Drucks. 16/10144, S. 59; BT-Drucks. 16/11903, S. 105, 106.

h) Steuerrechtliche Nachteile des Verpflichteten

98 § 15 Abs. 3 VersAusglG dient dem Schutz der ausgleichspflichtigen Person bei der externen Teilung vor **steuerlichen Nachteilen.** Zwar stellt § 3 Nr. 55 b EStG viele Fälle der externen Teilung für die ausgleichspflichtige Person steuerrechtlich neutral. Die Vorschrift erfasst aber nicht alle Übertragungen, so dass es bei der externen Teilung betrieblicher Anrechte bei der ausgleichspflichtigen Person zu steuerpflichtigen Einkünften in Höhe des Ausgleichswertes kommen kann.[105] Wählt die ausgleichsberechtigte Person eine solche Zielversorgung, so bedarf es der **Zustimmung der ausgleichspflichtigen Person.** Falls die ausgleichspflichtige Person zustimmt, hat das Familiengericht die externe Teilung entsprechend der Wahl der ausgleichsberechtigten Person in der gewählten Zielversorgung durchzuführen. Falls der ausgleichspflichtige Ehegatte nicht zustimmt, ist die Wahl unwirksam.

Die Zustimmung unterliegt nicht dem Anwaltszwang (§ 114 Abs. 4 Nr. 7 FamFG).

i) Vollzug der externen Teilung

99 § 14 Abs. 3 VersAusglG verweist auf § 10 Abs. 3 VersAusglG, wonach sich die Regelungen für den Vollzug der externen Teilung aus dem Recht der beiden betroffenen Versorgungssysteme ergibt.

j) Externe Teilung bei Direktzusage und Unterstützungskasse der betrieblichen Altersversorgung

100 In bestimmten Fällen der betrieblichen Altersversorgung, nämlich bei Anrechten aus einer Direktzusage oder einer Unterstützungskasse (s. Fall 18 Rn 446), enthält § 17 die Grenze, bis zu der eine externe Teilung nach § 14 Abs. 2 Nr. 2 VersAusglG auf Verlangen des Versorgungsträgers möglich ist. Maßgeblich ist die Beitragsbemessungsgrenze in der allgemeinen Rentenversicherung (§§ 159, 160 SGB VI; z. Zt. 64.800 EUR). Die Interessen der ausgleichsberechtigten Person werden durch ihr Wahlrecht nach § 15 VersAusglG gewahrt.

k) Auffangträger für externe Teilung

101 Es ist beabsichtigt, einen **Auffang-Versorgungsträger für die externe Teilung von betrieblichen Anrechten** zu errichten. Der Rechtsausschuss hatte die Bundesregierung aufgefordert, die hierfür erforderlichen gesetzlichen Rahmenbedingungen zu schaffen.[106] Das Vorhaben wird nunmehr im Rahmen des Gesetzes zur Änderung des Vierten Buches Sozialgesetzbuch, zur Errichtung einer Versorgungsausgleichskasse und anderer Gesetze vom 15.7.2009 umgesetzt.[107] Die Regelungen befinden sich in den §§ 1 ff des Gesetzes über die Versorgungsausgleichkasse.[108] § 15 Abs. 5 VersAusglG wird ein Satz 2 angefügt, wonach abweichend von Satz 1 ein Anrecht im Sinne des Betriebsrentengesetzes durch Begründung eines Anrechts bei der Versorgungsausgleichskasse auszugleichen ist.[109] § 15 Abs. 3 VersAusglG wird dahingehend erweitert, dass die Zahlung des Kapitalbetrags nicht zu einer schädlichen Verwendung nach dem EStG führen darf,

105 BT-Drucks. 16/11903, S. 104, 105.
106 BT-Drucks. 16/11903, S. 100 ff.
107 BGBl. I S. 1939.
108 BGBl. I S. 1939, 1947, Art. 9 e.
109 BGBl. I S. 1939, 1947, Art. 9 d Nr. 2.

außer die ausgleichspflichtige Person stimmt zu. Das Bundesjustizministerium geht davon aus, dass die Regelungen hierzu bis zum 1.9.2009 oder kurze Zeit später in Kraft treten können.

l) Unzulässigkeit der externen Teilung

Eine externe Teilung ist nach § 14 Abs. 5 VersAusglG nicht mehr zulässig, wenn ein 102
Anrecht durch Beitragszahlung nicht mehr begründet werden kann. Diese Regelung gilt nicht für die Versorgungen des § 16 VersAusglG[110] (§ 222 Abs. 4 FamFG). Soweit eine externe Teilung nach § 14 Abs. 5 VersAusglG nicht möglich ist, kommt nur eine interne Teilung in Betracht (§§ 9 Abs. 2 und Abs. 3, 10 VersAusglG).

m) Interne Teilung / externe Teilung der Beamtenversorgung

Es entspricht einer langen Forderung der Praxis, dass auch Beamtenversorgungen real 103
(intern) geteilt werden, vor allem wenn beide Ehegatten Beamte sind, was nach bisherigem Recht nicht möglich war (§ 1587b Abs. 2 BGB). **Für die Beamten des Bundes wird die Realteilung eingeführt** (Art. 5 des Gesetzes zur Strukturreform des Versorgungsausgleichs; Gesetz über die interne Teilung beamtenversorgungsrechtlicher Ansprüche von Bundesbeamtinnen und Bundesbeamten im Versorgungsausgleich; BVersTG).[111] Nach der Förderalismusreform besitzt der Bund ab dem 1.9.2006 im Bereich der Beamtenversorgung für die Landesbeamten keine Gesetzgebungskompetenz mehr. Ob die Länder eine entsprechende Regelung, wie bei den Bundesbeamten einführen werden, ist noch ungewiss. **Soweit eine Realteilung bei der Beamtenversorgung oder aus einer Versorgung aus einem öffentlich-rechtlichen Dienst- oder Amtsverhältnis nicht möglich ist, ordnet § 16 Abs. 1 VersAusglG entsprechend der bisher geltenden Gesetzeslage den Ausgleich dieser Versorgungen in die gesetzliche Rentenversicherung** an.

n) Beamter auf Widerruf, Zeitsoldat

Anrechte aus einem **Beamtenverhältnis auf Widerruf** sowie aus einem **Dienstverhältnis** 104
einer Soldatin oder eines Soldaten auf Zeit sind stets **in die gesetzliche Rentenversicherung nach § 16 Abs. 2 VersAusglG auszugleichen**, was den bisherigen Rechtszustand, vor allem der Rechtsprechung, entspricht.[112] Die Bewertung richtet sich nach der gesetzlichen Rentenversicherung nach § 44 Abs. 4 VersAusglG. Das Familiengericht ordnet nach § 16 Abs. 3 VersAusglG die Umrechnung des Ausgleichswerts in Entgeltpunkte an.

VI. Ausnahmen vom Ausgleich oder vom vollständigen Ausgleich

1. Fehlende Ausgleichsreife

Ein Versorgungsausgleich findet nach § 19 VersAusglG nicht statt bei **fehlender Aus-** 105
gleichsreife (Fall 19 Rn 447).[113] Anrechte unterliegen grundsätzlich dem Versorgungsausgleich, sind aber bei fehlender Ausgleichsreife bei der Scheidung nicht auszugleichen

110 BT-Drucks. 16/11903, S. 59.
111 BT-Drucks. 16/10144, S. 22, 59; BGBl. 2009 I S.716.
112 BT-Drucks. 16/10144, S. 59.
113 BT-Drucks. 16/10144, S. 62.

und dem schuldrechtlichen Ausgleich vorzubehalten bzw im Wege von schuldrechtlichen Ausgleichszahlungen (früher schuldrechtlichen Versorgungsausgleich) später zum Ausgleich zu bringen (§ 19 Abs. 4 VersAusglG). Ausgesprochen partei- und anwaltsfreundlich schreibt § 224 Abs. 4 FamFG dem Familiengericht bei seiner Entscheidung vor, noch nicht ausgleichsreife Anrechte in der Begründung zu benennen.[114] Der **Begriff der Ausgleichsreife**[115] ist weiter als der bisher gebräuchliche Begriff der Verfallbarkeit nach geltendem Recht. Unter die fehlende Ausgleichsreife fallen nunmehr auch die Fälle, in denen der Ausgleich unwirtschaftlich wäre (bisher § 1587 b Abs. 4 BGB) oder ein Ausgleich aufgrund des Auslandsbezugs nicht möglich ist (§ 19 Abs. 2 Nr. 3 u. 4 VersAusglG).[116]

a) Verfallbarkeit

106 § 19 Abs. 2 Nr. 1 VersAusglG regelt, wie bisher, die fehlende Ausgleichsreife (Verfallbarkeit; s. Fall 19 Rn 447) nach dem **Betriebsrentengesetz** (§ 1 b Abs. 1 BetrAVG). Nr. 1 erweitert den Begriff der fehlenden Ausgleichsreife über die Verfallbarkeit nach dem Betriebsrentengesetzes hinaus auf alle Anrechte, die dem Grund oder der Höhe nach nicht hinreichend verfestigt sind. Hierunter fallen insbesondere Anwartschaften, bei denen die Höhe des unverfallbaren Anspruchs zum Zeitpunkt der Scheidung noch nicht hinreichend sicher bestimmt werden kann (Verfallbarkeit der Dynamik).[117] In Betracht kommen aber auch andere den Verfallbarkeitsbestimmungen des Betriebsrentenrechts entsprechende Regelungen bei anderen Versorgungen, etwa bei Versorgungszusagen für herrschende Gesellschafter/Geschäftsführer, die auf vertraglichen Vereinbarungen beruhen.[118]

b) Abzuschmelzende Leistung

107 § 19 Abs. 2 Nr. 2 VersAusglG betrifft die eher seltenen Fälle, bei denen ein Anspruch auf eine Versorgung besteht, der aufgrund des Bestandsschutzes abgeschmolzen wird.[119]

c) Unwirtschaftlichkeit

108 Soweit ein Wertausgleich bei der Scheidung sich für die ausgleichsberechtigte Person als **unwirtschaftlich erweist**, liegt keine Ausgleichsreife nach § 19 Abs. 2 Nr. 3 VersAusglG vor (Fall 20 Rn 448). Das sind die bisher in § 1587 b Abs. 4 BGB geregelten Fälle. Beispielsweise, wenn eine **Beamtenversorgung nach § 16 Abs. 1 VersAusglG in die gesetzliche Rentenversicherung auszugleichen** ist, der ausgleichsberechtigte Beamte bzw die Beamtin aber keinerlei Anrechte in der gesetzlichen Rentenversicherung besitzt und mit dem begründeten Anrecht niemals eine Rente aus der gesetzlichen Rentenversicherung erhalten wird, weil die Mindestwartezeit von fünf Jahren in der gesetzlichen Rentenversicherung nicht erfüllt werden kann (§ 50 Abs. 1 Nr. 1 SGB VI). Es sind aber auch noch andere Fälle der Unwirtschaftlichkeit denkbar.[120]

---

114 BT-Drucks. 16/10144, S. 62.
115 BT-Drucks. 16/10144, S. 62.
116 BT-Drucks. 16/10144, S. 62.
117 BT-Drucks. 16/11903, S. 108.
118 BT-Drucks. 16/11903, S. 108.
119 BT-Drucks. 16/10144, S. 62.
120 BT-Drucks. 16/10144, S. 62.

d) Ausländische Anrechte

Schließlich regelt § 19 Abs. 2 Nr. 4 VersAusglG den Fall, in dem **fremdes Hoheitsrecht** den Eingriff der deutschen Gerichtsbarkeit in Anrechte bei ausländischen Versorgungsträgern (wie bisher)verbietet (Fall 21 Rn 449). In diesem Zusammenhang ist darauf hinzuweisen, dass ein „Hin- und Her-Ausgleich" stattfindet, so dass dieser Fall bei jedem Ehegatten eintreten kann. 109

Soweit ein Ehegatte nicht ausgleichsreife Anrechte nach § 19 Abs. 2 Nr. 4 VersAusglG erworben hat, das sind ausländische Anrechte, die nicht durch das Familiengericht nach deutschem Recht ausgeglichen werden können, findet ein Wertausgleich auch bezüglich anderer Anrechte der Ehegatten nicht statt, soweit dies für den anderen (ausgleichsberechtigten Ehegatten) unbillig wäre. Das ist beispielsweise der Fall, wenn ein Ehegatte hohe ausländische Anwartschaften erworben hat, die das Familiengericht nach § 19 Abs. 2 Nr. 4 VersAusglG nicht ausgleichen kann, während der andere Ehegatte eigene nicht unerhebliche Anwartschaften aus der deutschen gesetzlichen Rentenversicherung an den Ehegatten, der die ausländischen Anrechte erworben, ausgleichen müsste.[121] 110

2. Geringfügigkeit

a) Zwei Fallgestaltungen[122]

§ 18 VersAusglG regelt in Abs. 1 u. Abs. 2 (vgl § 9 Abs. 4 VersAusglG) die beiden Fälle, in denen ein Ausgleich nicht stattfinden soll, nämlich wenn die **Differenz der Ausgleichswerte beiderseitiger Anrechte gleicher Art gering** ist oder ein **einzelnes Anrecht einen geringen Ausgleichswert** besitzt (Fall 12 Rn 440; Fall 24 Rn 452). Wann ein **Wertunterschied** nach § 18 Abs. 1 VersAusglG oder ein Ausgleichswert nach Abs. 2 **gering** ist, definiert § 18 Abs. 3 VersAusglG mit einer **Bezugsgröße** (§ 18 Abs. 1 SGB IV; im 1. Halbjahr 2009 25,20 EUR Rentenwert oder 3.024 EUR Kapitalwert). 111

b) Differenz von Ausgleichswerten gleicher Art

Die Vorschrift hat der Rechtsausschuss gegenüber dem Regierungsentwurf entscheidend umgestaltet. Nur wenn die Differenz der Ausgleichswerte bei **beiderseitigen Anrechten gleicher Art nach § 18 Abs. 1 VersAusglG gering** ist, kommt der Ausschluss des Versorgungsausgleichs in Betracht.[123] Eine Gesamtsaldierung aller beiderseitigen Anrechte ist für die Anwendung von § 18 Abs. 1 VersAusglG nicht erforderlich. Vielmehr können einzelne beiderseitige Anrechte gleicher Art mit nur geringfügig unterschiedlichen Ausgleichswerten vom Ausgleich ausgenommen werden.[124] Abs. 1 beschränkt die Möglichkeit vom Versorgungsausgleich abzusehen ausdrücklich auf Anrechte gleicher Art. Nur bei ihnen kann von einem annähernd gleichem Wert zum Bewertungsstichtag (Ehezeitende) und dementsprechend einem geringen Wertunterschied ausgegangen werden.[125] 112

121 BT-Drucks. 16/10144, S. 62.
122 Hauß, FPR 2009, 214.
123 BT-Drucks. 16/11903, S. 106.
124 BT-Drucks. 16/11903, S. 106.
125 BT-Drucks. 16/11903, S. 107.

Beispiel:[126] Der Ehemann verfügt über eine Beamtenversorgung mit einem Ausgleichswert von 800 EUR monatlich als Rentenbetrag, während die Ehefrau eine Anwartschaft in der gesetzlichen Rentenversicherung mit einem Ausgleichswert von 10 Entgeltpunkten, die einen Rentenbetrag von 265,60 EUR entsprechen, besitzt. Zusätzlich haben beide Eheleute Anwartschaften in einer privaten Rentenversicherung bei der gleichen Versicherung kurz hintereinander während der Ehe begründet, deren Ausgleichswerte beim Ehemann 5.000 EUR, bei der Ehefrau 5.200 EUR betragen. Nur der Wertunterschied der privaten Rentenversicherung ist gering und nur hinsichtlich dieser beiden Anrechte kann das Familiengericht den Ausgleich ausschließen. Das gilt nicht für die Anrechte des Ehemannes in der Beamtenversorgung bzw der Ehefrau in der gesetzlichen Rentenversicherung.

c) Ermessen des Gerichts

113 Die Formulierung in § 18 Abs. 1 u. Abs. 2 VersAusglG eröffnet dem Familiengericht ein Ermessen. Es hat im Regelfall von einem Ausgleich abzusehen. Das Gericht kann es aber bei der Durchführung des Versorgungsausgleichs nach den gesetzlichen Regeln belassen, wenn Umstände vorliegen, die dies im Einzelfall erfordern.[127]

114 Inwieweit die Ermessensausübung durch das Gericht in der Praxis zu erheblichen Schwierigkeiten führen kann, wird sich zeigen. Wesentlich wird es auf die Zustimmung der Ehegatten ankommen bzw umgekehrt, wenn von den Parteien Umstände vorgetragen werden, die gegen den Ausschluss des Versorgungsausgleichs sprechen. Es ist zu hoffen, dass gerade die rechtsberatenden Berufe aus Haftungsgründen sich nicht grundsätzlich gegen die Anwendung des § 18 VersAusglG wenden. Das Ermessen des Familiengerichts reduziert sich beispielsweise auf Null, wenn eine ausgleichsberechtigte Partei mit Hilfe eines geringwertigen Ausgleichswerts eine Wartezeit in der gesetzlichen Rentenversicherung erfüllt.[128] Nach der Begründung im Regierungsentwurf soll es zur Ausübung des Ermessens auf das **Votum der Eheleute ankommen.**[129] Sprechen sie sich für einen Ausschluss aus, so wird im Regelfall das Ermessen im Sinne eines Ausschlusses durch das Gericht auszuüben sein. In diesen Fällen soll nach der amtlichen Begründung ein Verzicht auf den Ausgleich nach § 6 VersAusglG entbehrlich sein, so dass die formellen Wirksamkeitsvoraussetzungen für einen Verzicht im Sinne des § 7 VersAusglG nicht vorliegen müssen.[130]

Die Regelung kann beim Massenphänomen des Versorgungsausgleichs zu Schwierigkeiten in der Praxis führen.

3. Ausschluss des Versorgungsausgleichs bei kurzer Ehezeit nach § 3 VersAusglG

a) Kurze Ehezeit

115 Ein Versorgungsausgleich findet nach dieser Vorschrift bei einer Ehezeit von **bis zu drei Jahren nur auf Antrag eines Ehegatten statt** (s. hierzu Fall 22 Rn 450; Fall 23 Rn 451). Dies dient der Entlastung der Versorgungsträger und der Familiengerichte. Im Regelfall besteht auch kein Bedarf, den Versorgungsausgleich durchzuführen, da die Anwartschaften meist gering sind.[131] Selbst wenn die Ehefrau nicht gearbeitet und Kinder er-

126 BT-Drucks. 16/11903, S. 107.
127 BT-Drucks. 16/11903, S. 107.
128 BT-Drucks. 16/10144, S. 61, 62; BT-Drucks. 16/11903, S. 107.
129 BT-Drucks. 16/10144, S. 61, 62; BT-Drucks. 16/11903, S. 107.
130 BT-Drucks. 16/10144, S. 61.
131 BT-Drucks. 16/11903, S. 102.

zogen hat, erwirbt sie Entgeltpunkte für die ersten drei Jahre der Kindererziehung (§§ 56, 70 Abs. 2 SGB VI). Diese Entgeltpunkte lehnen sich an das Durchschnittseinkommen in der gesetzlichen Rentenversicherung an. Bei einem, wie im Normalfall, durchschnittlichen Einkommen des Ehemannes sind auch in diesem Fall allenfalls ganz geringe Anwartschaften auszugleichen.[132] Der Bundesrat befürwortete in seiner Stellungnahme zum Gesetzesentwurf die Ausdehnung des Zeitraums auf drei Jahre um im Gegenzug die Durchbrechung über eine Härtefallregelung zu ermöglichen.[133] Die Bundesregierung hatte in ihrer Gegenäußerung dem Vorschlag des Bundesrates nicht zugestimmt und wies zutreffend darauf hin, wonach bei einer Billigkeitsprüfung der Entlastungseffekt für die Gerichte und die Versorgungsträger und auch sonstigen Beteiligten zunichte gemacht würde.[134]

Die jetzige Fassung des § 3 Abs. 3 VersAusglG beruht auf einer Änderung des Rechtsausschusses des Deutschen Bundestages und trägt dem Vorschlag des Bundesrates und den Stellungnahmen von Experten Rechnung. Den Antrag kann auch der Ehegatte stellen, der anwaltlich im Verfahren nicht vertreten ist (§ 114 Abs. 4 Nr. 7 FamFG; kein Anwaltszwang). 116

b) Notwendigkeit eines Antrags

Ein Antrag soll nach der Begründung des Rechtsausschusses nur in seltenen, außergewöhnlich gelagerten Fällen mit einem hohen Anrechtserwerb in kurzer Zeit durch einen Ehegatten möglich und sinnvoll sein.[135] In allen anderen Fällen soll es der Durchführung des Versorgungsausgleichs nicht bedürfen. Dies ist grundsätzlich zutreffend. Fraglich bleibt aber, ob nicht Rechtsanwälte, die die Parteien beraten, vorsorglich einen solchen Antrag stellen werden. Häufig wird, soweit keine Auskünfte im Scheidungsverfahren zum Versorgungsausgleich vorliegen, eine sichere Beurteilung nicht möglich sein, ob ein solcher Antrag notwendig erscheint. Insbesondere können Rechtsanwälte, bevor die Versorgungsträger Auskünfte erteilt haben, nicht abschätzen, in welcher Höhe Ehegatten während der Ehezeit Anrechte erworben haben und ob bei einem Ehegatten erheblich höhere Anrechte als beim anderen bestehen. Ist ein Antrag auf Durchführung des Versorgungsausgleichs nicht gestellt, wird das Gericht auch keine Auskünfte einholen. Inwieweit § 4 VersAusglG im Vorfeld des Verfahrens weiterhilft, ist fraglich, da mit hohem Aufwand für Rechtsanwälte verbunden. 117

c) Auskunftsansprüche im Vorfeld der Vereinbarung

§ 4 Abs. 1 VersAusglG gewährt umfassende Auskunftsansprüche (Fall 5 Rn 433; Fall 22 Rn 450) der Ehegatten, der Hinterbliebenen und Erben untereinander. Häufig werden aber diese Beteiligten/Parteien nicht in der Lage sein, gesicherte Auskünfte über Anrechte zu erteilen, die sie während der Ehezeit erworben haben. Inwieweit die zersplittert geregelten Auskunftsansprüche gegenüber den Trägern der Versorgungen Abhilfe schaffen, erscheint fraglich. Allerdings besteht nunmehr nach § 4 Abs. 2 VersAusglG ein Anspruch auf Auskunft gegenüber dem Versorgungsträger desjenigen Ehe- 118

132 BT-Drucks. 16/10144, S. 48.
133 BT-Drucks. 16/10144, S. 116.
134 BT-Drucks. 16/10144, S. 124/125.
135 BT-Drucks. 16/11903.

gatten oder anderen Beteiligten, von dem ein Ehegatte oder andere Beteiligter keine Auskunft erlangen kann. Der Anspruch besteht nur, wenn der Ehegatte gegenüber dem Versorgungsträger das erfolglose Auskunftsersuchen, etwa durch eine Mahnung, nachweist.[136] Er stellt im Vorfeld eines Prozesses aber durch Anwälte eine stets zu prüfende Möglichkeit dar.

119 Die verfahrensrechtliche Auskunftspflicht der Beteiligten **gegenüber dem Gericht nach § 220 Abs. 1 FamFG** hilft im Vorfeld des Verfahrens nicht weiter. Es bleibt zu hoffen, dass auf diesem Hintergrund die Vorschrift des § 3 Abs. 3 VersAusglG nicht leer läuft und ein Antrag auch bei einer Ehezeit unter drei Jahren zum Regelfall wird.

4. Vereinbarungen zum Versorgungsausgleich nach den §§ 6 – 8 VersAusglG

a) Vollständige neue Regelung[137]

120 Mit einer **weitgehenden Neuregelung der Vereinbarungen** zum Versorgungsausgleich geht der Gesetzgeber im Gegensatz zum bisher Recht neue Wege (Fall 25 Rn 453; Fall 26 Rn 454).[138] Während bisher nach § 1587 o BGB Vereinbarungen zwischen den Ehegatten nur sehr eingeschränkt möglich waren und zudem der Genehmigung des Gerichts unterlagen, eröffnet die Neuregelung **wesentlich weitergehende Möglichkeiten**, Vereinbarungen zu schließen. Das **Genehmigungserfordernis des Gerichts ist weggefallen.**

b) Form

121 Wie nach bisherigem Recht bedürfen Vereinbarungen über den Versorgungsausgleich im Rahmen eines Ehevertrages der **notariellen Form** nach § 7 Abs. 3 VersAusglG.

Ebenso bedürfen Vereinbarungen zum Versorgungsausgleich, die vor Rechtskraft der Entscheidung über den Wertausgleich bei der Scheidung geschlossen werden, der notariellen Beurkundung nach § 7 Abs. 1 VersAusglG.

122 Die **Form** wird **durch eine bei Gericht geschlossene Vereinbarung in Anwesenheit zweier Rechtsanwälte nach § 7 Abs. 2 VersAusglG iVm § 127 a BGB gewahrt.** Vereinbarungen nach Rechtskraft des Wertausgleichs unterliegen keinen Formvorschriften.[139]

c) Gerichtliche Inhaltskontrolle

123 Das Gericht ist aber verpflichtet, bei Vereinbarungen über den Versorgungsausgleich eine **Inhalts- und Ausübungskontrolle** (Fall 25 Rn 453) entsprechend der Rechtsprechung des BGH[140] zur Inhaltskontrolle von Eheverträgen vorzunehmen (§ 8 Abs. 1 VersAusglG). Verneint das Familiengericht bei der Prüfung die Wirksamkeit der Vereinbarung insgesamt wegen Sittenwidrigkeit nach **§ 138 BGB**, so ist die Vereinbarung nichtig. In Betracht kommt aber auch die Anpassung nach **§ 242 BGB.**

d) Zustimmung der Versorgungsträger

124 Eine weitere materielle Wirksamkeitsvoraussetzung regelt § 8 Abs. 2 VersAusglG. Danach können in der Vereinbarung **Anrechte nur übertragen oder begründet werden,**

136 BT-Drucks. 16/10144, S. 48.
137 Wick, FPR 2009, 219.
138 BT-Drucks. 16/10144, S. 51.
139 BT-Drucks. 16/10144, S. 52.
140 BGH, FamRZ 2004, 601; FamRZ 2005, 185; FamRZ 2007, 197; BT-Drucks. 16/10144, S. 52/53.

wenn die maßgeblichen Regelungen dies zulassen und die betroffenen Versorgungsträger zustimmen. Dies betrifft vor allem die gesetzliche Rentenversicherung (§ 187 Abs. 1 Nr. 2 SGB VI). Solche Regelungen finden sich aber auch in anderen Versorgungssystemen, vor allem den öffentlich-rechtlichen.[141] § 8 Abs. 2 VersAusglG eröffnet damit im Gegensatz zu § 1587o BGB eine wesentlich weitergehende Möglichkeit von Vereinbarungen, vor allem im Bereich von privatrechtlichen Versorgungssystemen. Den Belangen der Versorgungsträger ist durch das Zustimmungserfordernis Rechnung getragen. Klarzustellen ist, dass auch diese Art von Vereinbarungen der Inhalts- und Ausübungskontrolle durch das Familiengericht nach § 8 Abs. 1 VersAusglG unterliegen.

e) Regelbeispiele für Vereinbarungen

aa) § 6 Abs. 1 VersAusglG beschreibt die Möglichkeiten, Vereinbarungen zu treffen in Form von **Regelbeispielen** („insbesondere"). Das heißt, die Ehegatten können abweichend von den Regelbeispielen des § 6 Abs. 1 Nr. 1 bis 3 VersAusglG **auch anderweitige Vereinbarungen** treffen. 125

bb) § 6 Abs. 1 S. 2 Nr. 2 VersAusglG erlaubt es Ehegatten in **großzügigerer Weise** als bisher ganz oder **teilweise den Versorgungsausgleich auszuschließen.** Dadurch entstehen größere Gestaltungsmöglichkeiten, da es zur Verletzung des Halbteilungsgrundsatzes in dem Fall, in dem das Anrecht nach früherem Recht auf Seiten des Ausgleichsberechtigten stand, nicht mehr kommen kann.[142] 126

cc) § 6 Abs. 1 S. 2 Nr. 1 VersAusglG ermöglicht es, wie bisher, den Versorgungsausgleich in die Auseinandersetzung der ehelichen Vermögensverhältnisse einzubeziehen (Stichwort: „**Paketlösungen**"). 127

dd) § 6 Abs. 1 S. 2 Nr. 3 VersAusglG eröffnet schließlich die Möglichkeit, den Versorgungsausgleich nicht anlässlich der Scheidung zu regeln, sondern auf einen **späteren Zeitpunkt** zu verlegen. In diesen Fällen ist der Anspruch auf schuldrechtliche Ausgleichszahlungen (**der schuldrechtliche Versorgungsausgleich**) auf Antrag (§ 223 FamFG) nach den §§ 20 ff VersAusglG später durchzuführen (Fall 26 Rn 454). Rechtsanwälte sollten in der Beratung von dieser Möglichkeit zurückhaltend Gebrauch machen, wenn sie die ausgleichsberechtigte Person vertreten. Stirbt einer der Ehegatten vor Durchführung des schuldrechtlichen Versorgungsausgleichs (Ausgleichsansprüche nach der Scheidung), so erlischt der Anspruch nach § 31 Abs. 3 VersAusglG, außer die Versorgung kennt eine Hinterbliebenenversorgung. 128

§ 6 Abs. 1 VersAusglG ermöglicht den Ehegatten eine große Variationsbreite an Vereinbarungen.[143] Die Angst, die früher bestand, den Halbteilungsgrundsatz zu verletzen und damit die Unwirksamkeit der Vereinbarung herbeizuführen, besteht nunmehr nicht mehr.[144] Bei Vereinbarungen ist nur zu beachten, dass sie nicht zu Lasten Dritter, dh der sozialen Sicherungssysteme, gehen dürfen oder einer Inhaltskontrolle nicht standhalten. 129

141 BT-Drucks. 16/10144, S. 53.
142 BT-Drucks. 16/10144, S. 51.
143 Meyer-Götz/Lotter, Familierecht, Vertragsgestaltung/Prozessführung, Rn 187 – 193 zum alten Recht.
144 BT-Drucks. 16/10144, S. 51.

f) Bindung des Familiengerichts an die Vereinbarung

130 Das Familiengericht ist nach § 6 Abs. 2 VersAusglG **grundsätzlich an die Vereinbarung gebunden**, außer es ergeben sich bei seiner obligatorischen Prüfung Wirksamkeits- und Durchsetzungshindernisse nach den §§ 7 u. 8 VersAusglG. Liegen solche Hindernisse nicht vor, so stellt das Gericht nach § 224 Abs. 3 FamFG in der Beschlussformel fest, dass insoweit kein Versorgungsausgleich stattfindet oder es regelt den Wertausgleich entsprechend der Vereinbarung modifiziert. Diese Entscheidung erwächst auch in Rechtskraft.[145] Führt die obligatorische Prüfung des Familiengerichts aber zur Unwirksamkeit der Vereinbarung, so hat es den Wertausgleich bei der Scheidung von Amts wegen durchzuführen.[146]

5. Teilweiser oder völliger Ausschluss des Versorgungsausgleichs wegen grober Unbilligkeit nach § 27 VersAusglG

131 Die Norm fasst die bisher **verstreuten Regelungen im alten Recht nach §§ 1587 c, 1587 h u. § 3 a Abs. 6 VAHRG zusammen.** Die Regelung ist schlanker, klarer und kürzer. Sie verzichtet bewusst auf Regelbeispiele, da kaum alle denkbaren Fälle erfasst werden können.[147] In der Sache selbst ergibt sich, mit einer Ausnahme, **keine Änderung zum bisherigen Normentatbestand** und der dazu ergangenen Rechtsprechung (s. hierzu auch Fall 27 Rn 455).[148]

a) Neue Sanktionierung jedes Ehegatten

132 **Bisher** konnte **nur das Verhalten des Ausgleichsberechtigten** über die Normen §§ 1587 c, 1587 h BGB und § 3 a Abs. 6 VAHRG **sanktioniert werden.** Nunmehr lässt das Gesetz ausdrücklich die Möglichkeit zu, **auch treuwidriges Verhalten des ausgleichspflichtigen Ehegatten**, und damit nunmehr jedes Ehegatten, **zu sanktionieren.**[149]

b) Keine Fiktion von Versorgungen

133 Aber auch in diesen Fällen kann höchstens bezogen auf ein einzelnes Anrecht der Ausgleichswert übertragen werden. Dh **es können etwa bei treuwidrigen Auflösungen von Altersversorgungen keine Versorgungen „fingiert" werden.** Es können immer nur einzelne Anrechte gekürzt oder ganz ausgeschlossen werden.[150]

c) Grenzen der Sanktion

134 Bei der Ausfüllung des Ermessens durch das Familiengericht, vor allem in welcher Höhe ein Anrecht keine Berücksichtigung findet, darf die Vorschrift nicht Strafcharakter annehmen.[151] Der Halbteilungsgrundsatz, bezogen auf den fiktiven Saldo der Ausgleichswerte, darf aus verfassungsrechtlichen Gründen nicht überschritten werden. Die Wertverschiebung darf nicht zu einem höheren Betrag führen, als die Differenz der Ehezeitanteile.[152]

---

145 BT-Drucks. 16/10144, S. 52.
146 BT-Drucks. 16/10144, S. 52.
147 BT-Drucks. 16/10144, S. 68.
148 BT-Drucks. 16/10144, S. 67/68.
149 BT-Drucks. 16/10144, S. 68.
150 BT-Drucks. 16/10144, S. 68/69 mit einem einprägsamen Beispiel.
151 BT-Drucks. 16/10144, S. 68.
152 BT-Drucks. 16/10144, S. 68.

Beispiel:[153] E 1 hat Ehezeitanteile von insgesamt 100.000 EUR, E 2 von insgesamt 60.000 EUR auszugleichen.

Nach Durchführung des Versorgungsausgleichs verfügt jeder Ehegatte wirtschaftlich über 80.000 EUR.

E 1 hat an E 2 die Hälfte des Ehezeitanteils in Höhe von 50.000 EUR auszugleichen, so dass ihm nach Durchführung des Wertausgleichs zunächst 50.000 EUR verbleiben.

E 2 hat an E 1 die Hälfte des Ehezeitanteils mit 30.000 EUR auszugleichen, so dass ihm zunächst nach dem Ausgleich 30.000 EUR verbleiben.

Bei E 1 sind wirtschaftlich die 30.000 EUR, die er von E 2 erhält, hinzuzusetzen, so dass er nach Durchführung des Wertausgleichs insgesamt über 80.000 EUR verfügt.

Bei E 2 sind die 50.000 EUR von E 1 hinzuzusetzen, so dass ihm nach Durchführung des Wertausgleichs wirtschaftlich gesehen insgesamt über 80.000 EUR verfügt.

E 1 kann im Ergebnis bei einer Korrektur nach § 27 VersAusglG nicht mehr als 100.000 EUR nach dem Wertausgleich erhalten, da er sonst besser gestellt wäre, als wenn der Versorgungsausgleich nicht durchgeführt worden wäre. Ihm können auch nicht weniger als 80.000 EUR nach Durchführung des Wertausgleichs insgesamt an Werten zustehen, da sonst die Entscheidung Strafcharakter annehmen würde.

Entsprechend darf E 2 nicht mehr als 80.000 EUR und nicht weniger als 60.000 EUR nach dem Wertausgleich zustehen.

VII. Verfahrensvorschriften[154]

Das Verfahren für den neuen Versorgungsausgleich richtet sich nach dem gleichzeitig 135 mit dem VersAusglG in Kraft tretenden neuen FamFG. Die Regelungen für den Versorgungsausgleich finden sich in den §§ 217 ff FamFG.

1. Definition von Versorgungsausgleichssachen

§ 217 FamFG definiert (banal) den Verfahrensbegriff. Danach sind Versorgungsaus- 136 gleichssachen Verfahren, die den Versorgungsausgleich betreffen.

2. Zwangsverbund/Abtrennung

a) Definition Versorgungsausgleichssachen als Familiensachen

Zu den Familiensachen gehören nach § 111 Nr. 7 FamFG Versorgungsausgleichssa- 137 chen.

b) Verbund

Über den Versorgungsausgleich ist, falls eine Scheidungssache anhängig ist, zusammen 138 mit der Scheidung im Verbund nach § 137 Abs. 1, Abs. 2 Nr. 1 FamFG zu entscheiden. Eines Antrags bedarf es nicht (§ 137 Abs. 2 S. 2 FamFG).[155]

c) Verbund bei Abtrennung

Auch im Falle einer Abtrennung bleiben Verfahren über den Versorgungsausgleich 139 Folgesachen (§ 137 Abs. 5 FamFG).

153 BT-Drucks. 16/10144, S. 68.
154 Bergmann, FPR 2009, 232; Kühner, FamRB 2009, 82; Fölsch, FF FamG spezial 2009, 1 ff.
155 Friederici/Kemper/Götsche, Familienverfahrensrecht, Vorbem. zu §§ 217 ff, Rn 4.

d) Abtrennung

140 In den Fällen des § 140 Abs. 2 Nr. 1, Nr. 2, Nr. 4 u. Nr. 5 FamFG kann das Familiengericht die Folgesache Versorgungsausgleich abtrennen.[156]

e) Übereinstimmender Antrag auf Abtrennung[157]

141 Für rechtsberatende Berufe ist § 140 Abs. 2 Nr. 4 FamFG von Bedeutung. Auf **übereinstimmenden Antrag** beider Ehegatten kann das Familiengericht das Verfahren über den Versorgungsausgleich abtrennen, wenn seit der Rechtshängigkeit des Scheidungsantrags drei Monate verstrichen sind und beide Ehegatten die erforderlichen Mitwirkungshandlungen in der Versorgungsausgleichsfolgesache vorgenommen haben.[158]

f) Außerordentliche Abtrennung in Härtefällen

142 § 140 Abs. 2 Nr. 5 FamFG sieht in besonderen Ausnahmefällen eine Abtrennung aus dem Verbund vor, wenn sich der Scheidungsausspruch so **außergewöhnlich verzögern** würde, dass ein weiterer Aufschub unter Berücksichtigung der Bedeutung der Folgesache eine **unzumutbare Härte** darstellen würde und ein Ehegatte die Abtrennung **beantragt.** Dies entspricht der bisherigen Regelung des § 628 Ziff. 4 ZPO.[159] Zusätzlich bedarf es nach neuem Recht eines Antrags eines Ehegatten. Es handelt sich um eine Ausnahmeentscheidung, die hohe Anforderungen stellt. Es reichen nunmehr auch eine Überlastung des Gerichts, als auch andere Verzögerungsgründe.[160]

g) Fälle untergeordneter Bedeutung

143 Der Fall des § 140 Abs. 2 Nr. 1 FamFG ist von untergeordneter Bedeutung.

h) Beginn des Laufs der Fristen

144 In den Fällen des § 140 Abs. 2 Nr. 4 u. 5 FamFG ist die Regelung des § 140 Abs. 4 FamFG zusätzlich zu beachten. Vor Ablauf des Trennungsjahrs beginnen bei verfrühtem Scheidungsantrag die Fristen nicht zu laufen,[161] außer es geht um eine Härtefallscheidung nach § 1565 Abs. 2 BGB.

i) Formelle Voraussetzungen des Antrags

145 Der Antrag auf Abtrennung kann zur Niederschrift der Geschäftsstelle oder in der mündlichen Verhandlung zur Niederschrift des Gerichts gestellt werden (§ 140 Abs. 5 FamFG). Einer Vertretung durch einen Anwalt bedarf es nicht (§ 114 Abs. 4 Nr. 4 FamFG).

j) Entscheidung durch Beschluss

146 Die Entscheidung über die Abtrennung ergeht durch gesonderten Beschluss und ist nicht selbstständig anfechtbar (§ 140 Abs. 6 FamFG).

---

156 Kühner, FamRB 2009, 82, 85.
157 Friederici/Kemper, Familienverfahrensrecht, § 140 Rn 18.
158 Kühner, FamRB 2009, 82, 85; kritisch Borth, FamRZ 2007, 1925.
159 Thomas/Putzo/Hüßtege, § 628 ZPO Rn 12 ff.
160 Kroiß/Seiler, § 3 Rn 218.
161 Kroiß/Seiler, § 3 Rn 220; Kühner, FamRB 2009, 82, 85.

§ 140 Abs. 2 Nr. 4 FamFG stellt eine deutliche Änderung gegenüber dem bisherigen Recht und eine wesentliche Erleichterung der Abtrennung für die Parteien dar, wenn beide Parteien übereinstimmend die Abtrennung beantragen.

3. Vertretung durch Rechtsanwälte

a) Grundsatz

Grundsätzlich müssen sich die Ehegatten in Ehesachen und Folgesachen und die Beteiligten in selbstständigen Familienstreitsachen durch einen Rechtsanwalt nach § 114 Abs. 1 FamFG vertreten lassen (wie bisher).[162] 147

b) Ausnahmen

§ 114 Abs. 4 FamFG sieht verschiedene Ausnahmen von der Verpflichtung, sich durch einen Rechtsanwalt vertreten zu lassen, vor. 148

Eine Vertretung ist danach durch einen Rechtsanwalt nicht notwendig im Verfahren der einstweiligen Anordnung (Nr. 1), für einen Antrag auf Abtrennung einer Folgesache von der Scheidung (Nr. 4), in den Fällen des § 78 Abs. 3 ZPO (isolierte Verfahren; wie bisher). 149

Soweit ein Ehegatte einen Antrag auf Durchführung des Versorgungsausgleichs nach § 3 Abs. 3 VersAusglG stellt (kurze Ehezeit), für die Erklärungen zum Wahlrecht nach § 15 Abs. 1 u. Abs. 3 VersAusglG (Erklärung über die Zielversorgung bei der externen Teilung) und bei Zahlung eines Kapitalbetrags aus steuerlichen Gründen für die Zustimmungserklärung der ausgleichspflichtigen Person, ist ebenfalls keine Vertretung durch einen Anwalt nach § 114 Abs. 4 Nr. 7 FamFG notwendig.[163] 150

4. Verfahrenskostenhilfe[164]

Die Entscheidung über die Verfahrenskostenhilfe in der Scheidungssache erstreckt sich kraft Gesetzes auf die Versorgungsausgleichsfolgesache nach § 149 FamFG, sofern nicht eine Erstreckung ausdrücklich ausgeschlossen wird (ähnlich der bisherigen Regelung).[165] 151

Das Gesetz enthält in den §§ 217 bis 230 FamFG besondere Vorschriften für das Versorgungsausgleichsverfahren.

5. Örtliche Zuständigkeit[166]

Die Zuständigkeitsregelung in § 218 FamFG entspricht mit Modifikationen den bisherigen Regelungen. Es handelt sich auch nach wie vor um eine ausschließliche Zuständigkeit. Während der Anhängigkeit einer Ehesache ist das Gericht, bei dem die Ehesache im ersten Rechtszug anhängig ist oder war, zuständig (bisher § 621 Abs. 2 ZPO; § 45 FGG). 152

162 Friederici/Kemper/Götsche, Familienverfahrensrecht, Vorbem. zu §§ 217 ff Rn 8.
163 BT-Drucks. 16/11903, S. 102, 105.
164 Schürmann, FamRB 2009, 58.
165 Friederici/Kemper, Familienverfahrensrecht, § 149 Rn 1.
166 Büte, FuR 2009, 121, 123.

Im Übrigen richtet sich die örtliche Zuständigkeit für isolierte Verfahren nach dem gewöhnlichen Aufenthalt der Ehegatten oder Sitz des Antragsgegners gemäß der Reihenfolge in § 218 Nr. 2 bis 5 FamFG.[167]

6. Beteiligte

153 Das Gesetz definiert nunmehr in § 219 FamFG im Einzelnen die Beteiligten im Versorgungsausgleichsverfahren. Das sind die Ehegatten, die Versorgungsträger, bei denen ein auszugleichendes Anrecht besteht, die Versorgungsträger, bei denen ein Anrecht zum Zweck des Ausgleichs begründet werden soll und gegebenenfalls die Hinterbliebenen und die Erben der Ehegatten.[168] Sie sind im Verfahren zu beteiligen (Mitteilung von Schriftsätzen; Teilnahme an der mündlichen Verhandlung; Zustellung der Entscheidung).

7. Erörterung und Aussetzung

154 Das Gericht soll nach § 221 Abs. 1 FamFG die Angelegenheit mit den Ehegatten in einem Termin erörtern. Die Vorschrift ist von besonderer Bedeutung, da dem Familiengericht erhebliche Ermessensentscheidungen in die Hand gegeben sind, etwa bei § 18 VersAusglG (Geringfügigkeit).[169] Umgekehrt besitzen die Parteien eine breite Möglichkeit, nach §§ 6 ff VersAusglG Vereinbarungen zu treffen. Auch dies wird sinnvoller Weise in einem Termin mit dem Gericht und den Beteiligten zu erörtern sein. Das Gericht kann in diesem Rahmen auf seine Meinung zum Abschluss einer Vereinbarung hinweisen oder auch das Ergebnis seiner Prüfungspflicht mitteilen, ob die Vereinbarung einer Inhaltskontrolle standgehalten hat.[170] Auch im Falle einer Härtefallprüfung nach § 27 VersAusglG sind die Meinungen der Beteiligten, vor allem der Ehegatten, für das Gericht von Bedeutung. Auch hier hat das Gericht einen nicht unerheblichen Ermessensspielraum.

Rechtsberatende Berufe sollten diesen Erörterungstermin nützen, um ihre Sichtweise darzustellen oder umgekehrt das Gericht von den beabsichtigten Vereinbarungen zu überzeugen.

155 Sinnvoll ist auch eine informelle Vorabklärung, ob das Gericht formelle oder materielle Wirksamkeitshindernisse bei Vereinbarungen sieht oder wie es im Hinblick auf geringfügige Ausgleichswerte oder Billigkeitsgründe zu entscheiden gedenkt. Ein Anspruch auf eine informelle Vorabprüfung besteht aber nicht.[171]

8. Aussetzung des Verfahrens

a) Anhängigkeit eines vorgreiflichen Rechtsstreits

156 Das Gericht hat ohne Ermessensspielraum nach § 221 Abs. 2 FamFG das Verfahren **auszusetzen**, wenn ein Rechtsstreit über Bestand oder Höhe eines in den Versorgungsausgleich einzubeziehenden Anrechts anhängig ist (bisher § 53 c FGG).[172] Die Vor-

167 Kroiß/Seiler, § 3 Rn 375.
168 Kroiß/Seiler, § 3 Rn 376, 377.
169 BT-Drucks. 16/10144, S. 61.
170 BT-Drucks. 16/10144, S. 94.
171 Vgl zum Ganzen BT-Drucks. 16/10144, S. 94.
172 BT-Drucks. 16/10144, S. 94.

schrift gilt ausdrücklich nur für den Fall, dass ein Ehegatte einen Rechtsstreit über den Bestand oder den Wert eines Anrechts mit einem Versorgungsträger führt.

Eine **Abtrennung** des Verfahrens nach § 140 Abs. 2 Nr. 2 FamFG steht im Ermessen des Gerichts.

b) Aussetzung in Ermessensfällen

157 Soweit kein Rechtsstreit vor einem anderen Gericht über Bestand oder den Wert eines Anrechts zwischen einem Ehegatten und einem Versorgungsträger besteht, eröffnet § 221 Abs. 3 FamFG dem Familiengericht die Möglichkeit bei Streitigkeiten mit Versorgungsträgern, das Verfahren auszusetzen und einem oder beiden Ehegatten eine Frist zur Erhebung der Klage zu setzen. In diesem Fall besitzt das Gericht ein Ermessen. Hat das Gericht das Verfahren ausgesetzt und eine entsprechende Frist zur Klageerhebung gesetzt und erheben ein oder beide Ehegatten eine entsprechende Klage nicht rechtzeitig, so kann das Gericht das Vorbringen unberücksichtigt lassen, das mit der Klage hätte geltend gemacht werden können. Diese Vorschrift ist völlig neu und dient der Erleichterung der Rechtsanwendung und der Beschleunigung des Verfahrens.

Auch hier ist eine Abtrennung des Verfahrens nach Ermessen des Gerichts nach § 140 Abs. 2 Nr. 2 FamFG möglich.

158 Im Falle einer verspäteten Klageerhebung kann das Familiengericht es bei der Aussetzung bis zur Entscheidung des Fachgerichts belassen.[173] Es muss aber auch die Möglichkeit haben, erneut die Aussetzung zu beschließen.

c) Eigene Prüfung des Gerichts

159 Die Vorschriften des § 221 Abs. 2 u. Abs. 3 FamFG erfassen nicht den Streit der Ehegatten im Versorgungsausgleichsverfahren über die Bewertung, wie sie die Versorgungsträger vorgenommen haben. Sie obliegt nach dem Willen des Gesetzgebers, wie §§ 39 bis 46 VersAusglG zeigen, ausschließlich dem Familiengericht.[174] Dies entspricht dem Willen des Gesetzgebers. Würde man auch in diesen Fällen eine Aussetzung ermöglichen, würde das Verfahren verzögert und andere Gerichte zusätzlich mit Streitigkeiten über den Versorgungsausgleich belastet.

d) Bedeutung der Vorschriften

160 Die Vorschriften des § 221 Abs. 2 u. Abs. 3 FamFG, ebenso wie § 140 Abs. 2 Nr. 1 u. 2 FamFG spielen in der Praxis eine eher untergeordnete Rolle.

e) Anwendbarkeit der allgemeinen Vorschriften

161 Im Übrigen bleiben die allgemeinen verfahrensrechtlichen Aussetzungsmöglichkeiten nach §§ 21, 136 FamFG unberührt. Sie stehen in keinem näheren Zusammenhang mit dem Versorgungsausgleichsverfahren.

173 BT-Drucks. 16/10144, S. 94.
174 BT-Drucks. 16/10144, S. 95.

9. Entscheidung über den Versorgungsausgleich

a) Form der Entscheidung

162 Entscheidungen zum Versorgungsausgleich sind nach § 224 Abs. 2 FamFG zu begründen. Die Entscheidung ergeht immer durch Beschluss, auch im Verbund (§ 116 Abs. 1 FamFG).

b) Tenorierung bei (Teil-)Ausschluss

163 Soweit ein Wertausgleich nach der Scheidung wegen kurzer Ehezeit nach § 3 Abs. 3 VersAusglG, wegen eines Ausschlusses in einer Vereinbarung nach § 6 VersAusglG, wegen Geringfügigkeit nach § 18 Abs. 1 oder Abs. 2 VersAusglG oder grober Unbilligkeit nach § 27 VersAusglG nicht oder nur teilweise stattfindet, stellt das Gericht dies in der Beschlussformel (kein Urteil mehr) nach § 224 Abs. 3 FamFG fest. Diese Vorschrift dient der Transparenz der Entscheidung, vor allem auch im Hinblick auf die Parteien und rechtsberatenden Berufe. Entscheidungen zum Versorgungsausgleich können später eine Rolle spielen, vor allem bei der Frage, ob ein Wertausgleich nach der Scheidung (schuldrechtliche Ausgleichszahlungen) oder eine Abänderung stattfinden soll oder kann.

164 Nachdem das Gericht, mit Ausnahme von § 3 Abs. 3 VersAusglG, in den übrigen Fällen eine Prüfungspflicht trifft, veranschaulicht die Regelung noch einmal diese Pflicht und stellt gleichzeitig klar, dass die Entscheidung des Familiengerichts auch in diesen Fällen in Rechtskraft erwächst.[175]

c) Tenorierung

165 Die Tenorierung würde, wenn ein Versorgungsausgleich überhaupt nicht stattfindet, wie teilweise schon bisher erfolgt, lauten:

▶ Der Versorgungsausgleich findet nicht statt. ◀

Oder bei einem Teilausschluss:

▶ Im Übrigen findet ein Wertausgleich bei der Scheidung nicht statt. ◀

Diese Formulierungen konnten nach bisheriger Rechtsprechung im Gegensatz zum neuen Recht nicht in Rechtskraft erwachsen,[176] zumindest soweit das Gericht eine Prüfung nach altem Recht nicht durchgeführt hatte.

10. Erwähnung von Anrechten, deren Wertausgleich nicht stattgefunden hat

166 Das Gesetz ordnet in § 224 Abs. 4 FamFG für das Familiengericht ausdrücklich an, Anrechte, die beim Wertausgleich bei der Scheidung keine Berücksichtigung finden konnten, in der Begründung zu benennen.

167 Dies dient wiederum der Transparenz und ermöglicht gerade rechtsberatenden Berufen bei späteren Verfahren für Ausgleichsansprüche nach der Scheidung (§§ 20 ff VersAusglG) zu prüfen, ob solche Ansprüche vorhanden sind und um welche Anrechte es sich handelt. Die gerichtliche Praxis zum alten Recht hat dies häufig in den Entscheidungen nicht berücksichtigt. Nicht ausgeglichene Anrechte fanden keine Erwähnung

---

175 BT-Drucks. 16/10144, S. 96.
176 BGH, FamRZ 2007, 536.

in den Urteilsgründen. Dies führte zu erheblichen Schwierigkeiten für rechtsberatende Berufe, wenn es um Ausgleichsansprüche nach der Scheidung ging. Die neue Vorschrift wird in dieser Hinsicht segensreich wirken und Abhilfe schaffen.[177]

Typischerweise findet ein Wertausgleich bei fehlender Ausgleichsreife nach § 19 Abs. 2 Nr. 1 VersAusglG nicht statt, wenn ein Anrecht aus der betrieblichen Altersversorgung noch verfallbar bzw noch nicht unverfallbar ist (§ 1 b Abs. 1 BetrAVG). Aber auch wenn es um den Ausgleich ausländischer Anrechte nach § 19 Abs. 2 Nr. 4 VersAusglG geht, kann ein Wertausgleich bei der Scheidung nicht erfolgen, so dass der Ausgleich den Ausgleichsansprüchen nach der Scheidung (§§ 20 ff VersAusglG) vorbehalten werden muss. 168

Selbstverständlich führt die Regelung des § 224 Abs. 4 VersAusglG nicht zu einer irgendwie gearteten Rechtskraftwirkung, wenn das Gericht die nicht ausgeglichenen Anrechte in den Gründen des Beschlusses erwähnt.[178] Die Erwähnung entfaltet keine Bindungswirkung für das spätere Verfahren. 169

11. Einstweilige Anordnungen

Weder das Versorgungsausgleichsgesetz, noch die besonderen Verfahrensvorschriften zum Versorgungsausgleich im FamFG müssen die Möglichkeit der einstweiligen Anordnung (vgl zB § 3 a Abs. 9 S. 3 VAHRG nach altem Recht) regeln, da § 49 FamFG für alle Verfahren die Möglichkeit von einstweiligen Anordnungen eröffnet. § 49 FamFG gilt damit auch für sämtliche Versorgungsausgleichssachen.[179] 170

Einstweilige Anordnungen werden vor allem bei einer schuldrechtlichen Ausgleichsrente nach §§ 20 bis 24 VersAusglG und bei Ansprüchen auf Teilhabe an der Hinterbliebenenversorgung nach §§ 25, 26 VersAusglG eine Rolle spielen. Allerdings setzt der Erlass einer einstweiligen Anordnung eine klare materielle Rechtslage und ein dringendes Bedürfnis der ausgleichsberechtigten Person auf die schuldrechtliche Ausgleichsrente voraus. Das Gericht kann aber nur eine Notrente festsetzen, um nicht die Hauptsache vorweg zu nehmen.[180] 171

Die Einzelheiten wird die Praxis klären. Eine „Notrente“ könnte sich am Existenzminimum (zurzeit 770 EUR) im Unterhaltsrecht orientieren. Dh, dass der Ausgleichsberechtigte zusammen mit der eigenen Rente 770 EUR monatlich im Wege der einstweiligen Anordnung erhalten kann. Allerdings darf diese Notrente nicht über der Rente liegen, die in der Hauptsache zugesprochen werden kann.

12. Rechtsmittel[181]

Endentscheidungen über den Versorgungsausgleich werden nach § 224 Abs. 1 FamFG erst mit Rechtskraft wirksam. 172

Die Beschwerde in Versorgungsausgleichssachen richtet sich nach §§ 58 ff FamFG. Für den Versorgungsausgleich gilt nach § 228 FamFG die Besonderheit, dass der Wert des

177 BT-Drucks. 16/10144, S. 96.
178 BT-Drucks. 16/10144, S. 96.
179 BT-Drucks. 16/10144, S. 92.
180 BT-Drucks. 16/10144, S. 92.
181 Schürmann, FamRB 2009, 24 ff.

Beschwerdegegenstandes in § 61 Abs. 1 FamFG für Versorgungsausgleichssachen, soweit sie die Hauptsacheentscheidung betreffen, nicht gilt, wohl aber für die isolierte Anfechtung einer Kostenentscheidung.

13. Kostenentscheidung

a) Kostenentscheidung in Scheidungssachen und Folgesachen[182]

173 Für die Kostenentscheidung im Verbundverfahren gilt § 150 FamFG.[183] Grundsätzlich sind die Kosten der Scheidungssache und der Folgesachen, wenn die Scheidung der Ehe ausgesprochen wird, gegeneinander nach § 150 FamFG aufzuheben.[184]

§ 150 Abs. 2 mit Abs. 5 FamFG regelt besondere Konstellationen.

b) Kostenentscheidung in isolierten Verfahren

174 In isolierten Verfahren kann das Familiengericht nach § 81 Abs. 1 FamFG[185] Beteiligten ganz oder zum Teil nach billigem Ermessen die Kosten des Verfahrens auferlegen. Es kann auch von der Erhebung der Kosten abzusehen. In Familiensachen ist stets über die Kosten nach § 81 Abs. 1 S. 3 FamFG zu entscheiden.

175 § 81 Abs. 2 FamFG regelt bestimmte Fallgestaltungen, in denen das Familiengericht die Kosten des Verfahrens ganz oder teilweise einem Beteiligten auferlegen kann. Es handelt sich um keine besonderen Verfahrenskonstellationen, die speziell für den Versorgungsausgleich Bedeutung sind.

176 Neu ist nach § 80 FamFG, dass die Kosten die Gerichtskosten (Gebühren und Auslagen) und die zur Durchführung des Verfahrens notwendigen Aufwendungen der Beteiligten umfassen. Die Aufspaltung in Gerichtskosten nach der Kostenordnung und außergerichtlichen Auslagen nach § 13 a FGG entfällt damit.

14. Verfahrenswert in Versorgungsausgleichssachen

177 Der Verfahrenswert (früher Streitwert/Gegenstandswert) beträgt nunmehr nach § 50 Abs. 1 GKG für jedes Anrecht 10 %, bei Ausgleichsansprüchen nach der Scheidung (früher schuldrechtlicher Versorgungsausgleich) für jedes Anrecht 20 % des in drei Monaten erzielten Nettoeinkommens der Ehegatten. Der Verfahrenswert beläuft sich auf mindestens 1.000 EUR (§ 50 Abs. 1 S. 2 GKG).

Bei Verfahren über Auskunftsansprüche oder die Abtretung von Versorgungsansprüchen beträgt der Verfahrenswert 500 EUR (§ 50 Abs. 2 GKG).

178 Soweit dem Familiengericht der Verfahrenswert nach § 50 Abs. 1 u. Abs. 2 GKG nach den besonderen Umständen des Einzelfalls unbillig erscheint, kann das Gericht einen höheren oder niedrigeren Wert festsetzen (§ 50 Abs. 3 GKG).

---

182 Krause, FamRB 2009, 123.
183 Krause, FamRB 2009, 123.
184 Friederici/Kemper/Götsche, Familienverfahrensrecht, § 150, Rn 5.
185 Kroiß/Seiler, § 2 Rn 122 – 128; Krause, FamRB 2009, 123, 125.

VIII. Auskunft nach neuem und altem Recht

Im Versorgungsausgleich spielen Auskünfte über Versorgungsanrechte eine große Rolle, vor allem auch zwischen Versorgungsträgern und Gerichten. Auf präzise Auskünfte sind die Gerichte angewiesen, um den Ehezeitanteil und Ausgleichswert einer Versorgung nachvollziehbar bewerten und gegebenenfalls berechnen zu können. Umgekehrt besteht die Verpflichtung der Versorgungsträger, dem Gericht, aber auch anderen Beteiligten, auf Anfrage Informationen zu erteilen. 179

1. Auskunftsansprüche nach altem Recht

Das alte materielle Recht und Verfahrensrecht zum Versorgungsausgleich gilt nach § 48 Abs. 1 VersAusglG grundsätzlich für alle Verfahren, die vor dem 1.9.2009 eingeleitet wurden (vgl Art. 111 Abs. 1 S. 1 FamFG). Hiervon sieht § 48 Abs. 2 u. Abs. 3 VersAusglG Ausnahmen bei der Wiederaufnahme vor, wenn das Verfahren abgetrennt, ausgesetzt oder das Ruhen angeordnet war. Das geltende materielle Recht und Verfahrensrecht zum Versorgungsausgleich gilt für Altverfahren grundsätzlich über den 1.9.2009 hinaus bis zum 31.8.2010 fort. In diesem Zeitraum werden alle Beteiligten einschließlich der Gerichte gegebenenfalls nebeneinander das alte und neue Recht anwenden müssen, je nach dem, ob das Verfahren vor dem 1.9.2009 oder nach dem 1.9.2009 eingeleitet wurde. Gerichte werden bei Auskunftsersuchen darauf hinzuweisen haben, ob altes oder neues Recht anzuwenden ist. 180

a) Auskunftspflicht der Ehegatten untereinander

Von der Auskunftspflicht der übrigen Beteiligten, insbesondere der Träger der Versorgungen ist die **Auskunftspflicht der Ehegatten** zu unterscheiden. Die Ehegatten sind einander nach §§ 1587e Abs. 1, 1580 BGB zur Auskunft beim Versorgungsausgleich verpflichtet. Es handelt sich um ein reines FGG-Verfahren. Den Antrag stellt meist eine Partei im Verbund.[186] Einem solchen Antrag fehlt, trotz der Auskunftspflicht der Ehegatten gegenüber dem Gericht nach § 11 Abs. 2 VAHRG, nicht das Rechtsschutzbedürfnis.[187] Auf den entsprechenden Antrag erlässt das Familiengericht einen Beschluss, dem die Partei selbst nach § 53 g Abs. 3 FGG, § 888 ZPO vollstreckt. Die Vollstreckung erfolgt nicht durch das Familiengericht von Amts wegen, weil § 888 ZPO nur dem Gläubiger die Vollstreckung ermöglicht.[188] Erteilt ein Ehegatte, der zur Auskunft verurteilt wurde, die Auskunft nicht freiwillig, so setzt das Familiengericht auf Antrag nach § 888 Abs. 1 ZPO Zwangsgeld oder Zwangshaft fest, damit der Ehegatte zur Erfüllung seiner Auskunftspflicht angehalten wird. Das Zwangsgeld darf 25.000 EUR (§ 888 Abs. 1 S. 2 ZPO) und die Haft nicht 6 Monate (§§ 888 Abs. 1 S. 3, 913 S. 1 ZPO) übersteigen. 181

Diese Auskunftsverpflichtung spielt in der Praxis eine geringe Rolle. Für Versorgungsträger stellt § 1578 e Abs. 1 BGB keine Verpflichtung zur Auskunft dar.

---

186 BGH, FamRZ 1981, 533.

187 OLG Frankfurt, FamRZ 2000, 99; abzulehnen: OLG München, FamRZ 1998, 244; OLG Oldenburg, FamRZ 1999, 1207.

188 Vgl BGH, FamRZ 1983, 578.

b) Auskunftspflicht der übrigen Beteiligten, insbesondere der Träger der Versorgungen gegenüber dem Gericht

182 Von der Auskunftsverpflichtung der Ehegatten untereinander streng zu unterscheiden ist die Auskunftspflicht der übrigen Beteiligten, Ehegatten, insbesondere der Träger der Versorgungen. §§ 53 b Abs. 2 S. 2, S. 3 FGG, insofern gleichlautend mit § 11 Abs. 2 VAHRG, regelt die Auskunftspflicht von Versorgungsträgern und sonstigen Beteiligten vor allem auch Ehegatten **gegenüber dem Gericht.** Es handelt sich um ein reines FGG-Verfahren. Die Vollstreckung obliegt dem Familiengericht nach § 33 FGG.[189] In der Praxis wendet das Familiengericht weit überwiegend § 11 Abs. 2 VAHRG als die eigentliche Norm an, die die Auskunftsverpflichtung der Versorgungsträger regelt. Allerdings ist strittig, ob gegen öffentlich-rechtliche Versorgungsträger eine Zwangsgeldandrohung und die Festsetzung von Zwangsgeld möglich sind.[190]

183 Unstreitig ist aber die Androhung und Festsetzung von Zwangsgeld nach § 33 FGG gegen private Versorgungsträger.[191] Die Vollstreckung durch das Gericht nach § 33 FGG erfordert die Androhung des Zwangsgelds (§ 33 Abs. 3 S. 1 FGG) und, falls die Auskunft nicht erteilt wird, die Festsetzung von Zwangsgeld bis zu einem Betrag von 25.000 EUR (§ 33 Abs. 3 S. 2 FGG). Zwangshaft ist nach § 33 FGG nicht möglich, sofern der Träger der Versorgung oder andere Beteiligte (Ehegatten) keine Auskunft erteilt.

2. Auskunftsverpflichtung nach neuem Recht

a) Auskunftspflicht aller Beteiligten gegenüber dem Gericht

184 § 220 FamFG regelt umfassend die Auskunftspflichten aller Beteiligten (§ 219 FamFG; s. auch Fall 6 Rn 434) **gegenüber dem Gericht.** Danach kann das Gericht über Grund und Höhe der Anrechte Auskünfte bei den Personen und Versorgungsträgern einholen, die nach § 219 FamFG zu beteiligen sind, sowie bei sonstigen Stellen, die zur Erteilung von Auskünften in der Lage sind. Der Kreis der Stellen, die die Verpflichtung zur Auskunft trifft, geht damit über die Ehegatten und die Versorgungsträger hinaus (§ 220 Abs. 1 FamFG).[192] § 220 FamFG regelt nicht nur die Verpflichtung der Beteiligten (Versorgungsträger) und sonstiger Stellen. Vielmehr präzisiert das Gesetz in § 220 FamFG auch die Anforderungen an den Inhalt und den Umfang der Auskunft.

b) Formularzwang/elektronische Datenübertragung

185 Soweit das Gericht ein Formular übersendet, sind die Beteiligten (Ehegatten, Versorgungsträger) verpflichtet, bei der Auskunft das Formular zu verwenden (§ 220 Abs. 2 FamFG).[193] § 220 Abs. 2 S. 2 FamFG regelt hiervon die Ausnahme, für insbesondere große Versorgungsträger, wie etwa die gesetzliche Rentenversicherung, aber auch größere betriebliche Versorgungsträger, die für die Erteilung der Auskunft elektronische

189 OLG Stuttgart, FamRZ 1986, 705; Friderici, NJW 1983, 785.
190 Vgl iE Triebs, FamRZ 2003, 989 mwN; KG, FamRZ 1998, 839; Keidel/Kuntze/Winkler, Kommentar zum FGG, Teil A, 15. Aufl., § 33 Rn 16; Johannsen/Henrich/Brudermüller, Kommentar zum EheR, 4. Aufl., § 53 b FGG, Rn 21.
191 OLG Dresden, FamRZ 2000, 298; OLG Frankfurt, FamRZ 1991, 579; AG Groß-Gerau u. AG Friedberg, FamRZ 2000, 297, jeweils auch zum Umfang der Auskunftspflicht.
192 BT-Drucks. 16/10144, S. 93.
193 BT-Drucks. 16/10144, S. 93.

Datenverarbeitungssysteme einsetzen.[194] Es wäre ein unverständlicher Mehraufwand für Versorgungsträger, die sich einer automatisierten Auskunftserteilung bedienen, wenn sie daneben auch noch zusätzlich Formulare benutzen müssten. Inhaltlich müssen die automatisierten Auskünfte selbstverständlich den im Einzelnen gesetzlich geregelten Auskunftspflichten entsprechen.[195] Der Gesetzgeber geht davon aus, dass in der Zukunft der Informationsfluss zwischen den Familiengerichten und den Versorgungsträgern in automatisierter Form erfolgt (elektronischer Datenaustausch). Eine Regelung für den elektronischen Rechtsverkehr zwischen den Familiengerichten und den Versorgungsträgern, die zu beteiligen sind (§ 219 Nr. 2 oder Nr. 3 FamFG), stellt § 229 FamFG zur Verfügung. Sie hat erst der Rechtsausschuss des Deutschen Bundestages in das Gesetz aufgenommen.[196]

c) Zwangsweise Mitwirkung von Beteiligten zur Sammlung von Informationen

Hat der Versorgungsträger Probleme im Vorfeld der Auskunftserteilung, weil Ehegatten oder Hinterbliebene oder Erben bei der Beibringung der notwendigen Informationen und Aufklärung nicht mitwirken, so kann der Versorgungsträger dem Gericht eine entsprechende Mitteilung machen. Das Gericht kann anordnen, dass die Ehegatten, ihre Hinterbliebenen und Erben gegenüber dem Versorgungsträger die Mitwirkungshandlungen zu erbringen haben, die für die Feststellung der in den Versorgungsausgleich einzubeziehenden Anrechte erforderlich sind (§ 220 Abs. 3 FamFG).[197] **186**

d) Inhalt und Umfang der Auskunft

§ 220 Abs. 4 FamFG regelt Inhalt und Umfang der Auskunft der Versorgungsträger. Der Versorgungsträger hat von sich aus die nach § 5 VersAusglG benötigten Werte einschließlich einer übersichtlichen und nachvollziehbaren Berechnung sowie der für die Teilung maßgeblichen Regelungen mitzuteilen.[198] Hierzu gehören der zu berechnende Ehezeitanteil nach § 5 Abs. 1 VersAusglG, der Vorschlag für den Ausgleichswert nach § 5 Abs. 3 VersAusglG und den korrespondierenden Kapitalwert nach § 47 VersAusglG.[199] **187**

e) Inhalt der Auskunft/Prüfungspflicht des Gerichts

Trotz der umfassenden Auskunftsverpflichtung des Versorgungsträgers besteht die Verpflichtung des Gerichts von sich aus die mitgeteilten Werte (Ehezeitanteil, Ausgleichswert und korrespondierender Kapitalwert) zu prüfen.[200] Dieser Verpflichtung kann das Familiengericht nur nachkommen, wenn die Versorgungsträger in der Auskunft die erforderlichen Berechnungen **übersichtlich und nachvollziehbar**, das bedeutet zunächst **kurz und verständlich** darstellen.[201] Neben den **grundlegenden Annahmen der Berechnung**, insbesondere **Zinssatz** und **angewandte Sterbetafel** gehören zur Auskunft **188**

---

194 BT-Drucks. 16/10144, S. 94.
195 BT-Drucks. 16/10144, S. 94.
196 BT-Drucks. 16/11903, S. 118.
197 BT-Drucks. 16/10144, S. 94.
198 BT-Drucks. 16/10144, S. 94.
199 BT-Drucks. 16/10144, S. 94.
200 BT-Drucks. 16/10144, S. 94 u. S. 50.
201 Zu den Einzelheiten der Berechnung Blomeyer/Rolfs/Otto, Betriebsrentengesetz, 4. Aufl.

u.a. die **Benennung der angewandten versicherungsmathematischen Berechnungsverfahren.**[202]

189 Nachdem eine vergleichbare bilanzrechtliche Informationspflicht § 285 Nr. 24 HGB n.F. normiert, entsteht für die Träger der betrieblichen Versorgung kein gesonderter Mehraufwand. Zur Offenlegung von Geschäftsgeheimnissen, zB spezifische geschäftsinterne Kalkulationen, ist der Versorgungsträger aber nicht verpflichtet.[203]

190 Darüber hinaus verpflichtet das Gesetz in § 220 Abs. 4 S. 1 FamFG die Versorgungsträger, die für die **Teilung maßgeblichen Regelungen im Rahmen der Auskunft** mitzuteilen. Hierzu wird meist der Verweis auf die Allgemeinen Vertragsbedingungen oder auf Satzungsrecht genügen, wenn dem Gericht die entsprechenden Regelungen bereits früher übersandt und bekannt sind. Es sind aber auch andere Fälle denkbar, etwa bei individuell ausgestalteten betrieblichen Versorgungszusagen.[204] Schließlich werden die Daten über die Zugehörigkeit zum Versorgungssystem benötigt. Die Gesamtheit der Informationen ermöglicht es sowohl dem Familiengericht, aber auch vor allem den Ehegatten und ihren Rechtsanwälten, die Auskünfte nachzuvollziehen. Ab 1.9.2009 haben die Justizverwaltungen hierzu entsprechende Fragebögen entwickelt (abgedruckt in Teil E).

f) Kosten der internen Teilung

191 In der Auskunft soll der Versorgungsträger die voraussichtlichen Kosten der internen Teilung nach **§ 13 VersAusglG** mitteilen.[205]

g) Externe Teilung

192 Sinnvollerweise wird sich der **Versorgungsträger dazu äußern**, wenn er Auskunft über den Ehezeitanteil bzw den Ausgleichswert erteilt, ob er von seinem Recht Gebrauch machen will, die externe Teilung eines Anrechts nach § 14 Abs. 2 Nr. 2 VersAusglG zu verlangen. Das Gesetz sieht dies aber nicht zwingend vor. Teilt der Versorgungsträger nicht mit, ob er die externe Teilung nach § 14 Abs. 2 Nr. 2 VersAusglG verlangt, so wird ihm das Gericht nach § 222 Abs. 1 FamFG hierzu eine Frist setzen.[206]

h) Nachträgliche Erläuterung der Wertermittlung

193 Enthalten die Auskünfte keine übersichtlichen und nachvollziehbaren Berechnungen nach § 220 Abs. 4 FamFG oder handelt es sich um sehr komplizierte und schwierige Berechnungen und ist das Gericht oder einer der Beteiligten, insbesondere ein Ehegatte, nicht in der Lage, die Wertermittlung nachzuvollziehen, so kann das Gericht dem Versorgungsträger **von Amts wegen oder auf Antrag eines Beteiligten** (regelmäßig wohl eines Ehegatten über seinen Rechtsanwalt) auffordern, die **Einzelheiten der Wertermittlung zu erläutern.**[207] Nach der Begründung zum Gesetz ist § 220 Abs. 4 S. 2 FamFG eher einschränkend auszulegen. Der Gesetzgeber geht davon aus, dass das Gericht (nur) bei unvollständigen Auskünften oder in Zweifelsfällen befugt ist, den Versorgungsträ-

202 BT-Drucks. 16/10144, S. 94, S. 50.
203 BT-Drucks. 16/10144, S. 94.
204 BT-Drucks. 16/10144, S. 94; BT-Drucks. 16/11903, S. 117.
205 BT-Drucks. 16/10144, S. 57.
206 BT-Drucks. 16/10144, S. 94.
207 BT-Drucks. 16/10144, S. 94.

ger zu ergänzenden Auskünften aufzufordern. In der Praxis erscheint eine solche Auslegung des Gesetzes eher zu eng. Eindeutig ist nur, dass das Gericht bei unvollständigen Auskünften selbstverständlich eine Ergänzung verlangen kann. Was unter „Zweifelsfällen" zu verstehen ist, erläutert die Gesetzesbegründung nicht näher. Sicherlich fallen hierunter Unklarheiten bei der Auskunft, beispielsweise bei der Berechnung. Aber auch bei komplizierten Wertermittlungen und den dazugehörigen tatsächlichen Ermittlungen, wird das Gericht zu einer Erläuterung im Einzelnen berechtigt sein, um seiner Prüfungspflicht nachkommen zu können (eventuelle auch auf Antrag eines anderen Beteiligten). Ob Gerichte in der Praxis davon Gebrauch machen werden, ist aber eher fraglich. Die Entscheidungen zum Versorgungsausgleich stellen ein Massenphänomen in der Rechtsprechung dar. Vermutlich werden die anderen Beteiligten, wie das Gericht, die Wertermittlung und Berechnung hinnehmen, wenn nicht von einem Beteiligten Einwände erhoben werden, oder ein Richter, der sich in der Spezialmaterie der Betriebsrenten besonders gut auskennt, Auffälligkeiten oder Widersprüche feststellt.

Die Möglichkeit des Gerichts, ergänzende Auskünfte anzufordern, wird auch von Um- 194
fang und Güte der Auskunft nach § 220 Abs. 4 S. 1 FamFG abhängen. Inwieweit Auskünfte zunächst Einzelheiten mitzuteilen haben, wird von den Besonderheiten der einzelnen Versorgungen abhängen. Einfache und kurze Berechnungen können mit der Auskunft sofort erteilt werden. Problematischer aus der Sicht der Versorgungsträger ist der Inhalt der Auskünfte, wenn es sich um komplizierte Berechnungen handelt. Ein typisches Beispiel stellen Gesamtversorgungen dar (vgl § 45/§ 39 VersAusglG).[208] Ob sich der Versorgungsträger in diesen Fällen darauf beschränkt, die Grundzüge der Wertermittlung mitzuteilen oder, um einer nachträglichen Aufforderung des Gerichts zu entgehen, gleich die gesamte Berechnung mit allen Einzelheiten mitteilt, lässt sich im jetzigen Zeitpunkt nicht abschätzen. Der Versorgungsträger wird aber die gesamten Berechnungsunterlagen vorhalten müssen, um auf eine Aufforderung des Gerichts die Einzelheiten mitteilen zu können. Nachdem der Träger der betrieblichen Altersversorgung die gesamte Berechnung mit allen Einzelheiten bereits durchgeführt hat, ist es „mehr eine Frage des Papiers", ob er bei umfänglichen Wertermittlungen sich zunächst auf Grundzüge beschränkt oder sofort die gesamte Berechnung dem Gericht mitschickt. Wie die Praxis der Gerichte aussehen wird, lässt sich zum jetzigen Zeitpunkt nicht im Einzelnen sagen.

Haben die Versorgungsträger dem Gericht nach § 220 FamFG die Auskünfte erteilt und 195
reichen selbst die angeforderten Erläuterungen nach § 220 Abs. 4 S. 2 FamFG nicht aus, so kann das Gericht **auch einen Vertreter der Versorgungsträger zum Termin laden**, um sich die Wertermittlung erläutern zu lassen.[209]

3. Zwangsmittel zur Durchsetzung der Auskunftsverpflichtung

Nach § 220 Abs. 5 FamFG sind die in der Vorschrift genannten Personen (Beteiligten) 196
und sonstigen Stellen verpflichtet, gerichtliche Ersuchen und Anordnungen zu befolgen. Weigert sich ein Beteiligter oder eine sonstige Stelle die Verpflichtungen und Anord-

208 BT-Drucks. 16/10144, S. 81, 82, 83.
209 BT-Drucks. 16/10144, S. 94.

nungen des Gerichts nach § 220 FamFG zu erfüllen, so kann das Gericht **Zwangsmittel zur Durchsetzung nach §§ 35 FamFG anordnen.**[210] Nachdem § 219 Nr. 2 u. 3 FamFG die Versorgungsträger ausdrücklich als Beteiligte benennt, ist das Gericht befugt auch gegen diese Versorgungsträger (nach altem Recht zweifelhaft, wenn es sich um öffentliche Träger handelte; vgl oben Rn 182), Zwangsmaßnahmen zu ergreifen. Zwangsmaßnahmen nach § 35 FamFG sind Zwangsgeld und Zwangshaft.

4. Verwendung von Formularen

197 § 220 Abs. 2 FamFG schreibt den Beteiligten (also auch den Versorgungsträgern) vor, die vom Gericht übersandten Formulare zu verwenden. Die **Justizverwaltung hat Formblätter** für die Auskünfte auch der betrieblichen Versorgungsträger **entwickelt** (abgedruckt in Teil E). Dem Auskunftsersuchen liegt ein Formblatt für die Auskunft bei und vor allem auch ein umfängliches Merkblatt.

5. Elektronisches Übermittlungsverfahren

198 Von großer Bedeutung ist die Vorschrift des **§ 229 FamFG** über den elektronischen Rechtsverkehr zwischen den Familiengerichten und den Versorgungsträgern, die erst durch die Empfehlung des Rechtsausschusses des Deutschen Bundestags in das Gesetz aufgenommen wurde.[211] § 229 FamFG enthält die **Rechtsgrundlagen für den elektronischen Rechtsverkehr** zwischen den Familiengerichten und den Versorgungsträgern. Das Familiengericht und die beteiligten Versorgungsträger haben nach § 229 Abs. 1 FamFG die Möglichkeit, an einem elektronischen Übermittlungsverfahren teilzunehmen. Die Teilnahme ist für beide Seiten freiwillig.[212] Bedient sich aber das Familiengericht des elektronischen Übermittlungsverfahrens, bzw nimmt der Versorgungsträger an dem Verfahren teil, so besteht die Verpflichtung, sich dieses Verfahrens zu bedienen (§ 229 Abs. 3 FamFG).

§ 229 Abs. 2 FamFG enthält Einzelheiten der Ausgestaltung des Übermittlungsverfahrens.

199 Nimmt sowohl das Gericht als der Versorgungsträger an dem elektronischen Übermittlungsverfahren teil, so übersendet das Gericht seine Auskunftsersuchen nach § 220 FamFG im elektronischen Übermittlungsverfahren an die Versorgungsträger, die umgekehrt ihre Auskünfte nach § 220 FamFG und ihre Erklärungen nach § 222 Abs. 1 FamFG im elektronischen Übermittlungsverfahren dem Gericht mitteilen (§ 229 Abs. 3 FamFG).

§ 229 Abs. 4 u. Abs. 5 FamFG sehen sogar vor, dass die Gerichte den Versorgungsträgern die Entscheidungen zum Versorgungsausgleich im elektronischen Übermittlungsverfahren zustellen.

---

210 Schulte-Bunert, FuR 2009, 125; a.A. Friederici/Kemper/Götsche, Familienverfahrensrecht, § 220, Rn 23.
211 BT-Drucks. 16/11903, S. 118.
212 BT-Drucks. 16/11903, S. 118.

6. Auskunft der Ehegatten untereinander

a) Verpflichtete

Von den Auskunftsverpflichtungen gegenüber dem Gericht nach § 220 FamFG sind die Auskunftsansprüche der Ehegatten, Hinterbliebenen und Erben untereinander nach **§ 4 Abs. 1 VersAusglG** zu unterscheiden. Dieser Auskunftsanspruch betrifft die Versorgungsträger nicht. 200

b) Gegenseitige Auskunft der Versorgungsträger und gegenüber Ehegatten

Allerdings sind die Versorgungsträger zur Auskunft gegenüber einem Ehegatten nach **§ 4 Abs. 2 VersAusglG** verpflichtet, wenn er vom anderen Ehegatten (das betrifft jeweils auch die Hinterbliebenen und Erben) die erforderlichen Auskünfte, die für den Versorgungsausgleich notwendig sind, nicht erhalten kann. Die mangelnde Auskunftsbereitschaft des Ehegatten (wohl auch das Unvermögen des Ehegatten) muss der andere Ehegatte dem Versorgungsträger nachweisen, zB durch erfolglose Mahnungen.[213] Aber auch die Versorgungsträger können erforderliche Auskünfte von den Ehegatten (Hinterbliebenen und Erben) sowie von anderen Versorgungsträgern verlangen (§ 4 Abs. 3 VersAusglG), wenn sie anders nicht in der Lage sind, eine Bewertung der auszugleichenden Versorgung vorzunehmen, zB wenn eine Versorgung von einer anderen Versorgung abhängig ist.[214] 201

Die Vorschrift kann erhebliche Bedeutung gewinnen, da sie Auskunftsansprüche im Vorfeld des gerichtlichen Verfahrens normiert. Dies hat Bedeutung zB für rechtsberatende Berufe, wenn sie Vereinbarungen zum Versorgungsausgleich schließen wollen (§§ 6 ff VersAusglG). 202

c) Belegungspflicht

§ 4 Abs. 4 VersAusglG verweist zur Belegungspflicht auf § 1605 Abs. 1 S. 2 BGB. Auch die Abgabe einer eidesstattlichen Versicherung, dass die Angaben richtig und vollständig sind (dies betrifft vor allem die Ehegatten) ist möglich. 203

d) Verhältnis zu § 220 FamFG und Vollstreckung

Die Regelung wird im gerichtlichen Verfahren von untergeordneter Bedeutung sein, da nach § 220 FamFG das Gericht von Amts wegen selbstständig die Auskünfte von Versorgungsträgern und Eheleuten einholt. Dennoch ist die Vorschrift nicht ohne Bedeutung. Sollte das Gericht (ausnahmsweise, wider erwarten) seinen Verpflichtungen nach § 220 FamFG nicht nachkommen, so bietet den Eheleuten § 4 VersAusglG eine eigenständige Durchsetzungsmöglichkeit. Die Vollstreckung erfolgt durch die Ehegatten nach **§ 86 ff FamFG**, wobei das Familiengericht nach § 95 Abs. 1 Nr. 3 FamFG,[215] **§ 888 ZPO Zwangsgeld und Zwangshaft** anordnen kann. 204

213 BT-Drucks. 16/10144, S. 48.
214 BT-Drucks. 16/10144, S. 48/49.
215 Kühner, FamRB 2009, 82, 89.

7. Auskunftspflicht nach anderen Vorschriften

205 Für Versorgungsträger der betrieblichen Altersversorgung besteht eine Auskunftsverpflichtung nach § 4 a BetrAVG, für die gesetzliche Rentenversicherung nach § 109 Abs. 5 SGB VI.

8. Besonderheiten der externen Teilung

a) Verfahrensvorschrift

206 Bei der externen Teilung ist die **verfahrensrechtliche Vorschrift des § 222 FamFG** zu beachten, die Fristen für die Ausübung von Wahlrechten setzt, einen Nachweis des Einverständnisses des ausgewählten Versorgungsträgers (§ 222 Abs. 1, Abs. 2 FamFG) verlangt und dem Gericht vorschreibt, den Ausgleichswert als Kapitalbetrag festzusetzen, den der Versorgungsträger der ausgleichspflichtigen Person an den Versorgungsträger der ausgleichsberechtigten Person zu zahlen hat (§ 222 Abs. 3 FamFG, § 14 Abs. 4 VersAusglG).

b) Vereinbarung der externen Teilung

207 § 14 Abs. 2 VersAusglG regelt die **beiden Fälle**, in denen eine externe Teilung zulässig ist. Liegt eine der Voraussetzungen vor, so ist das Gericht an die Wahl der externen Teilung im Regelfall gebunden.[216]

c) Einigung

208 § 14 Abs. 2 Nr. 1 VersAusglG sieht eine externe Teilung vor, wenn sich die ausgleichsberechtigte Person und der **Versorgungsträger der ausgleichspflichtigen Person** auf eine **solche Teilung einigen.** Dazu ist eine Abrede zwischen dem Versorgungsträger der ausgleichspflichtigen Person und der ausgleichsberechtigten Person notwendig. Der **Träger der Zielversorgung muss einverstanden sein**, wenn die ausgleichsberechtigte Person diese auswählt, § 15 Abs. 1, Abs. 2 VersAusglG iVm § 222 Abs. 2 FamFG. Die ausgleichsberechtigte Person hat ein Wahlrecht, ob sie ein bestehendes Anrecht ausbaut oder ein neues Anrecht begründet (§ 15 Abs. 1 VersAusglG). Wenn die ausgleichsberechtigte Person ihr Wahlrecht nicht ausübt, so erfolgt die externe Teilung nach § 15 Abs. 3 VersAusglG durch Begründung eines Anrechts in der gesetzlichen Rentenversicherung.

d) Pflichten des Familiengerichts

209 Die externe Teilung führt das **Familiengericht** durch, das zwar **prinzipiell an die Wahl gebunden ist.** Jedoch muss das Familiengericht die getroffene **Wahl** nach § 15 Abs. 2, Abs. 3, Abs. 4 VersAusglG dahin **überprüfen,** ob die gewählte Zielversorgung eine angemessene Versorgung gewährleistet. Das Formerfordernis des § 7 VersAusglG gilt für diese Vereinbarung nicht, da keine Vereinbarung nach den §§ 6-8 VersAusglG zwischen den Ehegatten vorliegt.[217]

---

216 BT-Drucks. 16/10144, S. 58.
217 BT-Drucks. 16/10144, S. 58.

e) Informationsaustausch

Die Vereinbarung bedingt einen umfänglichen Informationsfluss zwischen den beteiligten Ehegatten, dem Versorgungsträger und dem Gericht. 210

Das Zustandekommen der Vereinbarung zwischen dem Versorgungsträger und dem Ehegatten verlangt einen umfänglichen Austausch von Informationen, wie die externe Teilung gestaltet werden soll.

f) Mitteilungen an das Familiengericht

Haben sich der **Versorgungsträger und der Ehegatte** auf die externe Teilung geeinigt, so teilen sie die **Vereinbarung dem Gericht** mit. Sinnvoller Weise wird die Vereinbarung bereits eine Regelung beinhalten, in welche **Zielversorgung** der Ausgleich erfolgen soll. Die beiden Beteiligten werden es nicht auf das Wahlrecht der ausgleichsberechtigten Person nach § 15 VersAusglG ankommen lassen. Sollte die Vereinbarung **keine Regelung der Zielversorgung enthalten**, so müsste das Gericht gesondert darauf hingewiesen werden, das seinerseits **der ausgleichsberechtigten Person** eine **Frist zur Auswahl** nach § 222 Abs. 1 FamFG setzt. Nach **Ausübung des Wahlrechts** durch die ausgleichsberechtigte Person wird **das Gericht** dem **Versorgungsträger die Wahl mitteilen** bzw dem Versorgungsträger mitteilen, dass die ausgleichsberechtigte Person das Wahlrecht nicht ausgeübt hat und damit die externe Teilung durch Begründung eines Anrechts in der gesetzlichen Rentenversicherung stattfindet (§ 15 Abs. 5 VersAusglG). 211

g) Folgen einer Unwirksamkeit der Vereinbarung

Sollte die Prüfungspflicht des Gerichts eine **vollständige oder teilweise Unwirksamkeit der getroffenen Vereinbarung** zur Folge haben, so wird das Gericht vor seiner Entscheidung dies den Ehegatten und dem **Versorgungsträger mitteilen.** Dies gibt den Beteiligten Gelegenheit, zu überlegen, ob es bei der in der Vereinbarung getroffenen Auswahl der Zielversorgung verbleibt oder überhaupt die Vereinbarung aufrecht erhalten oder eine neue geschlossen werden soll. 212

h) Steuerrechtliche Probleme/Zustimmung der ausgleichspflichtigen Person

Führt die Vereinbarung dazu, dass die Zahlung des Kapitalbetrags durch den Versorgungsträger an die Zielversorgung zu einer steuerpflichtigen Einnahme bei der ausgleichsverpflichteten Person führt, so bedarf es zusätzlich der Zustimmung der ausgleichspflichtigen Person nach § 15 Abs. 3 VersAusglG. Diese Zustimmung kann von der ausgleichsberechtigten Person, wie auch vom Versorgungsträger, herbeigeführt werden. Ergibt erst die Prüfungspflicht des Gerichts, dass die Zahlung des Kapitalbetrags zu einer steuerpflichtigen Einnahme der ausgleichspflichtigen Person führt, so wird es primär der ausgleichsberechtigten Person obliegen, die Zustimmung herbeizuführen. 213

Verweigert in diesem Fall die ausgleichspflichtige Person die Zustimmung, so wird das Gericht dies dem Versorgungsträger mitteilen, damit der Versorgungsträger gegebenenfalls entsprechend reagieren kann, etwa durch Abschluss einer neuen Vereinbarung. 214

i) Zustimmung des ausgewählten Trägers der Zielversorgung

215 Die weiter erforderliche Zustimmung des ausgewählten Versorgungsträgers zur vorgesehenen Teilung hat die ausgleichsberechtigte Person beizubringen, nicht der Versorgungsträger (§ 222 Abs. 2 FamFG).

9. Externe Teilung auf Verlangen des Versorgungsträgers

a) Zweite Alternative der externen Teilung

216 Nach § 14 Abs. 2 Nr. 2 VersAusglG kann der Versorgungsträger bei **kleineren Ausgleichswerten** auch **ohne Zustimmung der ausgleichsberechtigten Person Ausgleichswerte extern teilen.**

b) Ausübung des Wahlrechts

217 Die **Ausübung des Wahlrechts des Versorgungsträgers** im Fall des § 14 Abs. 2 Nr. 2 VersAusglG wird der Versorgungsträger sinnvoller Weise in seiner Auskunft an das **Gericht bereits mitteilen.**

c) Erklärungen der ausgleichsberechtigten Person über Zielversorgung

218 Eine Erklärung über die Ausübung des Wahlrechts der ausgleichsberechtigten Person bezüglich der Zielversorgung nach § 15 Abs. 1 VersAusglG braucht der Versorgungsträger nicht herbeizuführen. Vielmehr muss diese Erklärung innerhalb einer gesetzten Frist des Gerichts die ausgleichsberechtigte Person gegenüber dem Gericht abgeben (§ 222 Abs. 2 VersAusglG).

219 Hat die **ausgleichsberechtigte Person die Wahl einer Zielversorgung getroffen**, so hat sie innerhalb der durch das Gericht gesetzten Frist die **Einverständniserklärung des ausgewählten Versorgungsträgers gegenüber dem Gericht** mitzuteilen (§ 222 Abs. 2 VersAusglG). Das ist keine Aufgabe des Versorgungsträgers.

220 Übt die **ausgleichsberechtigte Person** in diesen Fällen **ihr Wahlrecht nicht aus**, so sieht wiederum die Regelung des § 15 Abs. 5 VersAusglG vor, dass die Teilung durch Begründung eines Anrechts in der **gesetzlichen Rentenversicherung** stattfindet. Auch in diesen Fällen wird das Gericht dem Versorgungsträger diese Tatsache vor seiner Entscheidung mitteilen, um seiner Informationspflicht zu genügen. Einen Einfluss auf die Entscheidung der ausgleichsberechtigten Person hat der Versorgungsträger in diesen Fällen aber nicht.

IX. Übergangsvorschriften nach §§ 48 bis 54 VersAusglG

1. Allgemeines

221 Die Übergangsvorschriften regeln Fälle, in denen nach Inkrafttreten des Gesetzes **ausnahmsweise das bisherige Recht anzuwenden ist.** Sie regeln auch die **Wiederaufnahme von Verfahren**, die nach dem Versorgungsausgleichs-Überleitungsgesetz (VAÜG, betrifft „Ostrenten“) ausgesetzt wurden und bestimmen, wie ein nach bisherigem Recht durchgeführter öffentlich-rechtlicher Versorgungsausgleich abzuändern bzw ein bereits

erfolgter Teilausgleich im Rahmen von Ausgleichsansprüchen nach der Scheidung zu bewerten ist.[218]

Die Übergangsvorschriften bezwecken vornehmlich, das **neue Recht** möglichst weitgehend und **möglichst schnell sofort anzuwenden.** Sie wollen vermeiden, dass die Praxis über einen längeren Zeitraum (ggf über Jahrzehnte) zwei Rechtsordnungen nebeneinander anwenden muss. Der Vertrauensschutz soll nach der Begründung des Gesetzes nicht entgegenstehen, da auch das bisherige Recht, vor allem § 10 a VAHRG, bezweckte, beiden Eheleuten die Hälfte der während der Ehezeit erworbenen Anrechte zuzuordnen.[219] Der Halbteilungsgrundsatz wird nach dem neuen Recht, so die Zielsetzung des Gesetzgebers, besser verwirklicht als nach dem bisherigen Recht. Zudem sind meist Anwartschaftsrechte auszugleichen, die noch nicht zum Leistungsrecht erstarkt sind. 222

a) Scheidungen im Beitrittsgebiet

Für Scheidungen, die bis zum 31.12.1991 im Beitrittsgebiet ausgesprochen wurden, findet der reformierte Versorgungsausgleich keine Anwendung.[220] 223

b) Enge Verbindung von formellem und materiellem Recht

Zwischen den materiell-rechtlichen Vorschriften des Versorgungsausgleichsgesetzes und den verfahrensrechtlichen Vorschriften des neuen FamFG besteht eine enge Verbindung. Die Übergangsvorschriften des Versorgungsausgleichsgesetzes orientieren sich an der allgemeinen Übergangsvorschrift in Art. 111 des FamFG. **Die Familiengerichte werden in der Übergangszeit nach Inkrafttreten des reformierten Rechts, insbesondere die Versorgungsträger bei Auskunftsersuchen, darauf hinzuweisen haben, ob die Auskunft nach dem bislang geltenden Recht oder nach den neu in Kraft getretenen Vorschriften zu erteilen ist.**[221] 224

2. Übergangsvorschriften im Einzelnen[222]

a) § 48 VersAusglG allgemeine Übergangsvorschrift

Ab dem Zeitpunkt des Inkrafttretens des neuen Versorgungsausgleichsgesetzes (1.9.2009) gilt das neue Recht. Das ist ein allgemeiner Grundsatz. Die Übergangsvorschriften brauchen dies nicht besonders regeln. 225

aa) Anwendung alten Rechts

Die §§ 48 u. 49 VersAusglG regeln, in welchen Fällen ausnahmsweise das alte Recht (weiterhin) anzuwenden ist. 226

Nach § 48 Abs. 1 VersAusglG gilt für Verfahren über den Versorgungsausgleich, die **vor dem 1.9.2009 eingeleitet** wurden, **das bis dahin geltende materielle Recht und Verfahrensrecht.** Diese Regelung entspricht dem neuen Art. 111 Abs. 1 S. 1 FamFG.

bb) Ausnahmen der Anwendung alten Rechts

§ 48 Abs. 2 und Abs. 3 sehen hiervon wiederum **Ausnahmen** vor (Fall 28 Rn 456). 227

218 BT-Drucks. 16/10144, S. 85.
219 BT-Drucks. 16/10144, S. 85/86.
220 BT-Drucks. 16/10144, S. 86.
221 BT-Drucks. 16/10144, S. 86.
222 Kemper, FPR 2009, 227.

Das ab dem 1.9.2009 geltende materielle Recht und Verfahrensrecht ist auf Verfahren anzuwenden, die vor dem 1.9.2009 abgetrennt, ausgesetzt oder deren Ruhen angeordnet war bzw (nicht abgeschlossene Verfahren) die nach dem 1.9.2009 abgetrennt oder ausgesetzt werden oder deren Ruhen angeordnet wird. Darüber hinaus ist das neue Recht auf Verfahren ab dem 1.9.2010 anzuwenden, in denen am 31.8.2010 im ersten Rechtszug noch keine Endentscheidung erlassen wurde.[223]

Diese Regelung entspricht dem neuen Art. 111 Abs. 3, Abs. 4 FamFG.

228 Die Vorschriften soll die Anwendung in der Praxis erleichtern. Gerichte können in einem neuen Verfahren auch nach dem neuen Versorgungsausgleichsgesetz mit den neuen Regelungen arbeiten. Im anderen Fall, wenn die neuen Vorschriften auch auf bereits anhängige Verfahren anzuwenden wären, müssten in dem noch laufenden Verfahren neue Auskünfte und Mitteilungen von Parteien und Versorgungsträgern eingeholt werden, was zu Verzögerungen, Terminsabsetzungen und Neuanberaumung eines Termins führen kann.[224]

cc) Anwendung des neuen Rechts

229 Das **neue Recht gilt** daher für alle Versorgungsausgleichsverfahren, die **nach dem 1.9.2009** bei Gericht eingeleitet werden, entweder als **Folgesachen zu einem Scheidungsverfahren** (§ 137 Abs. 2 FamFG) oder als **isolierte Versorgungsausgleichsverfahren.** Zu diesen Verfahren gehören Verfahren, die die Regelung von Ausgleichsansprüchen nach der Scheidung (§§ 20 ff VersAusglG) zum Gegenstand haben (nach bisherigem Recht schuldrechtlicher Versorgungsausgleich nach §§ 1587 f ff BGB, § 2 VAHRG bzw nach § 3 a VAHRG). Die letztgenannten Verfahren betreffen Fälle, in denen bei der gerichtlichen Entscheidung über den öffentlich-rechtlichen Versorgungsausgleich nach bisherigem Recht der schuldrechtliche Versorgungsausgleich ganz vorbehalten wurde (zB § 1587 b Abs. 4 BGB) oder aber teilweise (zB nach § 3 b Abs. 1 Nr. 1 VAHRG). Des Weiteren geht es um Verfahren, bei denen eine schuldrechtliche Ausgleichsrente abgeändert werden soll (bisher § 1587 g Abs. 3 iVm § 1587 d Abs. 2 BGB) oder Verfahren mit ausländischer Beteiligung nach Art. 17 Abs. 3 EGBGB, die erst nach Rechtskraft der Scheidung eingeleitet werden.

dd) Anwendung des neuen Rechts ab 1.10.2010

230 Die Vorschrift des § 48 Abs. 2 u. Abs. 3 VersAusglG verfolgt als Ziel, das neue materielle und neue Verfahrensrecht möglichst bald auf alle Verfahren zu erstrecken, spätestens ab dem 1.9.2010 für noch anhängige, aber nicht abgeschlossene Verfahren. Hierunter fallen auch Verfahren, die nicht weiter betrieben oder nach der Aktenordnung weggelegt wurden, das betrifft sowohl Verfahren im Scheidungsverbund, als auch isolierte Verfahren.[225]

ee) Besondere Vorschriften für das Abänderungsverfahren

231 **§ 48 VersAusglG gilt nicht für das Abänderungsverfahren** (bisher § 10 a VAHRG). Insofern enthalten die §§ 51 u. 52 VersAusglG besondere Bestimmungen.

223 BT-Drucks. 16/11903, S. 113.
224 BT-Drucks. 16/10144, S. 86.
225 BT-Drucks. 16/11903, S. 115.

b) Zeitpunkt des Verfahrenseinleitung

Versorgungsausgleichsverfahren nach § 48 VersAusglG sind **eingeleitet**, wenn der **Scheidungsantrag bei Gericht anhängig** gemacht worden ist und der Versorgungsausgleich von Amts wegen im Verbund mit der Scheidungssache durchzuführen ist (§ 623 Abs. 1 S. 3 ZPO/§ 137 FamFG). Bei **Antragsverfahren** (früher schuldrechtlicher Versorgungsausgleich, jetzt Ausgleichsansprüche nach der Scheidung), ist das Versorgungsausgleichsverfahren eingeleitet, wenn der entsprechende **Antrag bei Gericht eingereicht** worden ist.[226] 232

c) Abgetrennte Verfahren

Für § 48 Abs. 2 VersAusglG ist es unerheblich, ob die Abtrennung des Versorgungsausgleichs als Folgesache bereits vor dem Inkrafttreten des Versorgungsausgleichsgesetzes abgetrennt wurde oder erst danach. Hierunter fallen vor allem Fälle, in denen der Versorgungsausgleich nicht nach § 2 Abs. 1 S. 1 VAÜG durchgeführt werden konnte und gemäß § 2 Abs. 1 S. 2 VAÜG ausgesetzt wurde oder eine Abtrennung nach § 2 Abs. 1 S. 2 Hs 2 VAÜG iVm § 628 Abs. 1 ZPO erfolgte. Erfasst werden weiter die Fälle der Abtrennung des Versorgungsausgleichs aus dem Verbund nach § 628 Abs. 1 Nr. 1, 2, 4 ZPO. 233

3. Übergangsvorschriften für Versorgungsträger

§ 49 VersAusglG erklärt für die Verfahren nach den §§ **4 bis 10 VAHRG**, in denen der Antrag beim **Versorgungsträger** vor dem Inkrafttreten des neuen Gesetzes eingegangen ist, das alte Recht weiterhin für anwendbar. Anders als bei § 48 Abs. 2 VersAusglG verbleibt es auch bei einer Aussetzung dieser Verfahren und nach der Wiederaufnahme bei der Anwendung des alten Rechts.[227] Die §§ 4-10 VAHRG werden im neuen Recht durch die §§ 32-38 VersAusglG abgelöst. Anders als nach dem alten Recht (§ 9 VAHRG) ist der Versorgungsträger nach neuem Recht nur noch für Anträge auf Anpassung wegen Invalidität oder Tod für diese Verfahren zuständig (§§ 35-38 VersAusglG) und bei Wegfall des Unterhaltsanspruchs (§ 34 Abs. 4 VersAusglG). Für alle anderen Anträge auf Anpassung wegen Unterhalt ist **nunmehr das Familiengericht** zuständig (§§ 33 u. 34 VersAusglG). In den genannten Fällen würde ein Wechsel des Rechts im Falle der Wiederaufnahme von Verfahren auch zu einem Wechsel der Zuständigkeit vom Versorgungsträger zum Familiengericht führen, was vermieden werden soll.[228] 234

4. Übergangsvorschriften für das Verfahren nach dem VAÜG[229]

§ 50 VersAusglG regelt die **Wiederaufnahme von ausgesetzten Verfahren** nach dem Versorgungsausgleichs-Überleitungsgesetz (**VAÜG**, betreffend „Ostrenten"; s. auch Fall 29 Rn 457). 235

In den Fällen des § 50 VersAusglG ist nach der Wiederaufnahme entsprechend § 48 Abs. 2 VersAusglG das **neue Recht anzuwenden**. Nachdem nunmehr alle Anrechte, 236

226 BT-Drucks. 16/10144, S. 87.
227 BT-Drucks. 16/10144, S. 87.
228 BT-Drucks. 16/10144, S. 87.
229 Weil, FPR 2009, 209.

also auch die sog. „Westanrechte" und „Ostanrechte" getrennt geteilt werden können, also keine Saldierung mehr vorzunehmen ist, können auch die sog. „Ostanrechte" (angleichungsdynamischen Anrechte, Ostrenten, Ostpensionen) nach dem 1.9.2009 ausgeglichen werden. Darauf beruht **§ 50 Abs. 1 Nr. 2 VersAusglG**, der nunmehr eine Wiederaufnahme von Verfahren, die nach § 2 Abs. 1 S. 2 VAÜG ausgesetzt wurden, **von Amts wegen nach fünf Jahren** nach Inkrafttreten des neuen Gesetzes als Soll-Vorschrift vorsieht.

237 **§ 50 Abs. 1 Nr. 1 VersAusglG** regelt ähnlich wie die bisherige Rechtslage, dass ein ausgesetztes Verfahren nach § 2 Abs. 1 S. 2 VAÜG auf Antrag wieder aufzunehmen ist, wenn der **Rentenfall** bei einem Ehegatten eintritt. **Antragsberechtigt** sind aber nur die Ehegatten oder ein Versorgungsträger. Zu beachten ist in diesem Zusammenhang die **Frist des § 50 Abs. 2 VersAusglG**, wonach in den Fällen des Abs. 1 Nr. 1 der Antrag frühestens sechs Monate vor dem Zeitpunkt zulässig ist, ab dem aufgrund des Versorgungsausgleichs voraussichtlich Leistungen zu erbringen oder zu kürzen wären.

X. Zulässigkeit der Abänderung einer Entscheidung im öffentlich-rechtlichen Versorgungsausgleichs nach altem Recht nach den §§ 51, 52 VersAusglG

1. Entscheidungen nach altem Recht

238 Die beiden Paragraphen dienen der **Abänderung** des Versorgungsausgleichs, soweit das Familiengericht **nach altem Recht entschieden** hat (s. hierzu Fall 30 Rn 458; Fall 31 Rn 459). Eine Abänderungsmöglichkeit sah bisher § 10 a VAHRG vor. Dieser Paragraph ist ab dem Inkrafttreten der Reform nicht mehr anwendbar, an dessen Stelle treten vielmehr die §§ 51, 52 VersAusglG. **Um die Anwendung des alten Rechts auch im Abänderungsverfahren zu vermeiden, ordnen die beiden Paragraphen eine „Totalrevision"**[230] **nach neuem Recht** an. Allerdings ist zu beachten, dass diese Totalrevision nur Anrechte betrifft, die der alten Entscheidung zugrunde lagen. Anrechte, deren Einbeziehung (erstmals) nach neuem Recht möglich ist (§ 1 Abs. 2 Nr. 3 VersAusglG, Kapitalleistungen bei betrieblicher Altersversorgung) bleiben ebenso außer Betracht, wie schlicht übersehene Versorgungen in der Ausgangsentscheidung.

2. Wesentliche Wertänderung

239 Liegt eine **wesentliche Wertänderung** im Vergleich zur alten Entscheidung vor, so ist auf **Antrag** nach § 51 Abs. 1 VersAusglG die Abänderung nach den §§ 9-19 VersAusglG des neuen Gesetzes durchzuführen, dh die Teilung der einzelnen Anrechte nach neuem Recht.

240 **§ 51 Abs. 2 VersAusglG** regelt den relativ einfachen Fall, dass sich eine **wesentliche Wertänderung** des auszugleichenden Anrechts aufgrund rechtlicher oder tatsächlicher Veränderungen **nach dem Ende der Ehezeit** ergeben hat. Wichtig ist, anders als nach dem bisher geltenden § 10 a Abs. 1 u. Abs. 2 VAHRG, dass es nicht mehr um die Änderung des gesamten Wertunterschiedes nach der Saldierung der Ehezeitanteile geht, sondern allein ausschlaggebend ist, ob sich der Ausgleichswert **eines Anrechts (oder**

230 BT-Drucks. 16/10144, S. 89.

mehrer einzelner Anrechte) wesentlich geändert hat. Das folgt aus der Konzeption des neuen Rechts, nachdem das Familiengericht einzelne Anrechte teilt.

3. Definition der wesentlichen Wertänderung

§ 51 Abs. 2, Abs. 3 u. Abs. 5 VersAusglG regeln, wann eine **wesentliche Wertänderung** vorliegt. § 51 Abs. 4 VersAusglG hat eine Ausnahme von der Abänderungsmöglichkeit des § 51 Abs. 3 VersAusglG zum Inhalt. 241

a) Wesentliche Wertänderung bei tatsächlichen und rechtlichen Änderungen

Wann eine Wertänderung wesentlich ist, bestimmt sich nach § 225 Abs. 2, Abs. 3 FamFG durch die Verweisung in § 51 Abs. 2 VersAusglG. Nach § 51 Abs. 2 VersAusglG iVm § 225 Abs. 2 und Abs. 3 FamFG ist die Wertänderung wesentlich, wenn sie mindestens 5 % des bisherigen Ausgleichswerts eines Anrechts beträgt und bei einem Rentenbetrag als maßgeblicher Bezugsgröße 1 %, in allen anderen Fällen als Kapitalwert 120 % der am Ende der Ehezeit maßgeblichen monatlichen Bezugsgröße nach § 18 Abs. 1 SGB IV übersteigt (im 1. Halbjahr 2009 25,20 EUR / 3.024 EUR). Die aktuellen Werte basierend auf der Bezugsgröße finden sich beispielsweise in Brudermüller/Schürmann, Tabellen zum Familienrecht oder einem Beilagenheft zur NJW am Anfang jeden Jahres/Halbjahres. 242

b) Wertänderung bei nach altem Recht dynamisierten Anrechten

Wesentlich komplizierter und schwieriger, auch in der Anwendung, ist die **Abänderungsmöglichkeit des § 51 Abs. 3 VersAusglG.** Abs. 3 gilt für Anrechte der **berufsständischen, betrieblichen und privaten Altersversorgung** (nach altem Recht geregelt in § 1587a Abs. 2 Nr. 3 oder Nr. 4, 5 BGB). Sinn der Regelung ist es, Wertverzerrungen aufgrund der Dynamisierung von Anrechten nach altem Recht (§ 1587a Abs. 3 u. Abs. 4 BGB) u.a. auch mit Hilfe der Barwertverordnung zu beseitigen. Die **„Dynamisierung“ aufgrund der vorgenannten Vorschriften war einer der Hauptkritikpunkte des alten Rechts,** was zur wesentlichen Neustrukturierung des Versorgungsausgleichs im neuen Recht geführt hat. 243

§ 51 Abs. 3 VersAusglG ist eine reine **Zulässigkeitsvorschrift,** die im Einzelnen (**kompliziert**) regelt, wann eine wesentliche Änderung bei den vorgenannten Fallgestaltungen nach altem Recht vorliegt. Zu vergleichen sind einerseits der zum Zeitpunkt der abzuändernden Entscheidung vom Versorgungsträger mitgeteilte bzw vom Gericht ermittelte Wert des Ehezeitanteils der auszugleichenden Versorgung mit dem Wert, der sich ergibt, wenn der in der alten Entscheidung mit der Barwertverordnung dynamisierte Wert des Ehezeitanteils durch den damaligen aktuellen Rentenwert dividiert und mit dem heutigen aktuellen Rentenwert multipliziert wird. Der auf diese Art und Weise ermittelte Wertunterschied ist wesentlich im Sinne des Abs. 1, Abs. 3 S. 2, wenn die **beiden Werte um mindestens 2 %** der bei **Antragstellung** maßgeblichen **monatlichen Bezugsgröße** nach § 18 Abs. 1 SGB IV abweichen, zur Zeit sind das 50,40 EUR.[231] Das Familiengericht muss dazu aber keine neuen Auskünfte erholen. Es handelt sich nur um die Frage der Zulässigkeit. 244

231 BT-Drucks. 16/10144, S. 89 mit ausführlichem Beispiel.

c) Ausnahme von der Abänderung bei Entscheidungen nach dem früheren § 3 b Abs. 1 Nr. 1 VAHRG

245 **§ 51 Abs. 4 VersAusglG** enthält eine Ausnahme von Abs. 3 (s. Fall 32 Rn 460). Können für ein Anrecht noch **Ausgleichsansprüche nach der Scheidung** in den Fällen des § 3 b Abs. 1 Nr. 1 VAHRG nach dem §§ 20-26 VersAusglG geltend gemacht werden, so erfolgt **keine „Totalrevision"** des Versorgungsausgleichs. Das sind nur die Fälle des § 3 b Abs. 1 Nr. 1 VAHRG, in denen nur ein Teil im sog. öffentlich-rechtlichen Versorgungsausgleich in der alten Entscheidung ausgeglichen wurde, während weitere Teile oder ein weiterer Teil den schuldrechtlichen Versorgungsausgleich vorbehalten blieb. Der öffentlich-rechtliche Teil des Anrechts, der bei der Scheidung ausgeglichen wurde, ist nach der Regel des § 53 VersAusglG bei Ausgleichsansprüchen nach der Scheidung (§§ 20 bis 26 VersAusglG) anzurechnen.

246 Bei allen anderen **Anrechten zB aus der Zusatzversorgung des öffentlichen oder kirchlichen Dienstes gilt** § 51 Abs. 4 VersAusglG nicht. In diesen Fällen findet, soweit eine wesentliche Abänderung nach § 51 Abs. 3 VersAusglG gegeben ist, **stets eine Totalrevision** nach dem neuen Recht im Sinne des § 51 Abs. 1 VersAusglG statt (neuer Wertausgleich nach den §§ 9 bis 19 VersAusglG).[232] Die gilt beispielsweise für Teile eines Anrechts, die wegen § 1587 b Abs. 5 BGB dem schuldrechtlichem Versorgungsausgleich vorbehalten wurden.[233]

d) Wesentliche Wertänderung bei Erfüllung einer Wartezeit

247 **§ 51 Abs. 5 VersAusglG** verweist auf § 225 Abs. 4 FamFG. Danach liegt eine wesentliche Wertänderung im Sinne des § 51 Abs. 1 VersAusglG auch dann vor, wenn eine Abänderung dazu führt, dass eine Wartezeit (typischer Weise in der gesetzlichen Rentenversicherung § 50 SGB VI) erfüllt wird. Dies darf sich aber nach § 225 Abs. 5 FamFG nur zugunsten eines Ehegatten oder seiner Hinterbliebenen auswirken.

4. Formelle Voraussetzungen

248 **§ 52 VersAusglG** regelt **formelle Voraussetzungen** für die Abänderung. § 52 Abs. 1 VersAusglG verweist auf § 226 FamFG. Dieser bestimmt die **Antragsberechtigung**, den frühest zulässigen **Zeitpunkt der Antragstellung** (6 Monate vor Eintritt des Leistungsfalls = Rentenbezug), die Anwendung der Härtefallbestimmung in § 27 VersAusglG, den Zeitpunkt der Wirkung der Abänderung und enthält Regelungen für den Fall, dass einer der Ehegatten während des Abänderungsverfahrens stirbt. Wegen der Einzelheiten wird auf § 226 FamFG und der dazu erfolgten Erläuterungen verwiesen (Rn 277 – 283).

249 **§ 52 Abs. 2 VersAusglG** ordnet für die Versorgungsträger an, dass sie in den Fällen des § 51 Abs. 2 VersAusglG den **Ehezeitanteil zusätzlich als Rentenbetrag berechnen** und mitteilen. Dies ist notwendig, weil das alte Recht nur Rentenbeträge bei der Entscheidung berücksichtigte. Um einen Vergleich herstellen zu können, bedarf es also der

232 BT-Drucks. 16/10144, S 91; BT-Drucks. 16/11903, 116.
233 BT-Drucks. 16/11903, 116.

Wertermittlung in diesen Fällen auch in Form eines Rentenbetrags. In den Fällen des § 51 Abs. 3 VersAusglG ist dies nicht notwendig.[234]

5. Rückzahlung von geleisteten Beiträgen des Verpflichteten

Nach altem Recht konnte das Familiengericht in eher sehr seltenen Fällen, zB nach § 3 b Abs. 1 Nr. 2 VersAusglG den Ausgleichsverpflichteten zur Zahlung von Beiträgen in die gesetzliche Rentenversicherung verpflichten. Schon das alte Recht sah in § 10 a Abs. 8 VAHRG im Falle der Abänderung die Rückzahlung dieser Beiträge vor. 250

Entsprechend ordnet **§ 52 Abs. 3 VersAusglG bei der Abänderung in den Übergangsfällen die Rückzahlung von Beiträgen an**, die der Verpflichtete im Rahmen des Versorgungsausgleichs in Versorgungen als Beiträge eingezahlt hat unter Anrechnung der gewährten Leistungen. Anders als bei § 10 a Abs. 8 VAHRG erfolgt die **Rückzahlungsverpflichtung unmittelbar aus dem Gesetz.** Das **Familiengericht muss keine entsprechende Entscheidung treffen.**[235] Das bedeutet in der Praxis, dass die Modalitäten der Rückzahlung über die Versorgungsträger abzuwickeln sind. 251

6. Bewertung eines Teilausgleichs nach altem Recht bei Ausgleichsansprüchen nach der Scheidung § 53 VersAusglG

Grundsätzlich ist auf Verfahren über den Versorgungsausgleich, die nach Inkrafttreten des neuen Gesetzes anhängig werden, auch das neue Recht anzuwenden.[236] Dies gilt auch für Verfahren über Ausgleichsansprüche nach der Scheidung (§§ 20-26 VersAusglG; früher schuldrechtlicher Versorgungsausgleich). **In diesen Verfahren ist ein bereits erfolgter Teilausgleich im öffentlich-rechtlichen Versorgungsausgleich zu berücksichtigen.** Hierzu kam es nach der alten Rechtslage vor allem in den Fällen des sog. Supersplittings nach § 3b Abs. 1 Nr. 1 VAHRG. Dies betraf überwiegend Fälle des Teilausgleichs von Versorgungen aus der betrieblichen Altersversorgung. Bereits nach dem alten Recht machte die Berücksichtigung dieses Teilausgleichs in einem späteren schuldrechtlichen Versorgungsausgleich erhebliche Probleme. Der BGH wendete grundsätzlich eine Rückrechnungsmethode an.[237] Diese Methode ist von vielen kritisiert worden. Der BGH hat (wohl auch wegen der berechtigten Kritik) die vom OLG Karlsruhe[238] abweichende Methode in vielen Fällen neben seiner eigenen Methode gebilligt.[239] Die vom OLG Karlsruhe[240] entwickelte Methode wird auch Rentenwertmethode genannt. Sie vermeidet die Anwendung der Barwertverordnung, die obsolet geworden ist. Der Teil der Versorgung, der im öffentlich-rechtlichen Versorgungsausgleich bereits ausgeglichen wurde, wird durch den aktuellen Rentenwert zum Ehezeitende dividiert und mit dem aktuellen Rentenwert zum Zeitpunkt der Entscheidung über die Ausgleichsansprüche nach der Scheidung multipliziert. Dieser Wert wird im nachträglichen Verfahren über Ausgleichsansprüche nach der Scheidung als bereits ausgeglichener Teil eingestellt. Exakt diese Methode, die im Übrigen der Vorschrift des § 51 252

234 BT-Drucks. 16/10144, S. 91.
235 BT-Drucks. 16/10144, S. 91.
236 Vgl § 48 VersAusglG.
237 BGH zuletzt FamRZ 2007, 363.
238 OLG Karlsruhe FamRZ 2000, 235.
239 BGH, FamRZ 2007, 2058.
240 OLG Karlsruhe FamRZ 2000, 235.

Abs. 3 VersAusglG entspricht, ordnet § 53 VersAusglG für die Bewertung eines Teilausgleichs bei Ausgleichsansprüchen nach der Scheidung an (s. Fall 33 Rn 461).[241]

7. Verschiedene Übergangsvorschriften

253 § 54 **VersAusglG** erklärt **verschiedene Übergangsvorschriften** zum (ur-)alten Recht für weiterhin anwendbar.

Die Änderungen im neuen Versorgungsausgleichsgesetz ziehen zahlreiche Änderungen in anderen Gesetzen nach sich. Wegen der Einzelheiten wird, soweit diese Änderungen im vorliegenden Skript nicht erörtert wurden, auf die Bundestagsdrucksache 16/10144, S. 93 ff, insbesondere S. 103 ff verwiesen.

XI. Abänderung von Entscheidungen nach neuem Recht

1. Alter Rechtszustand

254 Das alte Recht sieht eine Abänderungsmöglichkeit in § 10 a VAHRG vor. § 10 a VAHRG gilt nur für den öffentlich-rechtlichen Versorgungsausgleich und dessen Korrektur. Im schuldrechtlichen Versorgungsausgleich und im verlängerten schuldrechtlichen Versorgungsausgleich gibt es eigene Regelungen.

255 Im Verfahren nach § 10 a VAHRG findet, wenn die formellen Voraussetzungen erfüllt sind, in tatsächlicher und rechtlicher Hinsicht eine Totalrevision statt, wobei das Gericht an die Rüge einzelner Fehler, worauf auch immer sie beruhen, nicht gebunden ist. Das Gericht erholt von sich aus für alle Versorgungen neue Auskünfte und berücksichtigt alle Veränderungen rechtlicher und tatsächlicher Art. Das Gericht korrigierte innerhalb des Abänderungsverfahrens von Amts wegen alle Fehler rechtlicher und tatsächlicher Art (zB Rechenfehler) der Erstentscheidung. Aufgetretene Veränderungen der einzelnen Anrechte müssen sich auf die Ehezeit auswirken. Spätere sind nicht zu berücksichtigen.

256 Eine Abänderung findet aber nur statt, wenn eine wesentliche Änderung vorliegt, wobei der Gesamtausgleichsbetrag nach § 10 a Abs. 2 Ziffer 1 iVm S. 2 VAHRG jeweils verglichen wird. Es muss eine wesentliche Abweichung in Höhe von 10 % durch die neue Entscheidung im Vergleich zur alten vorliegen, mindestens jedoch 0,5 % einer Bezugsgröße.

257 § 10 a Abs. 1 Nr. 1 VAHRG geht von einer (wesentlichen) Änderung der tatsächlichen und rechtlichen Verhältnisse aus, die zu einer Wertänderung führt. § 10 a Abs. 1 Nr. 2 VAHRG regelt den Fall der nachträglichen Unverfallbarkeit eines Anrechts.

258 Die Vorschrift des § 10 a Abs. 1 Nr. 3 VAHRG erfasst eine Änderung der Form des Ausgleichs. Es ist ein Ausgleich nunmehr im Wege der Realteilung oder des Quasisplittings nach § 1 Abs. 2 oder 3 VAHRG (im Gegensatz zur früheren Entscheidung) möglich.

241 BT-Drucks. 16/10144, S. 91.

2. Neues Recht

Die §§ 225 bis 227 FamFG regeln Abänderungsmöglichkeiten für Entscheidungen nach **neuem Recht**, die nach dem 1.9.2009 ergangen sind (s. Fall 34 Rn 462). 259

a) Allgemeine Erwägungen, keine Totalrevision[242]

Nach den neuen Vorschriften findet eine Totalrevision nicht mehr statt. Vielmehr beschränken sich die neuen Abänderungsvorschriften auf die Korrektur eines einzelnen Anrechts, bei dem Änderungen aufgetreten sind. Das entspricht der neuen Systematik des Gesetzes, wonach strikt jedes einzelne Anrecht der Ehegatten real geteilt wird. Damit bedarf es keiner Überprüfung des gesamten Versorgungsausgleichs, oder anderer Anrechte, bei denen keine Änderung vorliegt.[243] 260

b) Keine Korrektur nachträglicher Wertentwicklungen

Die Neuregelungen sehen auch keine Korrektur von Wertunterschieden vor, die sich im Versorgungsfall aufgrund unterschiedlicher Wertentwicklungen der jeweiligen Versorgungssysteme ergeben.[244] Wegen der Realteilung jedes Anrechts nimmt jeder Ehegatte an der Wertentwicklung des ihm übertragenen Anrechts im Versorgungssystem des anderen Ehegatten teil. Die Unterschiede der Wertentwicklung (Dynamik) bei der externen Teilung sind hinzunehmen, weil entweder der Ehegatte aufgrund der Vereinbarung mit dem Versorgungsträger dieser Folge nach § 14 Abs. 2 Nr. 1 VersAuslG zugestimmt hat oder aber, weil es sich um einen geringfügigen Ausgleichswert nach § 14 Abs. 2 Nr. 2 VersAusglG handelt.[245] 261

Eine Abänderung ist daher nur möglich, wenn sich nachträglich rechtliche oder tatsächliche Umstände geändert haben, die Auswirkungen auf die Bewertung des Ausgleichswerts eines Anrechts bezogen auf die Ehezeit besitzen.[246] Die Wertänderungen müssen wesentlich sein.[247] Die Begründung des Gesetzes führt als Beispiele eine Änderung der Wertigkeit an, weil das Anrecht im Wert steigt, nachdem der Versorgungsträger rückwirkend Kindererziehungszeiten anerkennt. Aber auch Veränderungen der Berechnung des Ehezeitanteils, zB bei der zeitratierlich zu bewertenden Beamtenversorgung nach §§ 40, 44 VersAusglG, beim vorzeitigen Eintritt der Dienstunfähigkeit, können zu einer Abänderung führen.[248] 262

Beispiel: Die Beamtenversorgung gewährt dem Beamten bei einer Hochrechnung auf das 65. Lebensjahr eine Jahresrente von 7.200 EUR. Der Ehegatte hat dann als Beamter 40 Dienstjahre zurückgelegt. In die Ehezeit fallen davon 20 Jahre. Der Ehezeitanteil beträgt 20/40 x 7.200 EUR = 3.600 EUR jährlich oder 300 EUR monatlich.

Scheidet der Beamte aufgrund Dienstunfähigkeit vorzeitig aus dem aktiven Dienst nach 20 Jahren aus und erhält eine Pension von 4.000 EUR jährlich, so verändert sich der Ehezeitanteil. Die Pension fällt nunmehr vollständig in die Ehezeit (20 : 20 x 4.000 EUR). Der Beamte muss nunmehr seine gesamte Pension (im Gegensatz zu vorher) mit der Ehefrau teilen, als 4.000 EUR (: 2) jährlich oder rund 333 EUR (: 2) monatlich.

242 Friederici/Kemper/Götsche, Familienverfahrensrecht, § 225 Rn 2.
243 BT-Drucks. 16/10144, S. 96.
244 BT-Drucks. 16/10144, S. 96.
245 BT-Drucks. 16/10144, S. 97.
246 Friederici/Kemper/Götsche, Familienverfahrensrecht, § 225, Rn 11 ff.
247 BT-Drucks. 16/10144, S. 96.
248 BT-Drucks. 16/10144, S. 96.

c) Korrektur von Berechnungs- und Buchungsfehlern

263 Nach der amtlichen Begründung sind aber, was sich aus der Vorschrift des § 225 FamFG nicht unmittelbar erschließt, bei der Korrektur einzelner Wertveränderungen von Anrechten auch Berechnungs- oder Buchungsfehler korrigierbar.[249] Solche Fehlerkorrekturen bleiben auf einzelne Anrechte beschränkt.

d) Wegfall der Korrekturmöglichkeiten nach § 10 a Abs. 1 Nr. 2 und 3 VAHRG

264 Soweit § 10a Abs. 1 Nr. 2 u. 3 VAHRG Abänderungsgründe regelte (vgl oben Rn 257 f), finden sich entsprechende Regelungen im neuen Recht nicht mehr. Eine nachträgliche Formänderung der Ausgleichsmöglichkeit, die § 10a Abs. 1 Nr. 3 VAHRG vorsieht, bedarf es nicht mehr, da jedes Anrecht, das teilungsreif ist (§ 19 VersAusglG), real geteilt wird. Liegt keine Teilungsreife nach § 19 VersAusglG vor, so findet der schuldrechtliche Versorgungsausgleich zu einem späteren Zeitpunkt auf Antrag statt.

e) Beschränkung der Abänderung auf bestimmte Anrechte

265 Nur bei den Regelsicherungssystemen des § 32 VersAusglG besteht die Möglichkeit der Abänderung nach § 225 Abs. 1FamFG.

Die Abänderungsmöglichkeit nach §§ 225 ff FamFG dient dazu, verfassungswidrige Ergebnisse zu vermeiden.[250]

Die Regelungen im Einzelnen:

Abänderung bei Regelsicherungssystemen

aa) Regelsicherungssysteme nach § 32 VersAusglG

266 Eine Abänderung ist nur bei den sog. Regelsicherungssystemen nach § 225 Abs. 1 FamFG iVm § 32 VersAusglG (abschließende Aufzählung) zulässig. Das sind Anrechte aus der gesetzlichen Rentenversicherung einschließlich der Höherversicherung (§ 32 Nr. 1 VersAusglG), der Beamtenversorgung und einer anderen Versorgung, die zur Versicherungsfreiheit nach § 5 Abs. 1 des SGB VI führt (§ 32 Nr. 2 VersAusglG), berufsständische oder andere Versorgungen, die nach § 6 Abs. 1 Nr. 1 oder Nr. 2 SGB VI zu einer Befreiung von der Sozialversicherung führen (§ 32 Nr. 3 VersAusglG), der Alterssicherung der Landwirte (§ 32 Nr. 4 VersAusglG) und bei den Versorgungssystemen der Abgeordneten und der Regierungsmitglieder in Bund und Ländern (§ 32 Nr. 5 VersAusglG).[251]

bb) Fälle des § 5 Abs. 1 SGB VI

267 Unter § 5 Abs. 1 des SGB VI fallen beispielsweise Beamte, Richter auf Lebenszeit, auf Zeit oder Probe, Berufssoldaten und Soldaten auf Zeit sowie Beamte auf Widerruf im Vorbereitungsdienst (§ 5 Abs. 1 Nr. 1 SGB VI), Beschäftigte von Körperschaften, Anstalten und Stiftungen des öffentlichen Rechts, deren Verbände einschließlich der Spitzenverbände oder ihrer Arbeitsgemeinschaften, wenn die Versorgung nach beamtenrechtlichen Vorschriften (§ 5 Abs. 1 Nr. 2 SGB VI) erfolgt sowie satzungsmäßige Mit-

---

249 BT-Drucks. 16/10144, S. 97.
250 BT-Drucks. 16/10144, S. 97.
251 BT-Drucks. 16/10144, S. 97.

glieder geistlicher Genossenschaften, Diakonissen und Angehörige ähnlicher Gemeinschaften (§ 5 Abs. 1 Nr. 3 SGB VI), wobei weitere Voraussetzungen erfüllt sein müssen.

cc) Fälle des § 6 Abs. 1 Nr. 1 oder Nr. 2 SGB VI

§ 6 Abs. 1 Nr. 1 SGB VI erfasst beispielsweise die berufsständischen Versorgungen der Rechtsanwälte, Notare, Ärzte und unter § 6 Abs. 1 Nr. 2 SGB VI Lehrer und Erzieher an nichtöffentlichen Schulen und Anstalten, wenn sie eine Versorgung nach beamtenrechtlichen Grundsätzen erhalten (zu den weiteren Voraussetzungen siehe § 6 Abs. 1 Nr. 2 SGB VI). 268

f) (Nicht-) Abänderbarkeit anderer Anrechte

Alle anderen Anrechte sind, wenn Wertveränderungen auftreten, nicht abänderbar. 269 Dazu gehören vor allem alle kapitalgedeckten Anrechte.[252] Sie unterliegen der unmittelbaren Bewertung nach § 39 VersAusglG. Aber auch Anrechte aus der betrieblichen Altersversorgung, die nach der zeitratierlichen Methode berechnet werden, sind ebenfalls nach § 225 Abs. 1 FamFG nicht abänderbar. Nachtägliche Änderungen sind in diesen Fällen nicht denkbar.[253] Die bei der internen Teilung nach der unmittelbaren Bewertung nicht erfasste spätere unverfallbare Dynamik bleibt den Ausgleichsansprüchen nach der Scheidung (§§ 20 ff VersAusglG) vorbehalten.

§ 225 Abs. 1 FamFG bedeutet daher eine deutliche Änderung gegenüber dem bisher geltenden § 10 a VAHRG.

g) Weitere Vorrausetzungen

aa) Antrag

Nach § 225 Abs. 2 FamFG findet eine Abänderung nur auf Antrag statt. 270

bb) Änderung des Anrechts

Weitere Voraussetzung ist eine Veränderung eines Anrechts in rechtlicher und tatsächlicher Hinsicht nach dem Ehezeitende, die aber auf den Ausgleichswert eines Anrechts während der Ehe Auswirkungen hat. Damit sind alle Änderungen, die keinen Bezug zur Ehezeit aufweisen, ausgeschlossen (§ 225 Abs. 2 FamFG). 271

cc) Wesentlichkeit

(1) Relative Wesentlichkeitsgrenze

Schließlich muss eine wesentliche Wertänderung vorliegen (§ 225 Abs. 3 FamFG). 272

Die relative und absolute Wesentlichkeitsgrenze definiert § 225 Abs. 3 FamFG. Eine Wertänderung ist wesentlich, wenn sie mindestens 5 % des bisherigen Ausgleichswerts eines einzelnen Anrechts ausmacht. Nach § 10 a Abs. 2 S. 2 VAHRG bezog sich die Wertgrenze von 10 % auf den Ausgleichsbetrag nach der Gesamtsaldierung. Nunmehr werden nur einzelne Anrechte geteilt, und entsprechend bezieht sich die Wertgrenze von 5 % auf ein einzelnes Anrecht. 273

252 BT-Drucks. 16/10144, S. 97.
253 BT-Drucks. 16/10144, S. 97.

(2) Absolute Wesentlichkeitsgrenze

274 Die absolute Wertgrenze, die zur Vermeidung von Bagatellverfahren dient, beträgt 1 % der Bezugsgröße nach § 18 Abs. 1 SGB IV im 1. Halbjahr 2009: 25,20 EUR Rentenwert; bzw 120 % als Kapitalwert, ebenfalls der am Ende der Ehezeit maßgeblichen monatlichen Bezugsgröße nach § 18 Abs. 1 SGB IV (im Jahr 2009: 3.024 EUR; vgl zum alten Rechtszustand § 10 a Abs. 2 S. 2 VAHRG).

Nur wenn die Wertänderung diese Grenzen übersteigt, ist sie zulässig.

(3) Ausnahme von der Wesentlichkeitsgrenze

275 Diese Wesentlichkeitsgrenzen gelten nach § 225 Abs. 4 FamFG nicht, wenn durch die Abänderung eine für die Versorgung der ausgleichsberechtigten Person maßgebende Wartezeit erfüllt wird, typischer Weise in der gesetzlichen Rentenversicherung (§ 50 SGB VI).[254]

dd) Auswirkung zugunsten eines Ehegatten

276 Weitere Zulässigkeitsvoraussetzung ist nach § 225 Abs. 5 FamFG, dass sich die Abänderung zugunsten eines Ehegatten oder seiner Hinterbliebenen auswirkt. Die Vorschrift soll Anträge von Versorgungsträgern, die sich ausschließlich zu ihren Gunsten auswirken, verhindern.

3. Durchführung der Abänderung

a) Antragsberechtigung

277 § 226 Abs. 1 u. Abs. 2 FamFG regelt die Einzelheiten der Antragstellung.

Antragsberechtigt sind nach § 226 Abs. 1 FamFG die Ehegatten, ihre Hinterbliebenen und die von der Abänderung betroffenen Versorgungsträger.[255]

b) Zeitpunkt der Antragstellung

278 Der Antrag ist frühestens sechs Monate vor dem Zeitpunkt zulässig, ab dem ein Ehegatte voraussichtlich eine laufende Versorgung aus dem abzuändernden Anrecht bezieht oder dies aufgrund der Abänderung zu erwarten ist. Diese Vorschrift verhindert wiederholte Abänderungsverfahren, ohne dass die Abänderung konkrete Auswirkungen auf einen Leistungsbezug hat. Die Vorschrift reformiert § 10 a Abs. 5 VAHRG, der auf das Lebensalter abstellte. Damit vermeidet die Regelung einen Mehraufwand durch verschieden hintereinander geschaltete Abänderungsverfahren, falls Änderungen eintreten und nimmt eine Empfehlung des 15. Deutschen Familiengerichtstags auf.[256]

4. Billigkeitsklausel

279 § 226 Abs. 3 FamFG verweist hinsichtlich der Härtefallregelung auf § 27 VersAusglG.[257] Inhaltlich stellt die neue Vorschrift keine Änderung zum alten Recht nach § 10 a Abs. 3 VAHRG dar. Eine Korrektur findet danach nicht statt, wenn sie unter Berücksichtigung der beiderseitigen wirtschaftlichen Verhältnisse, insbesondere des

---

254 §§ 50-52 SGB VI u. § 234 b SGB VI.
255 Vgl alt § 10 a Abs. 4 VAHRG.
256 BT-Drucks. 16/10144, S. 98.
257 Vgl alt § 10 a Abs. 3 VAHRG.

Versorgungserwerbs nach der Ehe grob unbillig wäre.[258] Grundsätzlich sind nur solche Umstände berücksichtigungsfähig, die nachträglich entstanden sind.[259]

5. Wirksamwerden der Abänderungsentscheidung

Die Abänderungsentscheidung wirkt nach § 226 Abs. 4 FamFG ab dem ersten Tag des Monats, der auf den Monat der Antragstellung folgt (alt § 10 a Abs. 7 S. 1 VAHRG). Dieser Zeitpunkt entspricht den Zeitpunkten der §§ 34 Abs. 3, 36 Abs. 3 u. 38 Abs. 2 VersAusglG. 280

6. Schutzvorschrift für Versorgungsträger

Der Schutz der Versorgungsträger vor Doppelleistungen findet sich jetzt in § 30 VersAusglG (alt § 10 a Abs. 7 S. 2 VAHRG). 281

7. Tod eines Ehegatten vor Abschluss des Verfahrens

a) Tod des Antragstellers

Eine spezielle Regelung für den Fall, dass der Ehegatte, der den Antrag gestellt hat, vor Rechtskraft der Endentscheidung im Abänderungsverfahren stirbt, enthält § 226 Abs. 5 FamFG (alt § 10 a Abs. 10 VAHRG). Neu ist die Hinweispflicht des Gerichts an die übrigen antragsberechtigten Beteiligten, dass das Verfahren nur fortgesetzt wird, wenn ein antragsberechtigter Beteiligter innerhalb einer Frist von einem Monat dies durch Erklärung gegenüber dem Gericht verlangt. Erst wenn dieser Hinweis den Beteiligten zugegangen ist, beginnt die Monatsfrist zu laufen. Im Übrigen enthält § 226 Abs. 5 FamFG keine Neuerungen. 282

b) Tod des Antragsgegners

Stirbt der Antragsgegner im Abänderungsverfahren, so wird das Verfahren gegen dessen Erben fortgesetzt. 283

Es handelt sich bei § 226 Abs. 5 FamFG eher um eine Vorschrift, die seltene Fälle betrifft.

Die Abänderungsmöglichkeiten haben sich durch die Neuregelung des § 225 FamFG, aber auch § 226 FamFG, gegenüber dem alten Recht deutlich verringert. Dies sollte bei Abänderungsverfahren nach neuem Recht immer im Auge behalten werden.

XII. Abänderung von Vereinbarungen

Nach § 227 Abs. 2 FamFG kann das Familiengericht Vereinbarungen zum Versorgungsausgleich (§§ 6 ff VersAusglG) auf Antrag abändern, soweit die Parteien die Abänderung nicht ausgeschlossen haben. Entsprechend regelte dies bereits § 10 a Abs. 9 VAHRG nach altem Recht. Die Vorschrift wurde häufig zu Unrecht übersehen. Eine Abänderung von Vereinbarungen zum Versorgungsausgleich stellte nach altem Recht in der Praxis eine absolute Ausnahme dar. 284

258 BT-Drucks. 16/10144, S. 98; BGH, FamRZ 2005, 2055.
259 BGH, FamRZ 2007, 360.

XIII. Ausgleichsansprüche nach der Scheidung (Schuldrechtlicher Versorgungsausgleich)

1. Alter Rechtszustand

a) Einleitende Bemerkungen/Grundgedanke

285 Der schuldrechtliche Versorgungsausgleich wurde in der Praxis relativ selten durchgeführt. Dementsprechend gering sind die praktischen Erfahrungen. Die Gründe liegen vermutlich im schlichten Vergessen nach Durchführung des sog. öffentlich-rechtlichen Versorgungsausgleichs, bei dem (von Ausnahmen abgesehen) der schuldrechtliche Versorgungsausgleich nicht regelbar ist. Die Voraussetzungen für die Durchführung des schuldrechtlichen Versorgungsausgleichs treten meist wesentlich später nach einer Entscheidung im öffentlich-rechtlichen Versorgungsausgleich ein, häufig erst mit dem Eintritt der beteiligten (geschiedenen) Ehegatten in den Ruhestand bei Erreichen des 65. Lebensjahres. Verschiedentlich geben Entscheidungen im öffentlich-rechtlichen Versorgungsausgleich keinerlei Hinweise auf die spätere Möglichkeit der Durchführung des schuldrechtlichen Versorgungsausgleichs.

286 Der schuldrechtliche Versorgungsausgleich setzt den öffentlich-rechtlichen Versorgungsausgleich voraus. Ersterer greift ein, wenn ein bestehendes, in der Ehezeit erworbenes Anrecht vom öffentlich-rechtlichen Versorgungsausgleich aus verschiedenen Gründen nicht erfasst und nicht ausgeglichen werden konnte. Der Gesetzgeber will nach Möglichkeit einen vorrangigen Ausgleich aller Anrechte im öffentlich-rechtlichen Versorgungsausgleich, weil dadurch der Berechtigte eine eigenständige Versorgung unabhängig vom Verpflichteten erhält, vgl § 1587 b Abs. 1, Abs. 2 BGB. Anders verhält es sich dagegen im schuldrechtlichen Versorgungsaugleich. Der Berechtigte erhält keine eigenständige Versorgung, sondern einen abgeleiteten Anspruch auf Zahlung einer monatlichen Geldrente gegen den Ausgleichspflichtigen. Dieser Anspruch erlischt mit dem Tod des Ausgleichungspflichtigen oder kommt, sofern der Ausgleichungspflichtige vor dem Leistungsfall stirbt, nicht zur Entstehung (Ausnahme: verlängerter schuldrechtlicher Versorgungsausgleich). Allein dies zeigt die Schwächen des schuldrechtlichen Versorgungsausgleichs. Wegen dieser Schwächen ist der schuldrechtliche Versorgungsausgleich dem öffentlich-rechtlichen Versorgungsausgleich gegenüber subsidiär.[260] Der schuldrechtliche Versorgungsausgleich kommt erst zum Zuge, wenn der öffentlich-rechtliche Versorgungsausgleich nach den Regelungen der §§ 1587 b Abs. 1, Abs. 2 BGB, 1 Abs. 2, 3 und 3 b Abs. 1 VAHRG nicht durchführbar ist. Er stellt keine Vorstufe des öffentlich-rechtlichen Versorgungsausgleichs dar und ist diesem auch nicht zeitlich vorgeschaltet.[261]

Fehler im öffentlich-rechtlichen Versorgungsausgleich können nur über § 10 a VAHRG, nicht aber im schuldrechtlichen Versorgungsausgleich korrigiert werden.[262]

Der schuldrechtliche Versorgungsausgleich kann auch als Auffangtatbestand aufgefasst werden, der den Grundsatz der hälftigen Teilhabe an den in der Ehe erwirtschafteten Versorgungsanrechten wegen Alters- oder Erwerbsunfähigkeit gewährleisten soll.

260 BGH FamRZ 2008, 1339.
261 BGH FamRZ 1987, 149 = NJW 1987,1018; 2003, 1738.
262 BGH, FamRZ 2008, 1339.

Für die Einleitung eines schuldrechtlichen Versorgungsausgleichsverfahrens bedurfte es eines Antrags nach § 1587f BGB. Der Ausgleichsberechtigte konnte nach § 1587i Abs. 1 BGB die Abtretung der in den Ausgleich einbezogenen Versorgungsansprüche gegenüber dem Verpflichteten verlangen.

Die Bewertung im schuldrechtlichen Versorgungsausgleich erfolgte unabhängig vom öffentlich-rechtlichen Versorgungsausgleich. Es war gegebenenfalls nach § 1587g BGB eine eigene Bilanz aufzustellen.

Der Anspruch setzte den sog. doppelten Rentenfall nach § 1587g Abs. 1 S. 2 BGB voraus, dh der Ausgleichspflichtige musste Leistungen aus einer Versorgung beziehen und der Berechtigte bezog ebenfalls eine Rente oder er war erwerbsunfähig oder hatte bereits ebenfalls die Altersgrenze erreicht. 287

Es gab eine eigene Unbilligkeitsklausel nach § 1587h BGB, die ähnlich ausgestaltet war wie der § 1587c BGB. Ferner konnten zukünftige Ausgleichsansprüche nach § 1587l BGB abgefunden werden. 288

Auch der schuldrechtliche Versorgungsausgleich unterlag der Abänderungsmöglichkeit nach §§ 1587g Abs. 3, 1587d BGB.

b) Anwendungsbereich

aa) Abschließende Regelung des schuldrechtlichen Versorgungsausgleichs

In welchen Fällen der schuldrechtliche Versorgungsausgleich im Einzelnen durchgeführt werden konnte, war enumerativ zunächst in § 1587f Nr. 1 bis 5 BGB aufgezählt. Eine Ausdehnung zB im Wege der Analogie war nicht zulässig.[263] 289

Er durfte nur in den gesetzlich festgelegten Fallgruppen durchgeführt werden. Es bestand kein allgemeines Wahlrecht zwischen dem öffentlich-rechtlichen und dem schuldrechtlichen Versorgungsausgleich.

Der schuldrechtliche Versorgungsausgleich fand neben den ursprünglich streng enumerativ aufgeführten Fallgruppen in § 1587f Nr. 1-5 BGB darüber hinaus in den Fällen des § 2 VAHRG statt, dh letztlich immer dann, wenn ein Anrecht dem schuldrechtlichen Versorgungsausgleich vorbehalten wurde. Daneben räumte der BGH in der neuen und neuesten Rechtsprechung dem Ausgleichsberechtigten in den Fällen des § 3b VAHRG und nunmehr auch bei § 1 Abs. 2 VAHRG ein Wahlrecht ein, wenn der schuldrechtliche Versorgungsausgleich für den Ausgleichsberechtigten günstiger war als der öffentlich-rechtliche.[264] 290

bb) Die einzelnen Fallgruppen des § 1587f BGB

(1) § 1587f Nr. 1 BGB: Die Begründung von Anwartschaften in der gesetzlichen Rentenversicherung für den Berechtigten durch die Entrichtung von Beiträgen war wegen des eingetretenen Versicherungsfalls beim Berechtigten nach den rentenrechtlichen Bestimmungen nicht mehr möglich. Eine solche Begründung scheidet erst dann aus, wenn für den Berechtigten ein rechtsbeständiger Altersruhegeldbescheid vorliegt.[265] 291

---

263 BGH FamRZ 1980,129; vgl aber OLG Köln, FamRZ 1986, 689, OLG Celle, FamRZ 1987, 72.
264 BGH FamRZ 1993, 172; BGH FamRZ 1999, 158; 2001, 477.
265 BGH FamRZ 1981,1051.

(2) § 1587f Nr. 2 BGB: Dies betrifft den Fall, dass nach § 1587b Abs. 5 BGB eine Übertragung bzw Begründung von Rentenanwartschaften in der gesetzlichen Rentenversicherung zugunsten des Berechtigten wegen der Überschreitung des Höchstbetrages in voller Höhe nicht mehr möglich war. Der übersteigende Betrag fällt unter Nr. 2.

(3) § 1587f Nr. 3 BGB: Hierunter fallen nicht erbrachte Beitragszahlungen zur Begründung einer Rentenanwartschaft in der gesetzlichen Rentenversicherung nach dem bis zum 31.3.1983 geltenden § 1587b Abs. 3 S. 1 BGB, der für verfassungswidrig erklärt wurde.[266] Hierunter fallen aber auch Einmalzahlungen nach § 3b Abs. 1 Nr. 2 VAHRG, der ausdrücklich auf § 1587f Nr. 3 BGB verweist.

(4) § 1587f Nr. 4 BGB: Es handelt sich um die Fälle des § 1587a Abs. 2 Nr. 3 S. 3 BGB, in denen eine betriebliche Altersversorgung erst nach dem Zeitpunkt des Erlasses der Erstentscheidung im öffentlich-rechtlichen Versorgungsausgleich unverfallbar wurde und daher in den öffentlich-rechtlichen Versorgungsausgleich nicht einzubeziehen war. Auch die Unverfallbarkeit der Höhe nach (§ 2 Abs. 5 BetrAV) kann nach Nr. 4 geltend gemacht werden.[267] Der Berechtigte hat ein Wahlrecht zwischen dem schuldrechtlichen VA und dem Abänderungsverfahren nach § 10a Abs. 1 Nr. 2 VAHRG.[268] Der Verpflichtete kann auch noch während des Verfahrens im schuldrechtlichen VA einen Antrag auf Abänderung nach § 10a Abs. 1 Nr. 2 VAHRG stellen (Widerantrag). Dieser Abänderungsantrag geht dem schuldrechtlichen VA vor.[269]

(5) § 1587f Nr. 5 BGB: Es handelt sich um die Fälle des § 1587b Abs. 4 BGB, in denen das Familiengericht im öffentlich-rechtlichen Versorgungsausgleich ausdrücklich, zB wegen Unwirtschaftlichkeit den schuldrechtlichen Versorgungsausgleich vorbehalten hat oder um den Vorbehalt des schuldrechtlichen Versorgungsausgleichs in einer vom Gericht genehmigten Vereinbarung nach § 1587o BGB oder in einem Ehevertrag nach § 1408 Abs. 2 BGB.

2. Neues Recht

292 Die §§ 20 bis 24 VersAusglG regeln nach neuem Recht Ausgleichsansprüche nach der Scheidung/schuldrechtliche Ausgleichszahlungen (schuldrechtlicher Versorgungsausgleich nach altem Recht; s. hierzu Fall 35 Rn 463).[270]

a) Sprache und Struktur

293 Die Regelungen zeichnen sich durch eine sprachliche und strukturelle Neuordnung gegenüber den bisherigen Bestimmungen aus. Eine grundlegende Änderung bringen sie allerdings nicht. Die neuen Regelungen sind sprachlich knapp und verständlich gefasst. Die Struktur ist transparent gestaltet (gegenüber dem alten Recht).

266 BVerfGE FamRZ 1983, 342.
267 OLG Karlsruhe FamRZ 2007, 53.
268 OLG Karlsruhe FamRZ 2007, 53.
269 BGH FamRZ 03, 1738; OLG Celle FamRZ 04, 1215.
270 Eichenhofer, FPR 2009, 211.

b) Zweck

aa) Allgemeine Erwägung

Die Neuregelung bezweckt, Ausgleichsansprüche nach der Scheidung zurückzudrängen[271] und soweit möglich, einen vollständigen Wertausgleich bei der Scheidung (§§ 9 ff VersAusglG; früher öffentlich-rechtlichen Versorgungsausgleich). Auch nach neuem Recht ist eine Teilung der Anrechte zum Zeitpunkt der Scheidung nicht immer möglich.[272] Gegenüber dem alten Recht werden sich aber die Fälle der Ausgleichsansprüche nach der Scheidung (des schuldrechtlichen Versorgungsausgleichs) deutlich verringern. Dies liegt an der Struktur des neuen Versorgungsausgleichs, der grundsätzlich die Realteilung jedes Anrechts (interne/externe Teilung) vorsieht. 294

bb) Fälle der Ausgleichsansprüche nach neuem Recht

(1) § 19 VersAusglG

Vor allem in den Fällen des § 19 Abs. 2 VersAusglG, der fehlenden Ausgleichsreife von Anrechten, kann es auch nach neuem Recht zu schuldrechtlicher Ausgleichszahlungen nach der Scheidung kommen. Dies sind vor allem die Fälle, in denen Anrechte nach dem Betriebsrentengesetz noch verfallbar sind (§ 19 Abs. 2 Nr. 1 VersAusglG) oder eine hinreichende Verfestigung fehlt, sowie in den Fällen, in denen der Ausgleich für die ausgleichsberechtigte Person unwirtschaftlich wäre (§ 19 Abs. 2 Nr. 3 VersAusglG) oder bei einem Anrecht, das bei einem ausländischen, zwischenstaatlichen oder überstaatlichen Versorgungsträger besteht (§ 19 Abs. 3 Nr. 4 VersAusglG). 295

(2) Vorbehalt in Vereinbarungen

Abgesehen von dem seltenen Fall abzuschmelzender Leistungen nach § 19 Abs. 2 Nr. 2 VersAusglG findet der schuldrechtliche Versorgungsausgleich auch in den Fällen statt, in denen Ehegatten in einer Vereinbarung nach § 6 Abs. 1 S. 2 Nr. 3 VersAusglG den Wertausgleich den Ausgleichsansprüchen nach der Scheidung vorbehalten haben.[273] 296

(3) Verfallbare Teile eines Anrechts

Es sind dabei auch Fälle denkbar, in denen ein Anrecht unverfallbare und verfallbare Teile aufweist. Im Wertausgleich bei der Scheidung (öffentlich-rechtlichen Versorgungsausgleich) kann das Familiengericht in seiner Entscheidung nur die unverfallbaren Teile ausgleichen (§ 19 Abs. 1, Abs. 2 Nr. 1 VersAusglG). 297

(4) Verfallbarkeit der Dynamik eines Anrechts

Zu den nicht ausgeglichenen „Teilen eines Anrechts" gehört auch die verfallbare Dynamik iSd § 2 Abs. 5 BetrAVG. Bei Betriebsrenten fingiert das Gesetz nach § 45 Abs. 1 S. 2 VersAusglG, dass die Betriebszugehörigkeit der ausgleichspflichtigen Person spätestens zum Ehezeitende beendet ist. Bei gehaltsbezogenen betrieblichen Anrechten lässt sich die endgültige Bezugsgröße für den Fall des Leistungsbezugs (das dann maß- 298

271 BT-Drucks. 16/10144, S. 63.
272 BT-Drucks. 16/10144, S. 63.
273 BT-Drucks. 16/10144, S. 63.

gebliche Endgehalt) zum Zeitpunkt der Entscheidung beim Wertausgleich bei der Scheidung nicht hinreichend bestimmen.[274]

(5) Ausgleich von Kapitalzahlungen

299 Wenn auch die Neufassung im Wesentlichen dem bisher geltenden Recht entspricht, so findet sich doch in § 22 VersAusglG eine bemerkenswerte Neuregelung, wonach auch Kapitalzahlungen (Fall 36 Rn 464) auszugleichen sind.[275]

Die Regelungen im Einzelnen:

c) Anspruchsvoraussetzungen

300 § 20 VersAusglG regelt die Fälligkeit der schuldrechtlichen Ausgleichsrente bzw die Voraussetzungen, unter denen die ausgleichsberechtigte Person von der ausgleichspflichtigen Person, die schuldrechtliche Ausgleichsrente verlangen kann.

Das bedeutet im Einzelnen:

aa) Rentenbezug der ausgleichspflichtigen Person

301 Die ausgleichspflichtige Person bezieht eine Rente, die im Wertausgleich bei der Scheidung (§§ 9 ff VersAusglG; öffentlich-rechtlichen Versorgungsausgleich) nicht ausgeglichen wurde (§ 20 Abs. 1 S. 1 VersAusglG).

bb) Voraussetzungen bei der ausgleichsberechtigten Person

302 (1) Die ausgleichsberechtigte Person bezieht selbst eine laufende Versorgung/Rente wegen Alters oder Invalidität (§ 20 Abs. 2 Nr. 1 VersAusglG) oder
(2) sie hat die Regelaltersgrenze der gesetzlichen Rentenversicherung erreicht (§ 20 Abs. 2 Nr. 2 VersAusglG) oder
(3) bei der ausgleichsberechtigten Person liegen die gesundheitlichen Voraussetzungen für eine laufende Versorgung wegen Invalidität vor (§ 20 Abs. 2 Nr. 3 VersAusglG). Sie bezieht aber keine eigene Rente. Bei eigenem Rentenbezug liegt § 20 Abs. 2 Nr. 1 VersAusglG vor.

Eine Änderung gegenüber den alten Vorschriften liegt insoweit nicht vor.

d) Höhe des Anspruchs und Abzug Sozialversicherungsbeiträge

303 Völlig neugeregelt hat der Gesetzgeber die Ausgleichsrente. Nunmehr kann der Ausgleichspflichtige die auf den Ausgleichswert entfallenden Sozialversicherungsbeiträge oder vergleichbare Aufwendungen abziehen (§ 20 Abs. 1 S. 2 VersAusglG). Dies war nach geltendem Recht im Regelfall nicht möglich. Es bestand nur die Korrekturmöglichkeit über die Billigkeitsklausel des § 1587 h BGB, die aber relativ hohe Hürden für den Abzug aufbaute. Der Gesetzgeber rückt damit vom Bruttoausgleichsprinzip des alten Rechts ab. Nunmehr kann die ausgleichspflichtige Person die Kranken- und Pflegeversicherungsbeiträge im Gegensatz zum früheren Rechtszustand abziehen.[276] Zu betonen ist, dass der Abzug vom Ausgleichswert (§ 1 Abs. 2 VersAusglG) erfolgt. Auf

274 BT-Drucks. 16/10144, S. 63/64.
275 BT-Drucks. 16/10144, S. 63.
276 BGH, FamRZ 2007, 120.

diese Art und Weise wird der Halbteilungsgrundsatz wesentlich besser gewahrt. Die schwerfälligen Korrekturen über § 1587 h Nr. 1 BGB entfallen.[277]

Beispiel: Der Ehezeitanteil einer Bruttorente beträgt 400 EUR monatlich, der Ausgleichswert 200 EUR. Bei einem Beitragssatz von 17 % für die Kranken- und Pflegeversicherung errechnet sich der Nettoausgleichswert (= Ausgleichsrente)mit 166 EUR monatlich (200 EUR – 34 EUR).

e) Besonderheit bei einem Teilausgleich nach § 3 b Abs. 1 Nr.1 VersAusglG

304 Bei der Bewertung von Ausgleichsansprüchen nach der Scheidung nach den §§ 20-26 VersAusgl ist zusätzlich die Regelung des § 53 VersAusglG zu beachten (Rn 252).

f) Billigkeitsklausel

305 Nach § 20 Abs. 1 S. 3 VersAusglG iVm § 18 VersAusglG soll auch beim schuldrechtlichen Versorgungsausgleich ein Ausgleich von einem Anrecht mit geringen Ausgleichswert oder bei einer geringen Differenz beiderseitiger Ausgleichswerte gleicher Art nicht stattfinden.[278] Damit will der Gesetzgeber Anrechte mit geringem Ausgleichswert grundsätzlich vom Wertausgleich nach der Scheidung ausnehmen. Das Familiengericht hat aber ein Ermessen. Im Einzelfall, wenn der Ausgleich dennoch geboten ist, weil er einen Vorteil für die ausgleichsberechtigte Person darstellt, kann das Familiengericht den Wertausgleich durchführen.

306 Steuerrechtlich führt der schuldrechtliche Versorgungsausgleich nicht zur Verletzung des Halbteilungsgrundsatzes, weil die ausgleichspflichtige Person die schuldrechtliche Ausgleichsrente als Sonderausgabe nach § 10 a Abs. 1 Nr. 1 a EStG absetzen kann.

g) Fälligkeit und Verzug

307 § 20 Abs. 3 VersAusglG regelt iVm § 1585 Abs. 1 S. 2 u. 3 BGB die Fälligkeit der schuldrechtlichen Ausgleichsrente sowie die Voraussetzungen des Verzugs nach § 1585 b Abs. 2 S. 2 BGB, der seinerseits auf § 1613 Abs. 1 BGB verweist und nach § 1585 b Abs. 3 BGB (wie im alten Recht).

h) Abtretung von Versorgungsansprüchen

308 Wie nach altem Recht kann die ausgleichsberechtigte Person nach § 21 Abs. 1 VersAusglG von der ausgleichspflichtigen Person verlangen, ihr den Anspruch gegen den Versorgungsträger in Höhe der Ausgleichsrente abzutreten, was aber für rückständige Ansprüche nicht gilt (§ 21 Abs. 2 VersAusglG). Die Parteien können aber trotzdem eine Abtretung vereinbaren.[279]

i) Wirksamkeit der Abtretung

309 Die Abtretung bleibt nach § 21 Abs. 3 VersAusglG auch dann wirksam, wenn andere Bestimmungen die Übertragbarkeit oder Pfändbarkeit des zugrunde liegenden Versorgungsanspruchs ausschließen (wie bisher nach geltendem Recht § 1587 i Abs. 2 BGB).

277 BGH, FamRZ 2007, 120.
278 BT-Drucks. 16/10144, S. 64.
279 BT-Drucks. 16/10144, S. 64.

j) Tod der ausgleichsberechtigten Person

310 Stirbt die ausgleichsberechtigte Person, so erlischt nach § 31 Abs. 3 VersAusglG der Ausgleichsanspruch nach der Scheidung. In diesen Fällen geht, wie nach bisherigem Recht, der abgetretene Anspruch gegen den Versorgungsträger wieder kraft Gesetzes auf die ausgleichspflichtige Person über (§ 21 Abs. 4 VersAusglG).

k) Ausgleich von Kapitalzahlungen

311 Völlig neu regelt das Gesetz in § 22 VersAusglG den Ausgleich von Kapitalzahlungen, die die ausgleichspflichtige Person aus einem noch nicht ausgeglichenen Anrecht erhält oder erhalten hat (Fall 36 Rn 464).[280]

312 Dies entspricht der Regelung des § 2 Abs. 2 Nr. 3 VersAusglG, nach denen Anrechte der betrieblichen Altersversorgung und des Altersvorsorgeverträge-Zertifizierungsgesetzes, die Kapitalzahlungen vorsehen, auszugleichen sind.

313 In der Vergangenheit kamen Kapitalzahlungen, auch wenn sie für die Altersvorsorge bestimmt waren, im Versorgungsausgleich nicht zum Tragen. Ein Ausgleich fand nicht statt. Der Gesetzgeber geht davon aus, dass ein Anspruch auf Auskehrung der Kapitalzahlung rückwirkend besteht, wenn das Kapital nach der Scheidung zum Zeitpunkt der Geltendmachung bereits ausgezahlt ist. Die ausgleichspflichtige Person ist weniger schutzwürdig, als die ausgleichsberechtigte Person, weil sie weiß, dass ihr ein Teil des Kapitalbetrages nicht zusteht. Anders als bei Rentenzahlungen ist die ausgleichspflichtige Person auch nicht dringend auf die Kapitalleistung angewiesen.[281]

Erfolgt die Auszahlung der Kapitalleistungen in Raten, so bestimmt sich die Fälligkeit nach dem Auszahlungszeitpunkt. Die ausgleichsberechtigte Person kann also in diesen Fällen den Ausgleichsbetrag nicht auf einmal in vollem Umfang im Voraus erhalten.[282]

314 Allerdings setzt die Geltendmachung des Anspruchs voraus, dass die ausgleichsberechtigte Person von dem Anspruch und vor allem von den Kapitalzahlungen weiß. Mitteilungspflichten oder sonstige Sicherungen sieht das Gesetz aber nicht vor. Die Möglichkeit, solche Anrechte, die auf Kapitalauszahlungen gerichtet sind, zu verschweigen, ist für die ausgleichspflichtige Person groß, zumal bei ausländischen Anwartschaften.

l) Abzug von Sozialversicherungsbeiträgen

315 Auch bei dem Ausgleich von Kapitalzahlungen sind die auf den Ausgleichswert entfallenden Sozialversicherungsbeiträge abzugsfähig (§ 22 S. 2, 20 Abs. 1 S. 2 VersAusglG).

m) Geringwertige Anrechte

316 § 22 S. 2 VersAusglG verweist auf § 20 Abs. 1 iVm § 18 VersAusglG. Das Familiengericht soll Bagatellwerte nicht ausgleichen.

n) Abänderung von Entscheidungen über Ausgleichsansprüche nach der Scheidung (früher schuldrechtlicher Versorgungsausgleich)

317 Entscheidungen über Ausgleichsansprüche nach der Scheidung nach den §§ 20-26 VersAusglG (früher schuldrechtlicher Versorgungsausgleich) sind nach den Regelungen

280 BT-Drucks. 16/10144, S. 65.
281 BT-Drucks. 16/10144, S. 65.
282 BT-Drucks. 16/10144, S. 65.

der §§ 227 Abs. 1, 48 FamFG abänderbar. Voraussetzung ist ein Antrag und eine wesentliche Änderung der Sach- und Rechtslage.

o) Verfahren

Über Ausgleichsansprüche nach der Scheidung entscheidet das Familiengericht nach § 223 FamFG nur auf Antrag. 318

XIV. Abfindung

1. Zweck der Regelung

§ 23 VersAusglG regelt hervorgehoben durch einen eigenen Unterabschnitt die Möglichkeit einer Abfindung eines noch nicht ausgeglichenen Anrechts.[283] Eine grundlegende Änderung gegenüber den bisherigen Regelungen in §§ 1587l-1587n BGB stellt die Vorschrift nicht dar. Die Neugestaltung bedient sich, wie im gesamten neuen Gesetz, einer klaren, knappen und verständlichen Sprache. Die Regelungen sind wesentlich verschlankt und gut lesbar. Die Struktur ist vereinfacht. Soweit in der Sache Änderungen gegenüber den alten Regelungen erfolgen, sind sie durch die neue Struktur des Versorgungsausgleichsgesetzes begründet. 319

Eine § 1587n BGB entsprechende Vorschrift findet sich in der Neuregelung nicht mehr. Die Abfindung ist zweckgebunden zu verwenden. Legt die ausgleichsberechtigte Person die Abfindung nicht zweckentsprechend für eine Altersversorgung an, so kann sich die ausgleichspflichtige Person für den Fall der Unterhaltsbedürftigkeit der ausgleichsberechtigten Person im Alter auf § 1579 Nr. 4 BGB berufen.[284] 320

2. Die Regelungen im Einzelnen

a) Anspruch auf Abfindung

Nach § 23 Abs. 1 S. 1 VersAusglG kann die ausgleichsberechtigte Person für ein noch nicht ausgeglichenes Anrecht von der ausgleichspflichtigen Person eine Abfindung verlangen. 321

Der Anspruch auf Abfindung besteht in drei zeitlichen Phasen:

aa) Der Anspruch kann bereits im Zusammenhang mit dem Wertausgleich bei der Scheidung (§§ 9ff VersAusglG; öffentlich-rechtlichen Versorgungsausgleich) geltend gemacht werden, also nicht erst im schuldrechtlichen Versorgungsausgleich, was der bisherigen Auslegung des Rechts entsprach.[285] Dies eröffnet den Parteien die endgültige Regelung des Versorgungsausgleichs schon im Rahmen des Wertausgleichs bei der Scheidung (öffentlich-rechtlichen Versorgungsausgleichs), soweit dort eine interne oder externe Teilung nach den §§ 9 – 19 VersAusglG nicht möglich ist. Die Parteien brauchen also nicht zwingend das Verfahren über die schuldrechtlichen Ausgleichszahlungen abzuwarten, bis deren Voraussetzungen vorliegen. 322

283 BT-Drucks. 16/10144, S. 65.
284 BT-Drucks. 16/10144, S. 65.
285 BT-Drucks. 16/10144, S. 65; Hoppenz/Triebs, Familiensachen, 8. Aufl., § 1587l, Rn 4.

Das bietet sich vor allem in den Fällen an, in denen eine Ausgleichsreife nach § 19 Abs. 2 Nr. 4 VersAusglG bei ausländischen Anrechten fehlt.[286]

323 Bei einer fehlenden Ausgleichsreife nach § 19 Abs. 2 Nr. 1 VersAusglG, wenn das Anrecht nicht hinreichend verfestigt ist, insbesondere das Anrecht im Sinne des Betriebsrentengesetzes noch verfallbar ist (§ 1 b Abs. 1 BetrAVG), sollte von der Möglichkeit der Abfindung zurückhaltend Gebrauch gemacht werden. Dies trifft vor allem für die ausgleichspflichtige Person zu. Das Anrecht, beispielsweise nach dem Betriebsrentengesetz, das noch nicht unverfallbar ist, kann, zB bei vorzeitigem Ausscheiden aus dem Betrieb, wieder wegfallen, soweit die Voraussetzungen nach § 1 b Abs. 1 BetrAVG noch nicht vorliegen. Die ausgleichspflichtige Person hat aber im Rahmen des Versorgungsausgleichs das Anrecht durch eine Kapitalzahlung (hälftig) ausgeglichen, von dem sie selbst aber keinen Vorteil mehr zieht.

Für rechtsberatende Berufe ist in jedem Fall zu überlegen, ob nicht eine Vereinbarung nach den §§ 6 ff VersAusglG den Parteien eine flexiblere Lösung ermöglicht, vor allem bei „Paketlösungen“ oder Modifikationen im Hinblick auf Zugewinn- und Unterhaltsregelungen.

Dies wird auch bei der fehlenden Ausgleichsreife nach § 19 Abs. 2 Nr. 3 VersAusglG zu prüfen sein, wenn sich der Ausgleich für die ausgleichsberechtigte Person als unwirtschaftlich erweist.

324 bb) Die ausgleichsberechtigte Person kann den Anspruch im Rahmen der schuldrechtlichen Ausgleichszahlungen geltend machen.

325 cc) Nach der Gesetzesbegründung[287] soll die ausgleichsberechtigte Person, selbst wenn sie über einen gewissen Zeitraum hinweg eine schuldrechtliche Ausgleichsrente bereits bezogen hat, den Wechsel von der Rente zu einer (restlichen) Abfindung verlangen können. Dabei müssen selbstverständlich (weiterhin) die Voraussetzungen der §§ 23 u. 24 VersAusglG vorliegen.

326 Stimmt man dem zu, so ist die Zumutbarkeit der nunmehr verlangten Einmalzahlung für die ausgleichspflichtige Person, ganz besonders nach § 23 Abs. 2 VersAusglG zu prüfen. Hat die ausgleichsberechtigte Person zunächst eine schuldrechtliche Ausgleichsrente gewählt, was nicht zwingend in einem gerichtlichen Verfahren erfolgen muss, so schafft sie einen gewissen Vertrauenstatbestand. Die ausgleichspflichtige Person hat sich auf monatliche Rentenzahlungen eingestellt, die ihr wirtschaftlich, nachdem sie selbst ein Anrecht aus der zu teilenden Versorgung bezieht, zumutbar ist. Verlangt die ausgleichsberechtigte Person, nachdem sie beispielsweise über zwei Jahre eine schuldrechtliche Versorgungsausgleichsrente bezogen hat, eine Kapitalabfindung für den Rest, so kann dies die ausgleichspflichtige Person unbillig belasten, da sie nunmehr unerwartet einen Kapitalaufwand finanzieren muss.

Die Anforderungen an die Zumutbarkeit nach § 23 Abs. 2 VersAusglG sind nicht gering anzusetzen.[288]

286 BT-Drucks. 16/10144, S. 65.
287 BT-Drucks. 16/10144, S. 65.
288 BT-Drucks. 16/10144, S. 65.

b) Zweckbindung der Abfindung

Die Abfindung muss die ausgleichsberechtigte Person nach § 23 Abs. 1 VersAusglG zweckgebunden für den Ausbau eines bestehenden oder die Begründung eines neuen Anrechts verwenden. Die Ausgestaltung der Zielversorgung regelt § 15 VersAusglG, auf den § 24 Abs. 2 VersAusglG verweist. Die Zielversorgung muss danach eine angemessene Versorgung gewährleisten (§ 15 Abs. 2 VersAusglG). Anrechte in der gesetzlichen Rentenversicherung, im Sinne des Betriebsrentengesetzes oder aus einem Vertrag, der nach § 5 des Altersvorsorgeverträge-Zertifizierungsgesetzes zertifiziert ist, erfüllen stets diese Anforderungen (§ 15 Abs. 4 VersAusglG). 327

c) Zumutbarkeit der Abfindungszahlung

Wie nach altem Recht muss der ausgleichspflichtigen Person die Zahlung der Abfindung wirtschaftlich nach § 23 Abs. 2 VersAusglG zumutbar sein. Es handelt sich um eine Schutzvorschrift zugunsten der ausgleichspflichtigen Person. Nachdem der ausgleichspflichtigen Person häufig die Kapitalzahlung nur durch eine Finanzierung möglich ist, sind die Anforderungen an die wirtschaftliche Zumutbarkeit hoch anzusetzen.[289] Das Familiengericht prüft die Voraussetzungen im Einzelfall. 328

d) Ratenzahlung

Die ausgleichspflichtige Person kann, wenn eine Einmalzahlung ihr wirtschaftlich nicht zumutbar ist („unbillig"), nach § 23 Abs. 3 VersAusglG Ratenzahlung verlangen (alt: § 1587l Abs. 3 S. 3 BGB). 329

Ob für die ausgleichspflichtige Person eine Ratenzahlung wirtschaftlich sinnvoll ist, wird im Einzelfall zu prüfen sein. Ratenzahlungen führen im Gegensatz zur Einmal-Kapitalabfindung, zu einem Hinausschieben der endgültigen Trennung der Versorgungsschicksale der Parteien und bedeuten auch einen höheren Kapitalaufwand. 330

e) Höhe der Abfindung

aa) Bestimmung des Zeitwerts

Die Bestimmung des Wertes der Abfindung hat nach bisherigem Recht große Schwierigkeiten bereitet und war strittig.[290] 331

§ 24 Abs. 1 1 VersAusglG bestimmt, dass für die Höhe der Abfindung der Zeitwert des Ausgleichswerts maßgeblich ist.

bb) Berechnung des Zeitwerts

Die Berechnung erfolgt, was aus dem Gesetzeswortlaut nicht ohne weiteres zu ersehen ist, in zwei Schritten: 332

(1) Zunächst ist der Zeitwert des noch auszugleichenden Anrechts aus dem Ausgleichswert zum Stichtag Ehezeitende festzustellen. Er liegt als unmittelbarer Kapitalwert oder als korrespondierender Kapitalwert nach § 47 VersAusglG vor.[291]

---

289 BT-Drucks. 16/10144, S. 65.

290 Hauptmann, FuR 2000, 329; Glockner, FuR 2000, 305; Bergner/Schneider, FamRZ 2004, 1766 u. 1838; Münchner Kommentar zum BGB, 4. Aufl., Bearbeiter Glockner, § 1587 l, Rn 12, 13.

291 BT-Drucks. 16/10144, S. 65/66.

333 (2) Wertänderungen des Ausgleichswertes bis zur Entscheidung über die schuldrechtlichen Ausgleichszahlungen – das kann viele Jahre nach der Scheidung sein – sind zu berücksichtigen, so etwa Erhöhungen aufgrund eines eingetretenen Wertzuwachses oder aber Verringerungen aufgrund eines Wertverzehrs.[292]

334 Ein Wertzuwachs kann bei kapitalgedeckten Versorgungen durch Zinsgutschriften und Überschüsse eingetreten sein. Umgekehrt kann der Verpflichtete bereits aus dem Anrecht eine Rente bezogen haben, so dass sich der Wert erniedrigt.[293] Die Abfindung muss die ausgleichsberechtigte Partei nicht zwingend in einem Verfahren vor dem Familiengericht geltend machen. Die Parteien können sich auch außergerichtlich einigen.

cc) Stichtag der Bewertung

335 Soweit die ausgleichsberechtigte Person die Abfindung in einem familiengerichtlichen Verfahren einklagt, bestimmt das Familiengericht den maßgeblichen Bewertungszeitpunkt, der sinnvoller Weise möglichst nahe am Entscheidungstermin liegt.[294]

f) Geringer Ausgleichswert

336 Wie im gesamten neuen Recht, sollen Anrechte mit geringem Ausgleichswert nicht einer Abfindung nach § 24 Abs. 1 S. 2 VersAusglG iVm § 18 Abs. 2, Abs. 3 S. 1 VersAusglG unterliegen. Das Gesetz möchte die Abfindung von geringen Ausgleichswerten vermeiden.

g) Wahlrecht der ausgleichsberechtigten Person bezüglich der Zielversorgung

337 Die ausgleichsberechtigte Person hat ein Wahlrecht bezüglich der Zielversorgung nach §§ 24 Abs. 2, 15 VersAusglG. Zu den Einzelheiten wird auf die Ausführungen oben (Rn 96, 97) verwiesen.

338 Übt die ausgleichsberechtigte Person ihr Wahlrecht nicht aus, so ist die Abfindungszahlung zur Begründung eines Anrechts in der gesetzlichen Rentenversicherung nach § 15 Abs. 5 VersAusglG zu verwenden.

h) Verfahrensrecht

339 Will die ausgleichsberechtigte Person den Anspruch auf Abfindung geltend machen, so bedarf es eines Antrags nach § 223 FamFG. Das Familiengericht regelt eine Abfindungszahlung nicht von Amts wegen.

340 Die ausgleichsberechtigte Person teilt dem Familiengericht die Auswahl der Zielversorgung mit, eventuell innerhalb einer vom Gericht gesetzten Frist entsprechend § 222 Abs. 1 S. 2 FamFG zugleich mit der Einverständniserklärung des ausgewählten Versorgungsträgers.

Für das Wirksamwerden der Abänderungsentscheidung und den Tod eines der Ehegatten während des familiengerichtlichen Verfahrens wird auf oben (Rn 309 f) verwiesen.

292 BT-Drucks. 16/10144, S. 66.
293 BT-Drucks. 16/10144, S. 66.
294 BT-Drucks. 16/10144, S. 66.

i) Abänderung

Entscheidungen zum schuldrechtlichen Versorgungsausgleich sind nach § 227 Abs. 1 FamFG iVm § 48 Abs. 1 FamFG abänderbar. 341

j) Erlöschen des schuldrechtlichen Ausgleichsanspruchs

Ausgleichsansprüche nach der Scheidung nach den §§ 20-24 VersAusglG erlöschen nach § 31 Abs. 3 VersAusglG mit dem Tod des Ehegatten. 342

XV. Teilhabe an der Hinterbliebenenversorgung

1. Verlängerter schuldrechtlicher Versorgungsausgleich nach § 3 a VAHRG nach alten Recht

Mit dem Tod des Verpflichteten erlischt der Anspruch auf die schuldrechtliche Ausgleichsrente nach § 1587 g Abs. 1 BGB. Da der Anspruch auch nicht als Nachlassverbindlichkeit auf die Erben übergeht, bleibt der Berechtigte in diesem Fall unversorgt. Dies ist eine der großen Schwächen des schuldrechtlichen Versorgungsausgleichs. Um dem Berechtigten nach Möglichkeit einen eigenständigen Anspruch gegen den Träger der auszugleichenden Versorgung zu geben (anders als beim reinen schuldrechtlichen Versorgungsausgleich) hat der Gesetzgeber die Regelung des § 3 a VAHRG eingeführt, den sog. verlängerten schuldrechtlichen Versorgungsausgleich. Nach § 3 a Abs. 1 VAHRG hat der Ausgleichsberechtigte nach dem Tod des Verpflichteten unter bestimmten Voraussetzungen einen eigenen Anspruch gegen den Träger der auszugleichenden Versorgung. Der schuldrechtliche Versorgungsausgleich wird daher über den Tod des Verpflichteten hinaus verlängert. 343

Das alte Recht regelte in einer langen und äußerst unübersichtlichen und kompliziert gestalteten Vorschrift den verlängerten schuldrechtlichen Versorgungsausgleich. Sowohl die Sprache, als die Struktur, waren nur schwer verständlich. 344

2. Neues Recht

Das Gesetz bedient sich bei der Neuregelung des neuen Fachausdrucks der Teilhabe an der Hinterbliebenenversorgung. Nach altem Recht handelte es sich um den verlängerten schuldrechtlichen Versorgungsausgleich nach § 3 a VAHRG. 345

Das neue Recht weist eine klare sprachliche Ausdrucksweise und eine übersichtliche Strukturierung auf. Die Neuregelung ist über zwei knapp gestaltete Regelungen in §§ 25, 26 VersAusglG verteilt. Die missverständliche Formulierung der Gesetzesüberschrift zu § 3 a VAHRG (Verlängerung des schuldrechtlichen Versorgungsausgleichs) wird durch die verständlichere Überschrift Teilhabe an der Hinterbliebenenversorgung ersetzt.[295] 346

Die Neuregelung stellt keine wesentliche Änderung gegenüber dem bisher geltenden Recht in § 3 a VAHRG dar.

Die Regelungen sind, obwohl in der Vergangenheit selten von ihnen Gebrauch gemacht wurde, von großer wirtschaftlicher Bedeutung für die ausgleichsberechtigte Person, die auch nach dem Tod der ausgleichspflichtigen Person einen Anspruch, meist nicht un-

295 BT-Drucks. 16/10144, S. 66.

erheblicher Art, auf eine Altersversorgung aus dem Anrecht der ausgleichspflichtigen Person hat, wenn der Träger dieser Versorgung eine Hinterbliebenenversorgung gewährt.

3. Einzelheiten des Anspruchs gegen den Versorgungsträger auf Teilhabe an der Hinterbliebenenversorgung

a) Anspruchsvoraussetzungen

347 Voraussetzung des Anspruchs ist nach § 25 Abs. 1 VersAusglG, dass ein noch nicht im Wertausgleich bei der Scheidung (§§ 9 ff VersAusglG) ausgeglichenes Anrecht eine Hinterbliebenenversorgung vorsieht. Wiederverheiratungsklauseln in der Hinterbliebenenversorgung sind zu beachten. Sie können je nach Ausgestaltung zum Erlöschen einer Witwenrente bei Wiederheirat führen. Eine solche Klausel ist bereits nach der bisherigen Rechtsprechung bei der Teilhabe an der Hinterbliebenenversorgung zu beachten. Sie ist zulässig.[296]

348 Ein noch auszugleichendes Anrecht liegt vor, wenn der verstorbene Ehegatte vor seinem Tod selbst eine noch auszugleichende laufende Versorgung bezog, oder, aber auch wenn er vor Erreichen des Rentenalters (Leistungsfall) starb.

b) Ausschluss der Teilhabe an der Hinterbliebenenversorgung

349 Wie bisher (§ 3 a Abs. 3 S. 1 u. 2 VAHRG) schließt das Gesetz in bestimmten Fällen die Teilhabe an der Hinterbliebenenversorgung nach § 25 Abs. 2 VersAusglG aus. Das sind die Fälle, in denen die Ehegatten eine Vereinbarung nach §§ 6-8 VersAusglG geschlossen haben, in denen sie auf den Ausgleich im öffentlich-rechtlichen Versorgungsausgleich verzichteten und den Wertausgleich Ausgleichsansprüchen nach der Scheidung vorbehalten haben. Ein Wertausgleich kann in diesen Fällen nur durch Ausgleichszahlungen nach §§ 20-24 erfolgen. Soweit eine Ausgleichsreife nach § 19 Abs. 2 Nr. 2 u. Nr. 3 VersAusglG fehlt, das gilt bei abzuschmelzenden Leistungen und weil der Ausgleich für die ausgleichsberechtigte Person unwirtschaftlich ist, scheidet ebenfalls eine Teilhabe an der Hinterbliebenenversorgung aus. Nach § 25 Abs. 2 VersAusglG iVm § 19 Abs. 3 VersAusglG scheidet ein Wertausgleich wegen nicht ausgleichsreifer Anrechte (ausländischer Anrechte) bei der Scheidung auch in Bezug auf die sonstigen Anrechte der Ehegatten aus (Rn 107 f, 110).[297]

c) Höhe des Anspruchs

aa) Bewertung

350 Die Bewertung des Anspruchs folgt aus § 41 VersAusglG, der wiederum auf § 39 Abs. 1 (unmittelbare Bewertung) bzw § 40 Abs. 1 bis 3 VersAusglG (zeitratierliche Bewertung) verweist.

bb) Beschränkung

351 § 25 Abs. 3 VersAusglG beschränkt den Anspruch der Höhe nach in zweifacher Hinsicht. Erhält die ausgleichsberechtigte Person vom selben Versorgungsträger als Hin-

296 BT-Drucks. 16/10144, S. 66; BGH, FamRZ 2005, 189.
297 BT-Drucks. 16/10144, S. 66.

terbliebene bereits eine Rente, so ist diese auf die Ausgleichsrente nach § 25 Abs. 3 S. 2 VersAusglG anzurechnen.

Zusätzlich ist die Höhe des Anspruchs auf den Betrag beschränkt, den die ausgleichsberechtigte Person als schuldrechtliche Ausgleichsrente (§ 20 VersAusglG) fiktiv verlangen könnte.[298] Eine Änderung gegenüber dem bisherigen Rechtszustand liegt nicht vor.

Bei der Bewertung von Ausgleichsansprüchen nach der Scheidung nach den §§ 20-26 VersAusgl ist zusätzlich die Regelung des § 53 VersAusglG (Teilausgleich von Anrechten nach § 3 b Abs. 1 Nr. 1 VAHRG) zu beachten (Rn 252). 352

d) Ausschluss bei Geringfügigkeit

§ 25 Abs. 3 S. 1 VersAusglG regelt versteckt durch den Verweis auf die schuldrechtliche Ausgleichsrente den Ausschluss des Wertausgleichs bei Geringfügigkeit (§ 20 Abs. 1 S. 3 VersAusglG iVm § 18 Abs. 2 u. 3 VersAusglG).[299] Im Regelfall soll ein Wertausgleich bei geringfügigen Ausgleichswerten nicht stattfinden. 353

e) Kein Abzug von Sozialversicherungsbeiträgen

Der Verweis in § 25 Abs. 3 S. 1 VersAusglG auf § 20 Abs. 1 VersAusglG beinhaltet aber, was dem Gesetzestext nicht zu entnehmen ist, keine Verweisung auf § 20 Abs. 1 S. 2 VersAusglG. Ein Abzug von Sozialversicherungsbeiträgen oder vergleichbaren Aufwendungen erfolgt bei der Teilhabe an der Hinterbliebenenversorgung nicht, da diese Beiträge bei der ausgleichsberechtigten Person selbst anfallen.[300] 354

f) Fälligkeitsvoraussetzungen

Die Verweisung in § 25 Abs. 4 VersAusglG auf § 20 Abs. 2 VersAusglG regelt die Fälligkeitsvoraussetzungen wie beim schuldrechtlichen Versorgungsausgleich (Schlagwort: doppelter Rentenfall; vgl Rn 302). 355

§ 25 Abs. 4 VersAusglG iVm § 20 Abs. 3 VersAusglG verweist auf § 1585 Abs. 1 S. 2 u. 3 BGB sowie § 1585 b Abs. 2 u. Abs. 3 BGB. Nach § 1585 Abs. 1 S. 2 BGB ist die Rente im Voraus zu entrichten ist. § 1585 b Abs. 2 u. Abs. 3 BGB iVm § 1613 Abs. 1 BGB regeln die Voraussetzungen des Verzugs, wenn die ausgleichsberechtigte Person die Rente für die Vergangenheit beantragt. In diesem Fall schützen die Vorschriften den Versorgungsträger vor einer unberechtigten rückwirkenden Inanspruchnahme. 356

g) Kürzung der Witwenrente

Wie bisher (§ 3 a Abs. 4 S. 1 VAHRG) kürzt der Versorgungsträger nach § 25 Abs. 5 VersAusglG die an die Witwe oder den Witwer der ausgleichspflichtigen Person gezahlte Rente um die Rente nach § 25 Abs. 1 und 3 VersAusglG. Die Vorschrift vermeidet eine Doppelbelastung des Versorgungsträgers.[301] 357

298 BT-Drucks. 16/10144, S. 67.
299 BT-Drucks. 16/10144, S. 67.
300 BT-Drucks. 16/10144, S. 67.
301 BT-Drucks. 16/10144, S. 67.

h) Anrechte bei ausländischen Versorgungsträgern

358 In fremdes Hoheitsrecht darf die deutsche Gerichtsbarkeit nicht eingreifen. Das deutsche Familiengericht kann daher einen Anspruch auf Teilhabe an der Hinterbliebenenversorgung bei einem ausländischen, zwischenstaatlichen oder überstaatlichen Versorgungsträger nicht regeln. In diesen Fällen richtet sich der Anspruch auf Teilhabe an der Hinterbliebenenversorgung gegen die Witwe oder den Witwer selbst nach § 26 Abs. 1 VersAusglG. Voraussetzung ist aber, dass der Versorgungsträger an die Witwe oder den Witwer eine Hinterbliebenenversorgung leistet.

i) Einzelheiten des Anspruchs bei ausländischen Anrechten

359 Die Einzelheiten des Anspruchs regelt § 26 Abs. 2 VersAusglG, in dem es die Vorschriften des § 25 Abs. 2-4 VersAusglG für entsprechend anwendbar erklärt (Rn 349-356).

j) Antragserfordernis

360 Zur Einleitung des Verfahrens beim Familiengericht bedarf es eines Antrags nach § 223 FamFG. Das Familiengericht entscheidet nicht von Amts wegen über die Teilhabe an der Hinterbliebenenversorgung.

4. Abänderung der Entscheidung über die Teilhabe an der Hinterbliebenenversorgung

361 Die Entscheidungen über die Teilhabe an der Hinterbliebenenversorgung nach §§ 25, 26 VersAusglG sind nach §§ 227 Abs. 1, 48 Abs. 1 FamFG abänderbar.

Die Abänderung erfolgt nur auf Antrag (§ 48 Abs. 1 S. 2 FamFG).

Nur wenn sich die zugrunde liegende Sach- und Rechtslage nachträglich wesentlich geändert hat, findet die Abänderung statt.[302]

362 Bei der Bewertung von Ausgleichsansprüchen nach der Scheidung nach den §§ 20 bis 26 VersAusglG ist stets zusätzlich die Regelung des § 53 VersAusglG (Teilentscheidung nach § 3 b Abs. 1 Nr. 1 VAHRG) zu beachten (Rn 252).

363 Ausgleichsansprüche nach der Scheidung nach den §§ 20-24 VersAusglG erlöschen nach § 31 Abs. 3 VersAusglG mit dem Tod des Ehegatten. Allerdings bleiben die Ansprüche auf Teilhabe an der Hinterbliebenenversorgung nach §§ 25 u. 26 VersAusglG grundsätzlich erhalten (§ 31 Abs. 3 S. 2 VersAusglG).

XVI. Rentnerprivileg/Pensionistenprivileg/Unterhaltsprivileg

1. Rentner-/Pensionistenprivileg

a) Alter Rechtszustand

364 War bei Wirksamwerden der Entscheidung über den Versorgungsausgleich (Rechtskraft) der Versorgungsfall bei der ausgleichspflichtigen Person bereits eingetreten, so fand eine Kürzung der Versorgungsbezüge in der gesetzlichen Rentenversicherung oder der Beamtenversorgung wegen des Versorgungsausgleichs erst dann statt, wenn der berechtigte Ehepartner (möglicherweise viele Jahre später) selbst in Rente oder Pension ging (§ 57 Abs. 1 S. 2 BeamtVG; § 101 Abs. 3 S. 1 SGB VI; § 55 c SoldVG). Im anderen

302 BT-Drucks. 16/10144, S. 98.

Fall (dem Normalfall) erfolgt die Kürzung der Rente oder der Pension zeitnah (§ 101 Abs. 4 SGB VI; § 57 Abs. 1 S. 1 BeamtVG) nach Rechtskraft der Entscheidung zum Versorgungsausgleich.

Das Problem trat sehr häufig bei Berufssoldaten auf, da diese gestaffelt nach Dienstgrad 365
meist zwischen 48 und 57 Jahren (beim Strahlflugzeugführer schon mit 41 Jahren) in Pension gingen. Die in der Regel etwas jüngere Ehefrau hatte dann noch viele Jahre bis zu ihrer Verrentung. In diesem Zeitraum (bis die Ehefrau Rente bezog) erhielt der Ehemann, trotz Durchführung des Versorgungsausgleichs im Scheidungsurteil, die ungekürzte Pension, wenn die zeitliche Reihenfolge Pensionierung – Rechtskraft der Entscheidung über den Versorgungsausgleich – eingehalten war.

b) Wegfall des Rentner-/Pensionistenprivilegs nach neuem Recht

aa) Neues Recht

Für Verfahren, die nach dem 1.9.2009 eingeleitet werden, sieht das neue Recht eine 366
entsprechende Vorschrift für ein Rentnerprivileg/Pensionistenprivileg nicht mehr vor.[303] Das Rentnerprivileg stellte eine Ausnahmevorschrift im Versorgungsausgleich dar, die verschiedentlich seit längerer Zeit kritisiert wurde. Es handelt sich um eine schwer zu rechtfertigende Belastung des Versorgungsträgers der ausgleichspflichtigen Person.[304] Das Rentnerprivileg/Pensionistenprivileg passt auch nicht mehr in das neue System des Versorgungsausgleichs, denn das neue Gesetz kennt keinen Einmalausgleich mehr. Dies könnte zu unterschiedlichen Folgen bei der ausgleichsberechtigten und der ausgleichspflichtigen Person führen.[305]

bb) Übergangsfälle

Nach § 268 a Abs. 2 SGB VI (nF)[306] findet das Rentnerprivileg weiterhin unter den fol- 367
genden Voraussetzungen in Übergangsfällen Anwendung:

(1) Die Rente wird vor dem 1.9.2009 bereits bezogen.

(2) Die Entscheidung zum Versorgungsausgleich wird aber erst nach dem 31.8.2009 368
wirksam.

(3) Das Verfahren zum Versorgungsausgleich wurde (nach altem Recht) bis zum 369
1.9.2009 eingeleitet. Das gilt selbstverständlich auch (überwiegend) in den Fällen, in denen vor dem 1.9.2009 ein Ehegatte den Scheidungsantrag eingereicht hat, weil nach altem Recht nach § 623 Abs. 1 ZPO der Versorgungsausgleich von Amts wegen einzuleiten war.[307]

Entsprechendes gilt für das Beamtenprivileg nach § 57 Abs. 1 S. 2 BeamtVG.[308]

303 BT-Drucks. 16/10144, S. 100.
304 BT-Drucks. 16/10111, S. 100.
305 BT-Drucks. 16/10144, S. 100.
306 BT-Drucks. 16/11903, S. 68, 122; BR-Drucks. 128/09, S. 136 = Art. 4 Nr. 15 VAStrRefG v. 3.4.2009, BGBl. I 716.
307 Borth, FamRZ 2009, 562.
308 BT-Drucks. 16/11903 (Beschlussempfehlung und Bericht des Rechtsausschusses), S. 72; 123.

c) Eintritt der Änderungen durch den Versorgungsausgleich in der gesetzlichen Rentenversicherung

370 Der Gesetzgeber hat § 101 Abs. 3 SGB VI (§ 101 Abs. 3, 3 a, 3 b SGB VI) neu gestaltet. Wenn bereits Rente bezogen wird, tritt die Änderung der Rente von dem Kalendermonat an ein, zu dessen Beginn der Versorgungsausgleich durchgeführt wurde. Damit tritt die Kürzung der Rente mit dem Eintritt der Rechtskraft der Versorgungsausgleichsentscheidung iSd § 224 Abs. 1 FamFG ein.[309] Die Rente der leistungsberechtigten Person (ausgleichspflichtigen Person im Versorgungsausgleich), kürzt der Versorgungsträger um die Abschläge, die sich aus der Entscheidung zum Versorgungsausgleich ergeben. Bei der ausgleichsberechtigten Person erfolgen entsprechend Zuschläge

371 Eine Kürzung kann nach neuem Recht in diesen Fällen ausnahmsweise unterbleiben, wenn eine Anpassung wegen Unterhalt nach § 33 VersAusglG erfolgt (Unterhaltsprivileg).

2. Unterhaltsprivileg

a) Alter Rechtszustand

372 Nach § 5 VAHRG unterblieb eine Kürzung der Versorgungsbezüge, wenn der Ausgleichsverpflichtete zugleich der ausgleichsberechtigten Person unterhaltspflichtig war oder, falls die Kürzung nicht erfolgen würde, gewesen wäre (temporäre Aussetzung der Kürzung des Versorgungsausgleichs). Der Anspruch der ausgleichsberechtigten Person beruhte auf einem Unterhaltsanspruch, der sich aus dem Gesetz ergab.[310] Ein vertraglicher Unterhaltsanspruch reichte nicht aus. Auf die Höhe des Unterhaltsanspruchs kam es nach altem Recht nicht an.[311] Die Regelung galt nur für das Rentensplitting nach § 1587 b Abs. 1 BGB, das Quasisplitting nach § 1587 b Abs. 2 BGB, das Supersplitting nach § 3 b Abs. 1 Nr. 1 VAHRG und für das analoge Quasisplitting nach § 1 Abs. 3 VAHRG, nicht aber für die Realteilung nach § 1 Abs. 2 VAHRG.

b) Unterhaltsprivileg nach neuem Recht

373 Die Reform des Versorgungsausgleichs regelt in § 33 VersAusglG das Unterhaltsprivileg neu (Fall 37 Rn 465). Es heißt nunmehr Anpassung wegen Unterhalt.

aa) Anpassungsfähige Anrechte

374 Nach Rechtskraft der Entscheidung zum Versorgungsausgleich sind Anpassungen nach § 32 VersAusglG nur noch für öffentlich-rechtliche Versorgungen der Grundversorgungssysteme vorgesehen, nämlich die gesetzliche Rentenversicherung einschließlich der Höherversicherung, die Beamtenversorgung oder einer anderen Versorgung, die zur Versicherungsfreiheit nach § 5 Abs. 1 SGB VI führt, berufsständische Versorgungen oder andere Versorgungen, die nach § 6 Abs. 1 Nr. 1 oder Nr. 2 SGB VI zu einer Befreiung von der Sozialversicherung führen können, die Alterssicherung der Landwirte und die Versorgungssysteme der Abgeordneten und der Regierungsmitglieder in Bund und in den Ländern. Das neue Gesetz sieht aufgrund seiner Struktur eine Realteilung

309 Borth, FamRZ 2009, 562; BT-Drucks. 16/10111, S. 100.
310 BVerwG, FamRZ 2005, 709.
311 BVerwG, FamRZ 1995, 929.

von Kapitalwerten bei Anrechten privater und betrieblicher Rentenversicherungsträger vor, so dass es einer Anpassung nach Rechtskraft nicht mehr bedarf.[312]

bb) Begrenzung der Aussetzung der Kürzung

Im Gegensatz zum bisherigen Recht kommt es nunmehr auf die Höhe des Unterhaltsanspruchs an. Die Kürzung der Versorgung der ausgleichspflichtigen Person erfolgt grundsätzlich nur in Höhe des Unterhaltsanspruchs nach § 33 Abs. 3 VersAusglG. Die Höhe des Unterhaltsanspruchs berechnet sich bei ungekürzter Versorgung.[313] 375

c) Die Regelung im Einzelnen

aa) Bezug einer gekürzten Versorgung der ausgleichspflichtigen Person

Wie bisher muss die ausgleichspflichtige Person bereits eine Versorgung beziehen, die um einen Anteil gemindert ist, der auf den Versorgungsausgleich zurückgeht.[314] 376

bb) Kein Versorgungsbezug der ausgleichsberechtigten Person

Die ausgleichsberechtigte Person bezieht noch keine laufende Versorgung und besitzt, wenn die Versorgung des ausgleichspflichtigen Ehegatten nicht gekürzt würde, einen nachehelichen Unterhaltsanspruch, der auf Gesetz beruht (§ 33 Abs. 1 VersAusglG).[315] 377

cc) Wertgrenze

Eine Anpassung erfolgt nach § 33 Abs. 2 VersAusglG nicht (Fall 40 Rn 468), wenn die Kürzung des Anrechts am Ende der Ehezeit unter einem Rentenbetrag von 2 % der Bezugsgröße nach § 18 Abs. 1 SGB IV liegt oder einen Kapitalwert von mindestens 240 % der Bezugsgröße nach § 18 Abs. 1 SGB IV nicht erreicht (im 1. Halbjahr 2009 50,40 EUR Rente / 6.048 EUR Kapitalwert). 378

§ 33 Abs. 2 VersAusglG dient der Vermeidung der Aussetzung der Kürzung (Kürzung = Ausgleichsbetrag im Versorgungsausgleich) von Anrechten mit einem geringen Wert.

dd) Höhe des Unterhaltsanspruchs

Nach § 33 Abs. 3 VersAusglG ist der Unterhaltsanspruch (Fall 38 Rn 466), der sich ohne die Kürzung des Anrechts durch den Versorgungsausgleich ergäbe, zu errechnen.[316] 379

ee) Höhe der Aussetzung der Kürzung

Die Kürzung des Anrechts (aufgrund des Versorgungsausgleichs) ist in Höhe des Unterhaltsanspruchs auszusetzen, höchstens jedoch in Höhe der Differenz der beiderseitigen Ausgleichswerte (Fall 39 Rn 467) aus denjenigen Anrechten (§ 32 VersAusglG), aus denen die ausgleichspflichtige Person eine laufende Versorgung bezieht (§ 33 Abs. 3 VersAusglG). 380

Die Begrenzung der temporären Aussetzung der Kürzung des Anrechts des Verpflichteten aufgrund des Versorgungsausgleichs (nur) in Höhe des Unterhaltsanspruchs dient einer gerechten Aufteilung, im Gegensatz zum bisherigen Recht. Für die ausgleichs- 381

312 HK-FamR/Hauß, Anh. zu §§ 1587 ff BGB, VersAusglG-E, Rn 87.
313 BT-Drucks. 16/10144, S. 72.
314 BT-Drucks. 16/10144, S. 72.
315 BT-Drucks. 16/10144, S. 72; HK-FamR/Hauß, Anh. zu §§ 1587 ff BGB, VersAusglG-E, Rn 88.
316 BT-Drucks. 16/10144, S. 72.

pflichtige Person ist es in Zukunft nicht mehr interessant, der ausgleichsberechtigten Person einen Unterhalt zu zahlen, der geringer ist, als der Kürzungsbetrag aufgrund des Versorgungsausgleichs.[317]

382 Eine zeitweise Aussetzung der Kürzung aufgrund des Versorgungsausgleichs unterbleibt, wenn die ausgleichspflichtige Person trotz der Aussetzung der Kürzung aufgrund des errechneten Unterhaltsbetrags nicht leistungsfähig ist.[318]

ff) Kürzung bei Bezug von mehreren Versorgungen

383 Erhält die ausgleichspflichtige Person Rentenleistungen aus mehreren Versorgungen, so kann das Gericht nach billigem Ermessen entscheiden, welche Kürzung es von welcher Versorgung aussetzt, oder ob es eine anteilsmäßige Kürzung vornimmt (§ 33 Abs. 4 VersAusglG).[319]

3. Verfahren

a) Antrag

384 Die Kürzung der laufenden Versorgung der ausgleichspflichtigen Person wird nur auf Antrag ausgesetzt (§ 33 Abs. 1 VersAusglG).

Antragsberechtigt sind sowohl die ausgleichspflichtige, als auch die ausgleichsberechtigte Person nach § 34 Abs. 2 S. 1 VersAusglG (bisher § 9 VAHRG). Eine Abänderung der Anpassung der Höhe nach kann auch vom Versorgungsträger verlangt werden (§ 34 Abs. 2 S. 2 VersAusglG). Das sind Fälle, bei denen sich die Einkommensverhältnisse der geschiedenen Eheleute ändern und zu einer geringeren Unterhaltsverpflichtung führen.[320]

b) Zuständigkeit

385 Zuständig ist, im Gegensatz zum bisherigen Recht, das Familiengericht (§ 34 Abs. 1 VersAusglG). Zu den Ausnahmen unten Rn 389.

c) Wirksamwerden der Anpassung

386 Die Anpassung wirkt ab dem ersten Tag des Monats, der auf den Monat der Antragstellung folgt (§ 34 Abs. 3 VersAusglG). Die Aussetzung der Kürzung wirkt anders als im alten Recht ex nunc.

Wenn der Erblasser den Antrag nach § 33 Abs. 1 VersAusglG gestellt hat, geht der Anspruch auf Anpassung nach § 34 Abs. 4 VersAusglG auf die Erben über.

d) Mitteilungspflichten

387 Wie bisher trifft die ausgleichspflichtige Person nach § 34 Abs. 5 VersAusglG die Verpflichtung, den Versorgungsträger, bei dem die Kürzung ausgesetzt ist, unverzüglich über den Wegfall oder Änderungen der Unterhaltszahlungen zu informieren, über den Bezug einer laufenden Versorgung aus einem anderen Anrecht nach § 32 VersAusglG,

317 BT-Drucks. 16/10144, S. 72.
318 BT-Drucks. 16/10144, S. 72.
319 BT-Drucks. 16/10144, S. 73.
320 BT-Drucks. 16/10144, S. 73

sowie über einen Rentenbezug, die Wiederheirat oder den Tod der ausgleichsberechtigten Person. Die Pflichtmitteilung von Änderungen der Unterhaltszahlungen ist deshalb wichtig, weil der Versorgungsträger auf diese Art und Weise prüfen kann, ob er einen Antrag auf Abänderung der Anpassung stellt, zB weil die Aussetzung der Versorgungskürzung zu verringern ist.[321]

Besonders ist auf die Verpflichtung der ausgleichspflichtigen Person hinzuweisen, ihren 388
Versorgungsträger über einen Rentenbezug der ausgleichsberechtigten Person zu informieren. In diesen Fällen entfällt die Berechtigung zur Aussetzung der Kürzung. Dem Versorgungsträger wird dies im Regelfall nicht bekannt sein.

Auch die Versorgungsträger sind einander nach § 4 Abs. 3 VersAusglG untereinander verpflichtet, Auskünfte zu erteilen, soweit sie sich auf die Durchführung der Anpassung auswirken,[322] etwa einen Rentenbezug der Ehegatten.

e) Zuständigkeit der Versorgungsträger

Liegen die Voraussetzungen nach § 34 Abs. 5 VersAusglG vor, so entscheidet in diesen 389
Fällen (ausnahmsweise) der Versorgungsträger und nicht das Familiengericht (§ 34 Abs. 6 S. 1 VersAusglG). Das betrifft die Fälle des vollständigen Wegfalls der Aussetzungsberechtigung, dh die Kürzung der Versorgung der ausgleichspflichtigen Person erfolgt wieder in vollem Umfang. Ist die Unterhaltslast (Verpflichtung) der ausgleichspflichtigen Person in vollem Umfang entfallen, so entfällt auch die Voraussetzung für die Anpassung (Aussetzung der Kürzung). Solche einfach gelagerten Fälle kann der Versorgungsträger selbst entscheiden. Nur für den Fall der Änderung der Unterhaltszahlungen ist das Familiengericht zuständig (§ 34 Abs. 6 S. 2 VersAusglG). Ist aber die Unterhaltsverpflichtung (Anspruch) neu zu ermitteln, so führt das im Regelfall zu komplizierteren Abläufen, vor allem Berechnungen. Die Folge ist auch eine Anpassung der Kürzung und nicht der vollständige Wegfall, was aber auch in den Fällen, in denen das Familiengericht bei der Änderung der Unterhaltszahlungen tätig wird, nicht ausgeschlossen ist.[323]

Die Zuständigkeit der Familiengerichte folgt in diesen Fällen aus ihrer besonderen Sachkompetenz bei Unterhaltsansprüchen und entlastet die Versorgungsträger.[324]

Anders als im bisherigen Recht besitzen die Hinterbliebenen kein Antragsrecht mehr nach § 34 Abs. 2 VersAusglG.[325]

XVII. Anpassung wegen Invalidität der ausgleichspflichtigen Person

1. Zweck und Inhalt der Regelung

Es handelt sich bei § 35 VersAusglG um eine völlig neue Vorschrift, die Auswirkungen 390
der Strukturreform im Bereich der Invaliditätsrenten abmildern will.[326] Sie ist sehr kompliziert. Als Schutzvorschrift ist sie für die ausgleichspflichtige Person von großer

321 BT-Drucks. 16/10144, S. 74.
322 BT-Drucks. 16/10144, S. 74.
323 BT-Drucks. 16/10144, S. 74.
324 BT-Drucks. 16/10144, S. 73.
325 BT-Drucks. 16/10144, S. 73.
326 BT-Drucks. 16/10144, S. 74.

Bedeutung. Ob sie aber in einer Vielzahl von Fällen zur Anwendung kommt, erscheint angesichts der komplizierten Regelung fraglich.

Für das zugrunde liegende Problem gibt die Begründung des Gesetzes folgendes

Beispiel:[327] Die ausgleichspflichtige Person hat 1.000 EUR (Ehezeitanteil) aus der gesetzlichen Rentenversicherung und 200 EUR (Ehezeitanteil) aus einer weiteren Regelversorgung (zB einer berufsständischen Versorgung), der andere Ehegatte hat 100 EUR (Ehezeitanteil) zB in der Beamtenversorgung erworben. Die ausgleichspflichtige Person erhält eine Erwerbsunfähigkeitsrente aus der gesetzlichen Rentenversicherung in Höhe von 500 EUR (1.000 EUR : 2) und aus der berufsständischen Versorgung von 100 EUR (200 EUR : 2). Aus dem Teil der Beamtenversorgung von 50 EUR (100 EUR : 2), die die ausgleichspflichtige Person von der ausgleichsberechtigten Person bekommt, kann sie keine Leistungen (Erwerbsunfähigkeitsrente) erhalten.

Nach bisherigem Recht hätte die ausgleichspflichtige Person einen Anspruch im Falle der Erwerbsunfähigkeit in Höhe von insgesamt 650 EUR nach Durchführung des Versorgungsausgleichs.

Ergebnis des Versorgungsausgleichs: ((1.000 EUR + 200 EUR./. 100 EUR) : 2) = 550 EUR (§ 1587 a Abs. 1 BGB).

Aus der gesetzlichen Rentenversicherung müsste sie an die ausgleichsberechtigte Person 450 EUR abgeben ((1.000 EUR./. 100 EUR) : 2 (§ 1587 b Abs. 1 BGB). Damit verbliebe ihr aus der gesetzlichen Rentenversicherung eine Erwerbsunfähigkeitsrente in Höhe von 550 EUR (1.000 EUR – 450 EUR).

Insgesamt Rente der ausgleichspflichtigen Person: 550 EUR + 100 EUR = 650 EUR

Die berufsständische Versorgung wäre um 100 EUR aus dem Versorgungsausgleich zu kürzen (200 EUR./. 100 EUR; Rest aus dem insgesamt auszugleichenden Betrag in Höhe von 550 EUR). Die ausgleichspflichtige Person würde aus der berufsständischen Versorgung also 100 EUR an Erwerbsminderungsrente (zusätzlich) erhalten.

Nach neuem Recht bezieht sie nach Durchführung des Versorgungsausgleichs 600 EUR an Erwerbsminderungsrente. Sie hat real 1.000 Euro (: 2 = 500 EUR) und 200 EUR (: 2 = 100 EUR) zu teilen. Danach verbleiben 600 EUR.

Die Differenz zwischen den Renten nach altem Recht und denen nach neuem Recht beträgt 50 EUR (650 EUR./. 600 EUR).

Diese Verschlechterung gegenüber dem bisherigen Recht möchte § 35 VersAusglG ausgleichen.[328]

2. Die Voraussetzungen im Einzelnen

391 a) Es liegt ein anpassungsfähiges Anrecht nach § 32 VersAusglG vor (Rn 374).

b) Die ausgleichspflichtige Person bezieht eine Rente wegen Invalidität (Erwerbsunfähigkeitsrente/§ 35 Abs. 1 VersAusglG).

c) Die ausgleichspflichtige Person kann nur aus ihren eigenen durch den Versorgungsausgleich gekürzten Anrechten Leistungen erhalten (§ 35 Abs. 1 VersAusglG).

d) Aus der von der ausgleichsberechtigten Person an sie übertragenem Teil der Anrechte kann sie keine Rente beziehen, zB, weil die Voraussetzungen für die Invaliditätsrente nicht erfüllt sind oder eine spezielle Altersgrenze noch nicht erreicht ist (§ 35 Abs. 1 VersAusglG).

327 BT-Drucks. 16/10144, S. 74.
328 BT-Drucks. 16/10144, S. 74/75.

d) Sind die Voraussetzungen a) bis c) erfüllt, so setzt der Versorgungsträger (nicht das Familiengericht) der ausgleichspflichtigen Person die Kürzung der Versorgung auf ihren Antrag aus.

3. Billigkeitsklausel

Bagatellanrechte sollen nach § 35 Abs. 2, der auf § 33 Abs. 2 VersAusglG verweist, von der Aussetzung der Kürzung ausgenommen sein. 392

4. Höhe der Kürzung

§ 35 Abs. 3 VersAusglG regelt die Höhe der Aussetzung der Kürzung. Die Aussetzung kann höchstens in Höhe des Ausgleichswertes aus den Anrechten (nach § 32 VersAusglG) ausgesetzt werden, aus denen die ausgleichspflichtige Person (also die Person, die Invaliditätsrente bezieht) keine Leistung erhalten kann.[329] 393

5. Verhältnismäßige Aufteilung

Bezieht die ausgleichspflichtige Person mehrere Versorgungen der Regelalterssysteme nach § 32 VersAusglG, so erfolgt eine anteilsmäßige Aufteilung der Aussetzung der Kürzung nach § 35 Abs. 4 VersAusglG.[330] 394

Beim Beispiel[331] oben erfolgt die Aussetzung der Kürzung in Höhe von 41,67 EUR bei der gesetzlichen Rentenversicherung und in Höhe von 8,33 EUR bei der berufsständischen Versorgung. Die ungekürzten Versorgungen der ausgleichspflichtigen Person stehen in einem Verhältnis von 5 : 1 (1.000 EUR : 200 EUR). Um die Berechnung nach § 35 VersAusglG durchführen zu können, bedarf der Versorgungsträger, der die Aussetzung der Kürzung vornimmt, umfangreicher Informationen. Diese kann er von der ausgleichspflichtigen Person erhalten. Auch in diesem Zusammenhang ist auf die umfängliche Auskunftsverpflichtung der Versorgungsträger untereinander nach § 4 Abs. 3 VersAusglG hinzuweisen.

6. Durchführung der Anpassung wegen Invalidität der ausgleichspflichtigen Person oder eine für sie geltenden besonderen Altersgrenze

§ 36 VersAusglG regelt das Verfahren. 395

a) Antrag

Es bedarf eines Antrags der ausgleichspflichtigen Person nach §§ 35 Abs. 1, 36 Abs. 2 VersAusglG. 396

b) Zuständigkeit

Über die Anpassung, deren Abänderung und Aufhebung entscheidet der Versorgungsträger, bei dem das aufgrund des Versorgungsausgleichs gekürzte Anrecht besteht, also nicht das Familiengericht (§ 36 Abs. 1 VersAusglG). 397

329 BT-Drucks. 16/10144, S. 75.
330 BT-Drucks. 16/10144, S. 75.
331 BT-Drucks. 16/10144, S. 75.

c) Wirsamwerden der Entscheidung

398 Den Wirkungseintritt der Entscheidung über die Aussetzung der Kürzung regelt § 36 Abs. 3 VersAusglG unter Verweis auf § 34 Abs. 3 u. Abs. 4 VersAusglG. Die Anpassung wirkt ab dem ersten Tag des Monats, der auf den Monat der Antragstellung folgt.

d) Informationspflichten

399 § 36 Abs. 4 VersAusglG legt der ausgleichspflichtigen Person eine Informationspflicht gegenüber dem Träger der Versorgung, der die Aussetzung der Kürzung vorgenommen hat, auf. Das ist der Fall, wenn die ausgleichspflichtige Person Anrechte auf Leistung (Rente) bezieht, und zwar aus einem Anrecht, das sie im Versorgungsausgleich von der ausgleichsberechtigten Person erworben hat.

Auch hier wiederum kann die Auskunftsverpflichtung der Versorgungsträger untereinander nach § 4 Abs. 3 VersAusglG eine Rolle spielen.

XVIII. Anpassung wegen Tod der ausgleichsberechtigten Person

1. Alter Rechtszustand

400 Die Regelungen der §§ 4-8 VAHRG gehen auf eine Entscheidung des Bundesverfassungsgerichts[332] zurück. Stirbt der Berechtigte, bevor er Leistungen aus dem Versorgungsausgleich bezieht oder hat er vor seinem Tod nur geringe Leistungen bezogen, so wurde der Versorgungsausgleich nach §§ 4, 7, 8 VAHRG vollständig oder teilweise rückgängig gemacht, dh die Kürzungen, die beim Ausgleichsverpflichteten aufgrund des Versorgungsausgleichs eingetreten waren, entfielen (vollständig oder teilweise).

2. Neues Recht

401 Die Regelungen der §§ 37, 38 VersAusglG stellen keine grundlegende Änderung gegenüber dem alten Recht dar. Anders als nach altem Recht, scheidet eine Rückgängigmachung der Kürzung aus, wenn sie sich nur zu Gunsten der Hinterbliebenen auswirken würde.[333]

3. Die Regelungen im Einzelnen

a) Drei Fallgestaltungen

402 § 37 Abs. 1 u. Abs. 2 VersAusglG regelt drei Fallgestaltungen, aber nur bei Anrechten nach § 32 VersAusglG (Rn 374).

aa) Wegfall der Kürzung bei Tod der ausgleisberechtigten Person

403 Ist die ausgleichsberechtigte Person gestorben und hat sie aus dem im Versorgungsausgleich erworbenen Anrecht **nicht länger als 36 Monate** eine Versorgung bezogen, so wird das Anrecht der ausgleichspflichtigen Person auf **Antrag** nicht länger gekürzt (§ 37 Abs. 1 S. 1 iVm § 37 Abs. 2 VersAusglG).[334]

332 FamRZ 1980, 326.
333 BT-Drucks. 16/10144, S. 75.
334 BT-Drucks. 16/10144, S. 76.

Es kommt allein darauf an, ob die ausgleichsberechtigte Person Leistungen bezogen hat.[335]

bb) Rückabwicklung von Zahlungen der ausgleichspflichtigen Person zur Vermeidung der Kürzung

Der ausgleichspflichtigen Person ist es nach neuem Recht (wie nach altem Recht) möglich, die Kürzung der eigenen Anrechte, die durch die Übertragung oder Begründung an die ausgleichsberechtigte Person im Versorgungsausgleich entstanden ist, durch Zahlungen wieder aufzufüllen.[336] Dies sehen (und sahen) vor allem § 187 SGB VI und § 58 BeamtVG vor.[337] Wird die Kürzung bei der ausgleichspflichtigen Person, die durch den Versorgungsausgleich bei einem seiner Anrechte entstanden ist, rückgängig gemacht, so sind die Zahlungen (falls solche erfolgten) zur Abwendung der Kürzung rückabzuwickeln (§ 37 Abs. 1 S. 2 VersAusglG). Gewährte Leistungen an den Berechtigten sind zu berücksichtigen. 404

cc) Rückabwicklung von Zahlungen der ausgleichspflichtigen Person zur Begründung von Anrechten der ausgleichsberechtigten Person

Hat die ausgleichspflichtige Person für die ausgleichsberechtigte Person zur Begründung von Anrechten Beiträge geleistet, zB nach § 3 b Abs. 1 Nr. 2 VAHRG Kapitalbeträge in die gesetzliche Rentenversicherung, so sind diese Leistungen an die ausgleichspflichtige Person zurückzuzahlen (§ 37 Abs. 1 S. 2 VersAusglG). Dies war nur nach dem bislang geltenden Recht möglich. Der neu strukturierte Versorgungsausgleich kennt einen Ausgleich durch Beitragszahlung der ausgleichspflichtigen Person nicht mehr (Stichwort: Realteilung jeden Anrechts).[338] 405

Gewährte Leistungen an den Berechtigten sind zu berücksichtigen.

b) Erlöschen der Gegenrechte aus dem Versorgungsausgleich

Soweit der Versorgungsträger nach § 37 Abs. 1 u. Abs. 2 VersAusglG die Kürzung der Anrechte der ausgleichspflichtigen Person aufgrund des Versorgungsausgleichs rückgängig macht, erlöschen die Anrechte, die die ausgleichsverpflichtete Person von der ausgleichsberechtigten Person erworben hat (§ 37 Abs. 3 VersAusglG). Dies gilt aber nur für die öffentlich-rechtliche Versorgungen der Grundversorgungssysteme nach § 32 VersAusglG. Die ausgleichspflichtige Person hat gleichzeitig nach der Neustrukturierung des Versorgungsausgleichs meist Anrechte von der verstorbenen ausgleichsberechtigten Person erhalten. Die Folge wäre, dass zwar die Kürzung der Anrechte aufgrund des Versorgungsausgleichs bei der ausgleichspflichtigen Person entfallen würde, sie aber die Anrechte, die ihr von der ausgleichsberechtigten Person im Rahmen des Versorgungsausgleichs übertragen wurden, behalten würde. Um diese ungerechtfertigte Besserstellung zu vermeiden, ordnet § 37 Abs. 3 VersAusglG das Erlöschen der übertragenen Anrechte aus den Versorgungen der verstorbenen ausgleichsberechtigten Per- 406

335 BT-Drucks. 16/10144, S. 76.
336 Vgl § 187 SGB VI nF BGBl. I S. 715; § 58 BeamtVG nF BGBl. I S. 717.
337 BT-Drucks. 16/10144, S. 76.
338 BT-Drucks. 16/10144, S. 76.

son mit dem Wirksamwerden der Anpassung (§ 38 Abs. 2, § 34 Abs. 3 VersAusglG) an.[339]

c) Durchführung der Anpassung wegen Tod der ausgleichsberechtigten Person

407 § 38 VersAusglG regelt das Verfahren für die Anpassung wegen Todes der ausgleichsberechtigten Person.

aa) Die Anpassung erfolgt auf Antrag (§ 37 Abs. 1 S. 1 VersAusglG).

Antragsberechtigt ist nur die ausgleichspflichtige Person (§ 38 Abs. 1 S. 2 VersAusglG). Die Hinterbliebenen sind im Gegensatz zu § 9 Abs. 2 VAHRG nicht mehr antragsberechtigt.[340]

bb) Zuständig ist der **Versorgungsträger,** nicht das Familiengericht (§ 38 Abs. 1 S. 1 VersAusglG).

cc) Die Anpassung wirkt ab dem ersten Tag des Monats, der auf den Monat der Antragstellung folgt (§ 38 Abs. 2 iVm § 34 Abs. 3 VersAusglG). Der Zeitpunkt, ab dem die Anpassung wirkt, entspricht den anderen Anpassungsfällen. Die Wirkung tritt ex nunc ein, was die Versorgungsträger vor weiteren Rückabwicklungen schützt.[341]

dd) § 38 Abs. 2 VersAusglG iVm § 34 Abs. 4 VersAusglG regelt die Vererblichkeit des Anpassungsrechtes.

d) Umfängliche Informationspflichten

408 § 38 Abs. 3 VersAusglG sieht umfängliche Informationspflichten der Beteiligten vor.

aa) Die ausgleichspflichtige Person trifft die Pflicht, die anderen Versorgungsträger, bei denen sie selbst Anrechte der verstorbenen ausgleichsberechtigten Person aufgrund des Versorgungsausgleichs erworben hat, unverzüglich über die Antragstellung zu unterrichten. Aufgrund dieser Information können die Versorgungsträger der verstorbenen ausgleichsberechtigten Person ihre Leistungen rechtzeitig an die ausgleichspflichtige Person einstellen.[342]

409 bb) Aber auch der Versorgungsträger, bei dem der Antrag auf Anpassung gestellt wurde, ist verpflichtet, die anderen Versorgungsträger über den Eingang des Antrags und seine Entscheidung zu unterrichten (§ 38 Abs. 3 S. 2 VersAusglG). Damit der Versorgungsträger seinerseits die Informationspflichten erfüllen kann, wird er von der ausgleichspflichtigen Person zahlreiche Nachweise verlangen. Hierzu gehört der Nachweis, dass die ausgleichspflichtige Person ihre Verpflichtung nach Abs. 3 S. 1 erfüllt hat, ferner die Vorlage einer Sterbeurkunde der ausgleichsberechtigten Person, eine Kopie des Scheidungsurteils, Nachweise (eventuell aufgrund des Scheidungsurteils) sämtlicher beteiligter Versorgungsträger.[343]

339 BT-Drucks. 16/10144, S. 76.
340 BT-Drucks. 16/10144, S. 76.
341 BT-Drucks. 16/10166, S. 76.
342 Vgl § 37 Abs. 3 VersAusglG; BT-Drucks. 16/10144, S. 76.
343 BT-Drucks. 16/10144, S. 76/77.

XIX. Ergänzende Vorschriften

In den §§ 28 bis 31 VersAusglG finden sich im neuen Gesetz ergänzende Vorschriften, die eher von untergeordneter Bedeutung sind. 410

§ 28 VersAusglG regelt den Ausgleich eines Anrechts der Privatvorsorge wegen Invalidität. Es handelt sich um private Berufsunfähigkeitsversicherungen bzw private Berufsunfähigkeits-Zusatzversicherungen.[344]

§ 29 VersAusglG enthält ein Zahlungsverbot für die Versorgungsträger bis zum Abschluss des Verfahrens und § 30 VersAusglG dient dem Schutz der Versorgungsträger vor Doppelzahlungen.[345] 411

§ 31 VersAusglG hat den nicht allzu häufigen Fall zum Gegenstand, dass ein Ehegatte vor Rechtskraft der Entscheidung zum Versorgungsausgleich, aber nach Rechtskraft der Ehescheidung stirbt.[346]

Die Regelungen im Einzelnen:

1. Private Berufsunfähigkeitsversicherungen

Für den Ausgleich von privaten Berufsunfähigkeitsversicherungen und Berufsunfähigkeits-Zusatzversicherungen sind die folgenden Voraussetzungen nach § 28 VersAusglG maßgeblich: 412

- Der Versicherungsfall ist während der Ehezeit eingetreten. Wurde eine Leistung aus der Versicherung wegen des Risikos der Invalidität während der Ehezeit nicht gewährt (also befand sich das Anrecht noch in der Anwartschaftsphase), scheidet ein Ausgleich nach § 28 VersAusglG aus.[347]
- Die **ausgleichspflichtige** Person bezieht eine Rente (Leistung) aus der privaten Invaliditätsversicherung bei Ende der Ehezeit.
- Gleichzeitig muss aber auch die **ausgleichsberechtigte** Person selbst eine Invaliditätsrente beziehen oder aber die gesundheitlichen Voraussetzungen dafür erfüllen.[348]

§ 28 Abs. 2 VersAusglG fingiert, dass das Anrecht in vollem Umfang in der Ehezeit erworben wurde. Dies hängt mit der besonderen Struktur der Invaliditätsversicherung (Berufsunfähigkeitsversicherung) zusammen.[349] 413

Der Ausgleich erfolgt nach § 28 Abs. 3 VersAusglG im Wege schuldrechtlicher Ausgleichszahlungen (des schuldrechtlichen Versorgungsausgleichs) nach den §§ 20-22 VersAusglG.[350] Die Einzelheiten des Ausgleichs richten sich nach den Regeln des schuldrechtlichen Versorgungsausgleichs (Rn 302). Eine interne Teilung hat der Gesetzgeber abgelehnt.[351] 414

344 BT-Drucks. 16/10144, S. 69; zur bisherigen Rechtsprechung BGH, FamRZ 2005, 1530.
345 BT-Drucks. 16/10144, S. 70.
346 BT-Drucks. 16/10144, S. 70.
347 BT-Drucks. 16/10144, S. 69.
348 BT-Drucks. 16/10144, S. 69.
349 BT-Drucks. 16/10144, S. 69.
350 Zu den Gründen im Einzelnen BT-Drucks. 16/10144, S. 69.
351 BT-Drucks. 16/10144, S. 70.

Eines **Antrags** nach § 223 Abs. 1 FamFG **bedarf** es in diesen Fällen **nicht**. Das Verfahren ist vielmehr durch das Familiengericht von Amts wegen durchzuführen.[352]

2. Leistungsverbot bis zum Abschluss des Verfahrens

415 § 29 VersAusglG regelt, wie bisher, ein Leistungsverbot für die Versorgungsträger bis zum Abschluss des Verfahrens über den Versorgungsausgleich. Der Träger darf in diesem Zeitraum an die ausgleichspflichtige Person keine Leistungen erbringen, die sich auf die Höhe des Ausgleichswerts auswirken können. Eine grundlegende Änderung gegenüber dem bisherigen Recht nach § 10 d VAHRG liegt nicht vor.[353]

3. Schutz der Versorgungsträger vor Doppelzahlungen

416 Die Vorschrift regelt den Schutz der Versorgungsträger in Anlehnung an das bisher geltenden Recht. Sie führt die Vorschriften des § 1587 p BGB, § 3 a Abs. 7 VAHRG und § 10 a Abs. 7 VAHRG zusammen. Von der Erläuterung der Einzelheiten wird abgesehen.[354]

4. Tod eines Ehegatten

a) Altes Recht

417 Die Fälle, in denen der Berechtigte zwischen Rechtskraft der Scheidung und der rechtskräftigen Entscheidung über den Versorgungsausgleich stirbt, regelte bisher § 1587 e Abs. 2 BGB. Mit dem Tod des Berechtigten erlosch der Ausgleichsanspruch, nicht aber mit dem Tod des Verpflichteten nach § 1587 e Abs. 4 BGB.[355]

418 Der Tod des Verpflichteten, ebenso wie des Berechtigten nach Rechtskraft der Entscheidung zum Versorgungsausgleich, hatte keinen Einfluss auf die rechtsgestaltende Wirkung der Entscheidung zum Versorgungsausgleich. Die Wirkungen des Versorgungsausgleichs blieben erhalten.[356]

Starb der Berechtigte, wie der Verpflichtete, vor Rechtskraft der Scheidung, so entstand der Anspruch auf Versorgungsausgleich nicht mehr. Es trat Erledigung in der Hauptsache nach § 619 ZPO (jetzt § 131 FamFG) ein.[357]

419 Im schuldrechtlichen Versorgungsausgleich (Ausgleichsansprüche nach der Scheidung) erlosch nach § 1587 k Abs. 2 S. 1 BGB, § 3 a Abs. 6 VAHRG der Anspruch des Berechtigten im Fall seines Todes. Für die ausgleichspflichtige Person fehlte eine Regelung. Die Rechtsfolge, wie sie das Gesetz beim Berechtigten anordnete, leitete die Rechtsprechung durch Auslegung des alten Rechts her.[358] Mit dem Tod des Verpflichteten erlosch der Anspruch des Berechtigten auf Versorgungsausgleich.

352 BT-Drucks. 16/10144, S. 69.
353 BT-Drucks. 16/10144, S. 70.
354 Zu den Einzelheiten siehe BT-Drucks. 16/10144, S. 70.
355 Hoppenz/Triebs, Familienrecht, § 1587 e BGB Rn 12.
356 Hoppenz/Triebs, Familienrecht, § 1587 e BGB Rn 14.
357 BGH, FamRZ 1981, 245; Hoppenz/Triebs, Familienrecht, § 1587 e BGB Rn 13.
358 BGH, FamRZ 1989, 950.

b) Neues Recht

Die Neuregelung übernimmt in § 31 VersAusglG wesentliche Elemente des alten Rechts 420
und regelt ausdrücklich auch im Gesetz bei **Ausgleichsansprüchen nach der Scheidung** (§§ 20 ff VersAusglG) das Erlöschen des Anspruchs, wenn ein Ehegatte stirbt.

Stirbt der Ehegatte **vor Rechtskraft der Scheidung**, so gilt das Verfahren als in der 421
Hauptsache nach § 131 FamFG erledigt. Nach altem (§ 619 ZPO), wie nach neuem Recht bedarf es insofern keiner gesetzlichen Regelung, da es zu einer Entscheidung über den Versorgungsausgleich nicht kommt.

Stirbt einer der Ehegatten **nach Rechtskraft der Entscheidung** im **öffentlich-rechtlichen Versorgungsausgleich** (§§ 9-19 VersAusglG), so hat dies, nachdem die Teilung der Anrechte beider Ehegatten rechtsgestaltend und rechtskräftig durchgeführt ist, keinen Einfluss auf den Versorgungsausgleich. Die Versorgungsschicksale der Ehegatten sind endgültig getrennt.

§ 31 VersAusglG regelt in Abs. 1 u. Abs. 2 den Fall, dass ein Ehegatte **nach Rechtskraft der Scheidung**, aber **vor Rechtskraft der Entscheidung über den Wertausgleich** nach den §§ 9-19 VersAusglG (öffentlich-rechtlicher Versorgungsausgleich) stirbt.

c) Die Regelung im Einzelnen

aa) Stirbt ein Ehegatte nach Rechtskraft der Scheidung, aber vor Rechtskraft der Ent- 422
scheidung über den Wertausgleich nach den §§ 9-19 VersAusglG (öffentlich-rechtlicher Versorgungsausgleich), so erlischt der Anspruch des überlebenden Ehegatten auf Wertausgleich nicht. Der Anspruch ist vom überlebenden Ehegatten nunmehr gegen die Erben nach § 31 Abs. 1 VersAusglG zu richten, wobei die Erben selbst kein Recht auf Wertausgleich besitzen.[359]

bb) Dieser Anspruch unterliegt für den überlebenden Ehegatten aber nach § 31 Abs. 2 423
VersAusglG Beschränkungen. Der überlebende Ehegatte darf durch den Wertausgleich nicht besser gestellt werden, als wenn der Versorgungsausgleich durchgeführt worden wäre. Die Vorschrift ist wenig anwenderfreundlich, da sie einen umfangreichen Wertvergleich erfordert.[360] Zu vergleichen sind die gesamten Anrechte des überlebenden Ehegatten, die in den Wertausgleich einzubeziehen wären mit der Höhe der Anrechte, die er nach durchgeführtem Wertausgleich bei der Scheidung gehabt hätte. Der überlebende Ehegatte braucht wegen des Todes des anderen Ehegatten keine seiner Anrechte abgeben, da die Erben nach § 31 Abs. 1 S. 2 VersAusglG kein Recht auf Wertausgleich besitzen. Nur wenn die Summe der eigenen Anrechte des überlebenden Ehegatten geringer ist als diejenige Summe, die der überlebende Ehegatte nach durchgeführtem Versorgungsausgleich gehabt hätte, ist der Versorgungsausgleich in Höhe der Differenz durchzuführen.[361] Reicht ein Anrecht des verstorbenen Ehegatten für die Teilung nicht aus, so zieht das Familiengericht mehrere Anrechte zum Wertausgleich heran, wobei das Gericht ein Auswahlermessen nach § 31 Abs. 2 S. 2 VersAusglG besitzt. Zeigt sich aber bei dem Wertevergleich der Anrechte, dass der überlebende Ehegatte höhere eigene

359 BT-Drucks. 16/10144, S. 70.
360 BT-Drucks. 16/10144, S. 71.
361 BT-Drucks. 16/10144, S. 71.

Anrechte als der verstorbene Ehegatte besitzt, findet ein Wertausgleich nicht statt.[362] Die Regelung des § 31 Abs. 2 VersAusglG ist die Folge der Strukturreform, wonach jedes Anrecht jedes Ehegatten, bezogen auf die Ehezeit, geteilt wird (§ 10 Abs. 1 VersAusglG).

Beispiel:[363] Fall 1:

Der überlebende Ehegatte (E 1) besitzt ein Anrecht A 1 mit einem Ausgleichswert, ausgedrückt in einem Kapitalwert (§ 47 VersAusglG) mit 15.000 EUR, während der verstorbene Ehegatte (E 2) ein Anrecht B 1 mit einem Ausgleichswert, ausgedrückt in einem Kapitalwert (§ 47 VersAusglG) in Höhe von 12.000 EUR und einem weiteren Anrecht B 2 mit einem Ausgleichswert in Höhe von 4.000 EUR (als Kapitalwert) besitzt.

Das Familiengericht müsste im Wege der internen Teilung (§ 10 Abs. 1 VersAusglG) in der Versorgung des E 1 für den E 2 15.000 EUR übertragen, während es für E 1 zu Lasten des Anrechts B 1 des E 2 in der Versorgung des E 2 bei B 1 12.000 EUR und in gleicher Weise 4.000 EUR für E 1 zu Lasten des E 2 in der Versorgung des E 2 bei B 2 übertragen würde.

Damit verliert E 1 insgesamt 15.000 EUR und erhält in der Summe 16.000 EUR von E 2, während E 2 wertmäßig insgesamt 16.000 EUR verliert und 15.000 EUR von E 1 erhält. Damit hätte sich der Wertausgleich zugunsten E 1 insgesamt mit 1.000 EUR ausgewirkt (16.000 EUR./. 15.000 EUR).

Nach § 31 Abs. 2 S. 1 VersAusglG ist daher der Wertausgleich nach dem Tod des E 2 in Höhe von 1.000 EUR durchzuführen, wobei das Familiengericht nach seinem Ermessen (§ 31 Abs. 2 S. 2 VersAusglG) entweder das Anrecht B 1 oder das Anrecht B 2 des E 2 heranziehen kann.

Fall 2:

Der überlebende Ehegatte (E 1) besitzt ein Anrecht A 1 mit einem Ausgleichswert in Form eines Kapitalwerts in Höhe von 20.000 EUR, während der verstorbene Ehegatte (E 2) ein Anrecht B 1 mit einem Ausgleichswert in Form eines Kapitalwerts von 10.000 EUR und ein Anrecht B 2 mit einem Ausgleichswert von 3.000 EUR in Form eines Kapitalwerts besitzt.

Das Familiengericht hätte den Wertausgleich durch interne Teilung (§ 10 Abs. 1 VersAusglG) vorgenommen, indem es 20.000 EUR zu Lasten des Anrechts A 1 des E 1 für den E 2 in der Versorgung des E1 übertragen hätte, und für E 1 zu Lasten des Anrechts B 1 des E 2 10.000 EUR und in der Versorgung B 2 zu Lasten des E 2 für E 1 3.000 EUR übertragen hätte.

In der Summe hätte E 1 wirtschaftlich gesehen Werte in Höhe von 13.000 EUR von E 2 erhalten und in Höhe von 20.000 EUR an E 2 verloren. E 1 hätte einen Verlust in Höhe von insgesamt 7.000 EUR hinnehmen müssen. Nachdem E 1 aber, da die Erben des E 2 keinen Anspruch auf Wertausgleich gegen E 1 haben, die 20.000 EUR verbleiben, also er wirtschaftlich gesehen, keinen Verlust hinnehmen muss, ist ein Wertausgleich nicht durchzuführen.

d) Tod des Ehegatten nach der Scheidung im Hinblick auf Ausgleichsansprüche nach der Scheidung (schuldrechtlicher VA)

424 aa) Nach § 31 Abs. 3 S. 1 VersAusglG erlöschen Ausgleichsansprüche nach der Scheidung nach §§ 20-24 VersAusglG mit dem Tod eines Ehegatten. Dies gilt sowohl für den ausgleichsberechtigten, als auch den ausgleichspflichtigen Ehegatten.[364] Die Ausgleichspflicht geht mit dem Tod der ausgleichspflichtigen Person nicht auf die Erben als Nachlassverbindlichkeit über.

425 bb) Folgerichtig bestehen nach § 31 Abs. 3 S. 2 VersAusglG die Ansprüche auf Teilhabe an der Hinterbliebenenversorgung nach den §§ 25 u. 26 VersAusglG auch bei Tod eines Ehegatten fort. Der Anspruch auf Teilhabe an der Hinterbliebenenversorgung tritt an

362 BT-Drucks. 16/10144, S. 71.
363 BT-Drucks. 16/10144, S. 71.
364 BT-Drucks. 16/10144, S. 71.

die Stelle des erloschenen Anspruchs auf die schuldrechtliche Ausgleichsrente.[365] Der überlebende Ehegatte kann, soweit ein noch nicht ausgeglichenes Anrecht des verstorbenen Ehegatten besteht und die weiteren Voraussetzungen nach den §§ 25, 26 VersAusglG vorliegen, gegen den Versorgungsträger oder die Witwe oder den Witwer der ausgleichspflichtigen Person den Anspruch auf Teilhabe an der Hinterbliebenenversorgung geltend machen.[366]

e) Anspruch auf Erfüllung oder Schadensersatz wegen Nichterfüllung

In den in der Praxis eher seltenen Fällen erlischt der Anspruch auf Ausgleichsansprüche nach der Scheidung im Fall des Todes des Ehegatten nicht, wenn Ansprüche auf Erfüllung oder Schadensersatz wegen Nichterfüllung für die Vergangenheit nach § 31 Abs. 2 S. 3 VersAusglG iVm § 1586 Abs. 2 S. 1 BGB bestehen. Die Regelung gilt für beide Ehegatten.[367] 426

XX. Änderungen in anderen Gesetzen

Die völlige Neustrukturierung des Versorgungsausgleichs in Verbindung mit den Verfahrensvorschriften nach dem FamFG zieht zahlreiche Änderungen in den einschlägigen Gesetzen nach sich.[368] 427

Hervorgehoben sei die völlige Neuregelung der internen Teilung (Realteilung) von beamtenversorgungsrechtlichen Ansprüchen von Bundesbeamtinnen und Bundesbeamten im Versorgungsausgleich (Bundesversorgungsteilungsgesetz-BVersTG), mit dem die interne Teilung der Versorgungsanrechte von Bundesbeamten eingeführt wird.[369] Die Länder haben bisher entsprechende Reglungen nicht erlassen. 428

365 BT-Drucks. 16/10144, S. 71.
366 BT-Drucks. 16/10144, S. 71.
367 BT-Drucks. 16/10144, S. 71.
368 BGBl. I S. 712 ff.
369 BGBl. I S. 716 f.

Teil B
Fälle und Lösungen

Fall 1: Ausgleich gesetzliche Rentenversicherung/betriebliche Altersversorgung

429 Die gesetzliche Rentenversicherung teilt dem Familiengericht folgende Auskünfte nach dem 1.9.2009 mit:

Der Ausgleichswert für den M beträgt 1,9 Entgeltpunkte und für die F 1,142 Entgeltpunkte.

Zusätzlich teilt der Träger der betrieblichen Altersversorgung der FA MAN für M einen Ausgleichswert als Rentenwert von 55 EUR monatlich mit.

Wie wird das Familiengericht entscheiden?

Lösung Fall 1:

Die Auskunft der gesetzlichen Rentenversicherung enthält bei M und F den auf die Ehezeit entfallenden Ausgleichswert (das ist die Hälfte der erworbenen Anwartschaft während der Ehezeit) in Entgeltpunkten nach § 5 Abs. 1, 3 VersAusglG, und zwar nach der unmittelbaren Bewertungsmethode nach §§ 39 Abs. 2 Nr. 1, 43 Abs. 1 VersAusglG. Dabei teilt der Versicherungsträger zusätzlich zu den Werten eine übersichtliche und nachvollziehbare Berechnung nach § 220 Abs. 4 FamFG mit, wobei nach § 5 Abs. 1 VersAusglG zunächst über den Ehezeitanteil Auskunft zu erteilen ist. Auf jeden Fall wird aufgrund der nachvollziehbaren Berechnung der Ehezeitanteil (also nicht die Hälfte des Ehezeitanteils wie nach Abs. 3) nach Abs. 1 aus der Auskunft klar hervorgehen müssen. Die Hälfte des Wertes des Ehezeitanteils bezeichnet das Gesetz als Ausgleichswert (§ 1 Abs. 2 VersAusglG).

Der Träger der betrieblichen Altersversorgung wird einen Rentenbetrag unter Zugrundelegung der zeitratierlichen Berechnung des Ehezeitanteils als Rentenbetrag mitteilen (§§ 40, 45 VersAusglG), wobei er auch hier wieder den Ehezeitanteil und den Ausgleichswert, letzteres ist die Hälfte des Ehezeitanteils, mitteilen wird (§ 5 Abs. 1, 3 VersAusglG iVm § 220 Abs. 4 FamFG).

Die Träger sowohl der gesetzlichen Rentenversicherung als auch der betrieblichen Altersversorgung werden gleichzeitig über den korrespondierenden Kapitalwert der jeweiligen Anrechte Auskunft erteilen (§ 5 Abs. 3 iVm § 47 VersAusglG) (hier vernachlässigt).

Es erfolgt keine Vergleichbarmachung (Dynamisierung mit der Barwertverordnung und den weiteren Umwertungsvorschriften) mit der gesetzlichen Rentenversicherung und der Beamtenversorgung (§ 1587a Abs. 3, 4 BGB iVm der BarwertVO).

Es erfolgt keine Saldierung der Anwartschaften bei den Ehegatten (§ 1587a Abs. 1 BGB). Es erfolgt kein Einmalausgleich (§ 1587b Abs. 3 Hs 1 BGB).

Der Ausgleich erfolgt nach den Grundsätzen der internen Teilung nach § 10 VersAusglG.

Das Familiengericht überträgt für die F zu Lasten des Anrechts des M in der gesetzlichen Rentenversicherung 1,9 Entgeltpunkte in der gesetzlichen Rentenversicherung des M.

Umgekehrt überträgt das Familiengericht für den ausgleichsberechtigten M zu Lasten des Anrechts aus der gesetzlichen Rentenversicherung der ausgleichspflichtigen F 1,142 Entgeltpunkte in der gesetzlichen Rentenversicherung der F.

Nachdem das Familiengericht für beide Ehegatten Anrechte gleicher Art bei demselben Versorgungsträger ausgeglichen hat, vollzieht der **Versorgungsträger** den Ausgleich nur in Höhe des Wertunterschieds nach Verrechnung (§ 10 Abs. 2 VersAusglG), das sind also 0,758 Entgeltpunkte für die F (1,9./. 1,142).

Die Anforderungen an die interne Teilung nach § 11 VersAusglG sind bei der gesetzlichen Rentenversicherung ohne weiteres erfüllt.

Bezüglich der betrieblichen Altersversorgung überträgt das Familiengericht zu Lasten der betrieblichen Altersversorgung des M bei der Fa. MAN. 55 EUR monatlich zugunsten der F in der betrieblichen Altersversorgung der Fa. MAN. (beim Versorgungsträger der betrieblichen Altersversorgung) des M.

Die F hat mit dem Versorgungsträger der betrieblichen Altersversorgung des M keine Vereinbarung nach § 14 Abs. 2 Nr. 1 VersAusglG geschlossen. Die Voraussetzungen des § 14 Abs. 2 Nr. 2 VersAusglG liegen nicht vor, da der Grenzwert (1. Halbjahr 2009) 50,40 EUR beträgt.

Eine externe Teilung scheidet damit aus.

	M	F
GV	3,8 EP : 2 = 1,9 EP ←	2,284 EP : 2 = 1,142 EP →
BA	110 EUR : 2 = 55 EUR →	
Anrecht	Ergebnis nach der Entscheidung des Familiengerichts: 1,9 EP 1,142 EP 55 EUR	 1,9 EP 1,142 EP 55 EUR

S. hierzu auch Rn 23, 51.

Fall 2: Ausgleich gesetzliche Rentenversicherung/betriebliche Altersversorgung

Die gesetzliche Rentenversicherung teilt für den M einen Ausgleichswert von 3 Entgeltpunkten und für die F von 2 Entgeltpunkten mit. Zusätzlich weist die Auskunft des Trägers der betrieblichen Altersversorgung des M einen Ausgleichswert als Kapitalbetrag zum Ehezeitende von 20.000 EUR aus (Bewertungsstichtag: Ehezeitende). Die Nachfrage des Gerichts ergibt, dass der Betrag im Rahmen der betrieblichen Altersversorgung als Einmalzahlung für die Altersversorgung zur Auszahlung kommt. Die Zahlung einer Rente sieht die Satzung nicht vor. Über die Ansprüche der F auf Zugewinnausgleich hat das Familiengericht bereits rechtskräftig entschieden. 430

Rechtsanwalt R des M trägt vor, nach der Rechtsprechung des BGH seien Kapitalbeträge im Versorgungsausgleich nicht auszugleichen.

Lösung Fall 2:

Das Familiengericht wird die Anrechte von M und F in der gesetzlichen Rentenversicherung in Höhe des Ausgleichswertes im Wege der internen Teilung nach § 10 VersAusglG zum Ausgleich bringen. Es überträgt für die F zu Lasten der Anwartschaften aus der gesetzlichen Rentenversicherung des M 3 Entgeltpunkte beim Träger der gesetzlichen Rentenversicherung des M und für den M zu Lasten der Anwartschaften aus der gesetzlichen Rentenversicherung der F 2 Entgeltpunkte beim Träger der gesetzlichen Rentenversicherung der F.

Das Anrecht der betrieblichen Altersversorgung aus dem Kapitalbetrag ist entgegen der früheren Rechtsprechung (BGH, FamRZ 2003, 664; FamRZ 2003, 923) nunmehr nach § 2 Abs. 2 Nr. 3 VersAusglG im Versorgungsausgleich auszugleichen.

Die konkrete Durchführung der internen Teilung (§ 10 VersAusglG) des Anrechts aus der betrieblichen Altersversorgung richtet sich nach der Satzung der betrieblichen Altersversorgung, die den Anforderungen des § 11 VersAusglG genügen muss, was das Familiengericht zu überprüfen hat.

Ein Beispiel für die mögliche Teilung des Kapitalbetrages zeigt der Fall 13 und 14.

	M	F
GV	6 EP : 2 = 3 EP ←	4 EP : 2 = 2 EP →
BA	40.000 EUR : 2 = 20.000 EUR →	
Anrecht	Ergebnis nach der Entscheidung des Familiengerichts: 3 EP 2 EP 20.000 EUR	 2 EP 3 EP 20.000 EUR

S. hierzu auch Rn 51, 53.

Fall 3: Beamtenversorgung

431 M besitzt einen auf die Ehezeit entfallenden Ausgleichswert aus Beamtenversorgung in Höhe von 100 EUR, während F einen Ausgleichswert in der gesetzlichen Rentenversicherung in Höhe von 2 Entgeltpunkten erworben hat.

a) Wie ist der Versorgungsausgleich nach neuem Recht durchzuführen, wenn M seine Anrechte als Bundesbeamter erworben hat?

b) Wie ist der Ausgleich nach neuem Recht durchzuführen, wenn M seine Anrechte als Beamter beim Land Bayern erworben hat (bei F liegt der gleiche Wert wie bei a) vor)?

Lösung Fall 3:

a) Die Bewertung des Anrechts des M erfolgt nach §§ 40, 44 Abs. 1 VersAusglG zeitratierlich.
Der Ausgleich findet nach § 10 Abs. 1 VersAusglG durch interne Teilung statt. Das Familiengericht überträgt zu Lasten der Anwartschaften der Beamtenversorgung des M ein Anrecht in Höhe von 100 EUR bei dem Versorgungsträger der Beamtenversorgung des M für die F.
Die Bewertung der Anwartschaften der F erfolgt nach §§ 39 Abs. 2 Nr. 1, 43 VersAusglG (unmittelbare Bewertung).
Das Familiengericht überträgt nach § 10 Abs. 1 VersAusglG für den ausgleichsberechtigten M zu Lasten des Anrechts der ausgleichspflichtigen F in der gesetzlichen Rentenversicherung ein Anrecht von 2 Entgeltpunkten in der gesetzlichen Rentenversicherung der F.
Die Beamtenversorgung des Bundes sieht eine interne Teilung vor (Art. 5, § 2 Gesetz über die interne Teilung beamtenversorgungsrechtlicher Ansprüche von Bundesbeamtinnen und Bundesbeamten im Versorgungsausgleich).
b) Eine interne Teilung nach § 10 Abs. 1 VersAusglG der Anrechte des M kann nicht erfolgen, da das Land Bayern diese Möglichkeit nicht vorsieht. Bewertung wie im Fall a). Nach § 16 Abs. 1 VersAusglG begründet das Familiengericht zu Lasten der Beamtenversorgung des M im Freistaat Bayern Anrechte in Höhe von 100 EUR in der gesetzlichen Rentenversicherung für die F. Dabei hat das Familiengericht nach § 16 Abs. 3 VersAusglG anzuordnen, dass der Ausgleichswert in Entgeltpunkte umzurechnen ist.

Die Lösung bei F entspricht der Lösung im Fall a).

S. hierzu auch Rn 55, 58.

Fall 4: Korrespondierenden Kapitalwert/Geringfügigkeit/Vereinbarung/externe Teilung

Der Träger der gesetzlichen Rentenversicherung der F teilt dem Familiengericht einen Ehezeitanteil in Höhe von 2,259 Entgeltpunkten, einen Ausgleichswert in Höhe von 1,129 Entgeltpunkten und einen korrespondierenden Kapitalwert in Höhe von 6.762 EUR mit. 432

Der Träger der gesetzlichen Rentenversicherung des M teilt dem Familiengericht einen Ehezeitanteil in Höhe von 3,7651 Entgeltpunkten, einen Ausgleichswert in Höhe von 1,8825 Entgeltpunkten und einen korrespondierenden Kapitalwert in Höhe von 11.269,99 EUR mit. Zusätzlich ergibt die Auskunft des Trägers der betrieblichen Altersversorgung bei der F einen Ehezeitanteil in Höhe von 10 EUR monatlich und einen Ausgleichswert in Höhe von 5 EUR monatlich an Rente sowie einen korrespondierenden Kapitalwert in Höhe von 1.127,30 EUR.

a) Die Eheleute möchten in einer Vereinbarung nach §§ 6 ff VersAusglG auf den Ausgleich der geringen Anwartschaften der F aus der betrieblichen Altersversorgung verzichten und ihr diese vollständig erhalten.

b) Das Familiengericht prüft, ob es das Anrecht der F aus der betrieblichen Altersversorgung wegen Geringfügigkeit nach § 18 VersAusglG nicht ausgleicht.
c) Der Träger der betrieblichen Altersversorgung prüft, ob er nach § 14 Abs. 2 Nr. 2 VersAusglG die externe Teilung verlangt.

Lösung Fall 4:

In allen Fällen ist der Vergleich von Entgeltpunkten mit einem Rentenwert nicht möglich. Die Bezugsgrößen sind zu unterschiedlich.

M		
GV Ehezeitanteil 3,7651EP	GV Ausgleichswert 1,8825 EP =	GV Korrespond. Kapitalwert = 11.269,99 EUR

F		
GV Ehezeitanteil 2,258 EP	GV Ausgleichswert 1,129 EP	GV Korrespond. Kapitalwert = 6.762 EUR
BetrAV Ehezeitanteil 10 EUR Rente	BetrAV Ausgleichswert 5 EUR Rente =	BetrAV Korrespond.Kapitalwert = 1.127,30 EUR

Summe korrespondierender Kapitalwerte:

M	**F**
11.269,99 EUR	7.889,30 EUR

Ein Vergleich kann nur aufgrund der §§ 5 Abs. 3, 47 VersAusglG mitgeteilten Kapitalwerte erfolgen.

Der Vergleich der Kapitalwerte von M und F zeigt ein deutliches Übergewicht bei M (11.269,69 EUR zu 7.889,30 EUR). Beim vorliegenden Fall kommt es auf die weitere Berücksichtigung der unterschiedlichen Leistungsspektren nach § 47 Abs. 6 VersAusglG nicht an, da es letztlich nur um die betriebliche Altersversorgung der F geht.

a) Das Familiengericht wird bei einer Inhalts- und Ausübungskontrolle nach § 8 VersAusglG die Vorschrift des § 18 Abs. 3 VersAusglG vergleichend heranziehen. Im Jahr 2009 beträgt der Grenzwert der maßgeblichen Bezugsgröße nach § 18 Abs. 3 VersAusglG iVm § 18 Abs. 1 SGB IV 25,10 EUR als Rentenbetrag und als Kapitalbetrag rund 3.024 EUR. Die Monatsrente der F aus der betrieblichen Altersversorgung liegt weit unter diesen Beträgen, sowohl was die Monatsrente anbelangt, als auch den Kapitalbetrag. Das einzelne Anrecht aus der betrieblichen Altersversorgung der F besitzt daher einen geringen Ausgleichswert iSd § 18 Abs. 2 VersAusglG. Die Vereinbarung wird einer Inhalts- und Ausübungskontrolle des Familiengerichts nach § 8 Abs. 1 VersAusglG standhalten, so dass es nach § 6 Abs. 2

VersAusglG an die Vereinbarung der Parteien, soweit die weiteren formellen Voraussetzungen vorliegen, gebunden ist.

b) Wie sich aus der Lösung a) erschließt, handelt es sich bei dem Anrecht aus der betrieblichen Altersversorgung der F um ein Anrecht mit einem geringen Ausgleichswert nach § 18 Abs. 2 VersAusglG.
Selbst wenn beide Ehegatten keine Vereinbarung schließen wollen, wird das Familiengericht nach § 18 Abs. 2 VersAusglG das Anrecht der betrieblichen Altersversorgung der F nicht ausgleichen, zumal beide Ehegatten den Ausgleich nicht wünschen. Auf ihr Votum wird es u.a. ankommen.

c) Nach § 14 Abs. 1 Nr. 2 VersAusglG beträgt der Grenzwert, bis zu dem der Versorgungsträger einseitig die externe Teilung verlangen kann, im Jahr 2009 50,40 EUR als Rentenwert und 6.048 EUR als Kapitalwert.

Das Anrecht der F aus der betrieblichen Altersversorgung liegt weit unter diesen Beträgen, so dass der Träger der betrieblichen Altersversorgung ohne Zustimmung der F die externe Teilung verlangen kann.

S. hierzu auch Rn 33, 44, 47.

Fall 5: Sammlung von Informationen/Auskünfte vor der Scheidung

E 1 erscheint bei Rechtsanwalt R und erklärt ihm, er sei mit E 2 übereingekommen, 433
eine umfassende Vereinbarung zu schließen. Die Vereinbarung soll vor allem zur Vermögensauseinandersetzung, der Regelung des Zugewinnausgleichs und des Unterhalts dienen. Nachdem umfängliches Vermögen vorhanden sei, möchten beide Parteien in der Vereinbarung auf die Durchführung des Versorgungsausgleichs verzichten. Auf Nachfrage von Rechtsanwalt R erklärt E 1, er besitze Anwartschaften in der gesetzlichen Rentenversicherung, wie auch E 2. Sie hätten beide immer abhängig in guten Arbeitsverhältnissen gearbeitet. Sie seien aber nicht selbstständig gewesen. Beide Parteien hätten zur weiteren Absicherung im Alter jeweils zwei Lebensversicherungen abgeschlossen und es bestünden auch bei beiden Parteien Anwartschaften auf eine betriebliche Altersversorgung. Über die Höhe sämtlicher Anrechte könne er aber nichts sagen. Rechtsanwalt R überlegt sich, wie er Informationen über die Anrechte erhalten kann. Der Scheidungsantrag soll in Kürze eingereicht werden.

Lösung Fall 5:

Die Auskunftsverpflichtung nach § 220 Abs. 1 FamFG besteht nur gegenüber dem Gericht. Die Vorschrift begründet keine Auskunftspflicht der Ehegatten untereinander. Etwaige Maßnahmen des Gerichts (vgl § 220 Abs. 3 FamFG) kommen nicht in Betracht, da das Scheidungsverfahren noch nicht rechtshängig ist.

Soweit es um die Anrechte des eigenen Mandanten geht, kann Rechtsanwalt R im Auftrag des E 1 Auskunft vom Träger der gesetzlichen Rentenversicherung nach § 109 Abs. 5 SGB VI und vom Träger der betrieblichen Altersversorgung nach § 4 a BetrAVG verlangen, sowie von der Lebensversicherung auf Grund des Vertrages.

Sollte E 2 sich weigern, über ihre Anrechte Auskunft zu erteilen, so kann er auch vom Träger der gesetzlichen Rentenversicherung des E 2 nach § 109 Abs. 5 S. 2 SGB VI und der betrieblichen Altersversorgung nach § 4 a BetrAVG Auskunft begehren, soweit er die Voraussetzungen des Verzugs der Auskunftsverpflichtung des E 2 nachweist.

Unabhängig von diesen Auskunftsansprüchen wird er von E 2 Auskunft über sämtliche Anrechte der E 2 nach § 4 Abs. 1 VersAusglG begehren. R wird davon absehen, einen Titel zu erwirken, mit dem E 2 zur Auskunft verpflichtet wird. Das Verfahren wäre zu umständlich und langwierig.

Weigert sich nämlich E 2 diesem Anspruch nachzukommen, so kann R wiederum unter den Voraussetzungen des Verzugs bezüglich des Auskunftsverlangens, von den Trägern der gesetzlichen Rentenversicherung, der betrieblichen Altersversorgung und der Lebensversicherung der E 2 Auskunft nach § 4 Abs. 2 VersAusglG begehren.

Nur wenn Rechtsanwalt R die einzelnen Anrechte und deren Wertigkeit bekannt sind, kann er seine Partei sinnvoll im Hinblick auf den Abschluss einer Vereinbarung beraten.

S. hierzu auch Rn 118.

Fall 6: Die Informationsbeschaffung/Auskunftspflichten während des gerichtlichen Verfahrens

434 Gleicher Sachverhalt wie vorher, aber nunmehr ist der Scheidungsantrag rechtshängig.

Lösung Fall 6:

Soweit aus anderen Gründen keine Eile besteht, kann Rechtsanwalt R die Auskünfte der Träger der Versorgungen im laufenden Scheidungsverfahren abwarten. Die Träger der einzelnen Versorgungen sind umfassend, auch inhaltlich, zur Auskunft gegenüber dem Gericht nach § 220 Abs. 1 FamFG verpflichtet.

Ist eine Mitwirkungshandlung der E 2 notwendig, zB Angaben zur Klärung von Lücken im Versicherungsverlauf, so kann das Familiengericht nach § 220 Abs. 3 FamFG die Mitwirkung anordnen, die auch zwangsweise durch das Familiengericht nach § 220 Abs. 5 FamFG iVm § 35 FamFG durchsetzbar ist.

Verweigert E 2 jegliche Auskunft und Mitwirkung, so kann das Familiengericht nach § 220 Abs. 1, Abs. 5 FamFG iVm § 35 FamFG Zwangsmittel zur Durchsetzung anordnen, Zwangsgeld und Zwangshaft. Einer Androhung bedarf es nicht. Hierauf kann auch Rechtsanwalt R hinwirken, indem er das Familiengericht zur weiteren Sachaufklärung und Zwangsmaßnahmen auffordert. Die Auskünfte teilt das Familiengericht dem R mit.

S. hierzu auch Rn 184.

Fall 7: Änderungen zwischen Ehezeitende und Entscheidung des Familiengerichts

435 Der Scheidungsantrag ist rechtshängig. Der Versorgungsausgleich ist durchzuführen. Das Familiengericht hat für beide Ehegatten Auskünfte über die Anwartschaften in der gesetzlichen Rentenversicherung erholt. E 1 hat insgesamt die niedrigeren Anrechte während der Ehezeit erworben. Das Verfahren ist entscheidungsreif. E 1 sucht kurz vor der mündlichen Verhandlung Rechtsanwalt R auf und teilt ihm mit, dass E 2 wegen eines vor einigen Monaten erlittenen Unfalls nunmehr eine Rente wegen vollständiger

Erwerbsminderung aus der gesetzlichen Rentenversicherung bezieht. Der Bescheid sei erst von zwei Tagen ergangen. Sie bittet R um Rat, ob eine Mitteilung an das Familiengericht günstig ist.

Lösung Fall 7:

Grundsätzlich sind Änderungen rechtlicher und tatsächlicher Art nach dem Ende der Ehezeit, die sich auf den Ehezeitanteil auswirken, nach § 5 Abs. 2 S. 2 VersAusglG vom Familiengericht von Amts wegen zu berücksichtigen (§ 26 FamFG, Amtsermittlungsprinzip), soweit das Familiengericht von solchen Veränderungen Kenntnis erlangt.

Da nicht ausgeschlossen werden kann, dass die Rente wegen vollständiger Erwerbsminderung höher ist, als die Anwartschaften auf Altersversorgung (und die spätere Rente wegen Alters) in der gesetzlichen Rentenversicherung, und der Versorgungsausgleich auf der Basis der bezogenen Rente durchzuführen wäre,[370] ist eine Mitteilung an das Gericht aus der Sicht von E 1 sinnvoll, da E 2 einen höheren Betrag ausgleichen müsste. Das Gericht muss eine neue Auskunft einholen.

S. hierzu auch Rn 42.

Fall 8: Änderungen zwischen Ehezeitende und Entscheidung des Familiengerichts

Der Scheidungsantrag ist rechtshängig. Der Versorgungsausgleich ist durchzuführen. 436
Das Familiengericht hat Auskünfte für beide Parteien erholt. E 1 erfährt kurz vor der mündlichen Verhandlung, dass der Arbeitgeber des E 2 ihm nach Ehezeitende eine wesentliche höhere Betriebsrente zugesagt hat, weil er zum leitenden Angestellten aufgestiegen ist. Rechtsanwalt R teilt den Sachverhalt dem Gericht mit. Was wird das Gericht prüfen?

Lösung Fall 8:

Das Familiengericht hat nach § 5 Abs. 2 S. 2 VersAusglG tatsächliche und rechtliche Veränderungen nach dem Ende der Ehezeit zu berücksichtigen, wenn sie Auswirkungen auf den Ehezeitanteil haben.

Ob dies der Fall ist, kann das Familiengericht nur klären, wenn es eine neue Auskunft (§ 220 FamFG) beim Träger der betrieblichen Altersversorgung anfordert. Bei der gegebenen Fallkonstellation besteht die Möglichkeit, dass die Erhöhung der betrieblichen Altersversorgung auf den Ehezeitanteil nicht zurückwirkt (Beförderung/Karrieresprung nach Ehezeitende),[371] was das Familiengericht durch entsprechende Fragestellung in dem neuen Auskunftsersuchen abzuklären hat.

S. hierzu auch Rn 42, 55.

Fall 9: Bewertung Beamtenversorgung

Der Träger der Beamtenversorgung errechnet im Versorgungsausgleich eine monatliche 437
Rente bei der Hochrechnung auf das 67. Lebensjahr von 3.600 EUR. Die Ehe hat 25

370 BGH FamRZ 1997, 160; BT-Drucks. 15/10144, 80.
371 BGH FamRZ 1987, 918; FamRZ 2008, 1512.

Jahre gedauert, der Beamte hat 40 Dienstjahre bei Erreichen des 67. Lebensjahres zurückgelegt.

Lösung Fall 9:

Die Bewertung erfolgt bei der Beamtenversorgung zeitratierlich nach §§ 44 Abs. 1 Nr. 1, 40 Abs. 1, 2 VersAusglG. Danach beträgt der Ehezeitanteil 25 : 40 x 3.600 EUR = 2.250 EUR.

Variante:

Der gleiche Beamte scheidet wegen Dienstunfähigkeit vor der letzten mündlichen Verhandlung nach 30 Dienstjahren aus (Ehezeit: 25 Jahre). Der Träger der Beamtenversorgung teilt eine auf das Ehezeitende bezogene Versorgung mit 3.000 EUR pro Monat mit, die der Beamte bezieht.

Lösung:

Es handelt sich um eine tatsächliche Veränderung, die nach dem Ende der Ehezeit eingetreten ist, aber auf den Ehezeitanteil zurückwirkt nach § 5 Abs. 2 S. 2 VersAusglG. Nach §§ 41 Abs. 2, 44 Abs. 1 Ziff. 1 iVm § 40 Abs. 1, Abs. 2 VersAusglG ist wiederum die zeitratierliche Berechnung vorzunehmen. Allerdings verbietet § 41 Abs. 2 VersAusglG nunmehr eine Hochrechnung auf das 67. Lebensjahr. Bei der zeitratierlichen Verhältnisbildung ist vom Ausscheiden des Beamten nach 30 Dienstjahren auszugehen (§ 41 Abs. 2 VersAusglG). Der Ehezeitanteil beträgt 2.500 EUR monatlich (25 : 30 x 3.000 EUR).

Versorgung bei Vollendung des 67. Lebensjahres bei 40 Dienstjahren	3.600 EUR mtl.
Ehezeit	25 Jahre
	25 : 40 x 3.600 EUR =
Ehezeitanteil	2.250 EUR
Variante	
Versorgung bei Ende der Ehezeit bei 30 Dienstjahren	3.000 EUR mtl.
Ehezeit	25 Jahre
	25 : 30 x 3.000 EUR =
Ehezeitanteil	2.500 EUR

S. hierzu auch Rn 59.

Fall 10: Bewertung Anwartschaften Zeitsoldat

438 Der Soldat S hat sich auf der Luftwaffenbasis der Bundeswehr in Lagerlechfeld für 12 Jahre als Zeitsoldat verpflichtet. Vor Ablauf der 12 Jahre lässt er sich scheiden. Im Scheidungsverfahren ist der Versorgungsausgleich durchzuführen. Die Auskunft der Wehrbereichsverwaltung Süd ergibt für die zwei Jahre Ehezeit pro Jahr ein Entgelt in Höhe von je 30.879 EUR. Wie ist der Versorgungsausgleich durchzuführen?

Lösung Fall 10:

Die Bewertung von Soldaten auf Zeit erfolgt nach § 44 Abs. 4 VersAusglG durch fiktive Nachversicherung in der gesetzlichen Rentenversicherung (BGH, FamRZ 2003, 29). Das Familiengericht erholt hierzu eine Auskunft von der Wehrbereichsverwaltung Süd über das Diensteinkommen in der zurückgelegten Zeit als Zeitsoldat. Diese Auskunft übersendet das Familiengericht der gesetzlichen Rentenversicherung, die eine fiktive Nachversicherung durchführt und eine Auskunft entsprechend dieser Nachversicherung erteilt, wobei sich der Ehezeitanteil in der gesetzlichen Rentenversicherung fiktiv mit 2 Entgeltpunkten errechnet.

Der Ausgleichswert beträgt danach 1 Entgeltpunkt (§§ 1 Abs. 2, 5 Abs. 3 VersAusglG). Der Ausgleich erfolgt durch externe Teilung nach § 16 Abs. 2 VersAusglG in die gesetzlichen Rentenversicherung.

S. hierzu auch Rn 71.

Fall 11: Teilung der Zusatzversorgung des öffentlichen Dienstes

Der Versorgungsträger der gesetzlichen Rentenversicherung des E 1 teilt dem Famili- 439
engericht im Versorgungsausgleich einen Ausgleichswert von 4 Entgeltpunkten mit, der Versorgungsträger der gesetzlichen Rentenversicherung des E 2 teilt einen Ausgleichswert von 6 Entgeltpunkten und der Versorgungsträger der Bayer. Versorgungskammer, Zusatzversorgungskasse der bayer. Gemeinden, einen Ausgleichswert von 5,5 Versorgungspunkten für E 2 mit.

Lösung Fall 11:

Das Familiengericht überträgt für die E 2 zu Lasten der gesetzlichen Rentenversicherung des E 1 4 Entgeltpunkte beim Versorgungsträger der gesetzlichen Rentenversicherung des E 1 im Wege der internen Teilung (§ 10 VersAusglG). Es überträgt für E 1 zu Lasten der gesetzlichen Rentenversicherung des E 2 6 Entgeltpunkte beim Träger der gesetzlichen Rentenversicherung des E 2. Das Familiengericht überträgt für E 1 zu Lasten des Anrechts des E 2 5,5 Versorgungspunkte bei der Bayer. Versorgungskammer, Zusatzversorgungskasse der bayer Gemeinden.

Die Verrechnung bei der gesetzlichen Rentenversicherung in Höhe von 2 Entgeltpunkten nimmt der Versorgungsträger vor (§ 10 Abs. 1 S. 2 VersAusglG).

	E_1	E_2
GV	8 EP : 2 = 4 EP	12 EP : 2 = 6 EP
ZVK		11 VP : 2 = 5,5 VP
	Ergebnis nach der Entscheidung des Familiengerichts:	
	4 EP	6 EP
	6 EP	4 EP
	5,5 VP	5,5 VP

S. hierzu auch Rn 75.

Fall 12: Private Lebensversicherung

440 Die Auskunft zum Versorgungsausgleich der gesetzlichen Rentenversicherung für E 1 weist als Ausgleichswert 10 Entgeltpunkte aus, die des E 2 6 Entgeltpunkte. Zusätzlich ergeben die Auskünfte der Allianz Lebensversicherung für E 1 und E 2 Kapitalwerte als Ausgleichswert in Höhe von 10.000 EUR für E 1 und 12.000 EUR für E 2. Die privaten Lebensversicherungen haben E 1 und E 2 zum gleichen Zeitpunkt abgeschlossen.

Wie ist der Versorgungsausgleich durchzuführen?

Lösung Fall 12:

Das Familiengericht überträgt für E 2 zu Lasten der gesetzlichen Rentenversicherung des E 1 10 Entgeltpunkte beim Versorgungsträger des E 1 (§ 10 VersAusglG). Es überträgt für E 1 zu Lasten der gesetzlichen Rentenversicherung des E 2 6 Entgeltpunkte beim Versorgungsträger von E 2.

Das Familiengericht überträgt weiter zu Lasten des Anrechts des E 1 bei der Allianz Lebensversicherung 10.000 EUR zugunsten der E 2 und für E 1 zu Lasten der Allianz Lebensversicherung des E 2 12.000 EUR bei der Allianz Lebensversicherung.

Allerdings werden sich die Rechtsanwälte beider Ehegatten überlegen, ob sie nicht beim Familiengericht den Ausschluss des Ausgleichs bezüglich der Anrechte bei der Allianz Lebensversicherung anregen werden, da die Differenz der Ausgleichswerte beider Anrechte bei der Allianz Lebensversicherung in Höhe von 2.000 EUR gering ist (§ 18 Abs. 1 VersAusglG). Der Grenzwert nach § 18 Abs. 3 VersAusglG iVm § 18 Abs. 1 SGB IV beträgt im 1. Halbjahr 2009 3.024 EUR als Kapitalwert und ist damit unterschritten.

Das hätte für beide Parteien den Vorteil, dass sie ihre zusätzliche Altersversorgung (Lebensversicherungen) in vollem Umfang behalten. Dies erscheint deshalb vertretbar, weil die Differenz gering ist.

Sollte das Familiengericht keinen Ausschluss nach § 18 Abs. 1 VersAusglG vornehmen, käme eine Vereinbarung nach §§ 6 ff VersAusglG in Betracht, was wesentlich aufwendiger wäre.

	E_1	E_2
GV	20 EP : 2 = 10 EP	12 EP : 2 = 6 EP
	←	→
LV	20.000 EUR : 2 = 10.000 EUR	24.000 EUR : 2 = 12.000 EUR
	←	→
	Ergebnis nach der Entscheidung des Familiengerichts:	
	10 EP	6 EP
	6 EP	10 EP
	10.000 EUR	12.000 EUR
	12.000 EUR	10.000 EUR
Wegen Geringfügigkeit:		
	E_1	E_2
GV	20 EP : 2 = 10 EP	12 EP : 2 = 6 EP
	←	→
LV	20.000 EP	24.000 EP
	Ergebnis nach der Entscheidung des Familiengerichts:	
	10 EP	6 EP
	6 EP	10 EP

S. hierzu auch Rn 76, 111.

Fall 13: Anforderungen an die interne Teilung

Es gibt mehrere Möglichkeiten nach § 11 Abs. 1 Nr. 2 VersAusglG dem Ausgleichsberechtigten aufgrund der Teilung ein Anrecht in Höhe des Ausgleichswerts mit vergleichbarer Wertentwicklung zu sichern (Teil A Rn 84). Die Einzelheiten sind in der Rechtssprechung umstritten.[372] Soweit die Teilung zu einer Erhöhung des Kapitalwerts führt, dürfte sie schon wegen der Versorgungsträger nicht zulässig sein. 441

Die mögliche Aufteilung eines Deckungskapitals zeigen die folgenden Beispiele:

Grunddaten

Mann Geburtsdatum 1.1.1964

Frau Geburtsdatum 1.1.1966

Rechnungsgrundlagen: Richttafeln 2005 G von Klaus Heubeck, Rechnungszins 6 %

Anwartschaftssteigerungen: 2 %

Dynamik laufender Renten: 2 %

Zeitpunkt der Teilung: 1.1.2009

372 BT-Drucks. 16/10144, 56; Gutdeutsch/Lardschneider FamRZ 1983, 845; Johannsen/Henrich, Eherecht, 4. Aufl. § 1 VAHRG Rn 14 – 18.

Beispiel 1 (Frauenrente „billiger" als Männerrente): *Ursprünglicher Plan:*

Leistungen 1.1.2009	**Mann**
Alters- und Invalidenrente	100 EUR monatlich
Hinterbliebenenrente	60 % Altersrente

Kapitalwert vor der Teilung : 8.661 EUR

Fall 1:

„Die Teilung kann auf der Grundlage des Deckungskapitals erfolgen, das beispielsweise bei privaten Rentenversicherungen von den Versorgungsträgern für den Ehezeitanteil ermittelt wird."

Leistungen 1.1.2009	**Mann**	**Frau**
Alters- und Invalidenrente	50 EUR monatlich	55 EUR monatlich
Hinterbliebenenrente	60 % Altersrente	60 % Altersrente

Kapitalwert nach der Teilung: 8.661 EUR (Mann: 4.330,50 EUR + Frau: 4.330,50 EUR)

Fall 2:

„Es kann aber auch die Halbteilung von Rentenbeträgen oder Bezugsgrößen, zB Leistungskennzahlen, vorgesehen werden."

Leistungen 1.1.2009	**Mann**	**Frau**
Alters- und Invalidenrente	50 EUR monatlich	50 EUR monatlich
Hinterbliebenenrente	60 % Altersrente	60 % Altersrente

Kapitalwert nach der Teilung: 8.267 EUR (Mann: 4.330,50 EUR + Frau: 3.936,50 EUR)

Fall 3:

„Da die Halbteilung von Rentenbeträgen zur Bildung unterschiedlich hohen Deckungskapitals und damit zur Belastung des Versorgungsträgers führen würde, wenn die ausgleichsberechtigte Person versicherungsmathematisch eine ungünstigere Risikostruktur als die ausgleichspflichtige Person aufweist, besteht auch folgende weitere Möglichkeit: Der Versorgungsträger ermittelt gleich hohe Rentenbeträge nach dem vorhandenen Deckungskapital und teilt dieses entsprechend auf (siehe auch schon BT-Drucks. 9/2296, Seite 11)."

Leistungen 1.1.2009	**Mann**	**Frau**
Alters- und Invalidenrente	52,38 EUR monatlich	52,38 EUR monatlich
Hinterbliebenenrente	60 % Altersrente	60 % Altersrente

Kapitalwert nach der Teilung: 8.661 EUR (Mann: 4.537 EUR + Frau: 4.124 EUR)

Beispiel 2 (Frauenrente „teurer" als Männerrente): *Ursprünglicher Plan:*

Leistungen 1.1.2009	**Mann**
Altersrente	100 EUR monatlich
Invalidenaltersrente	unverfallbare Ansprüche gem. BetrAVG

Kapitalwert vor der Teilung: 5.494 EUR

Fall 1:

„Die Teilung kann auf der Grundlage des Deckungskapitals erfolgen, das beispielsweise bei privaten Rentenversicherungen von den Versorgungsträgern für den Ehezeitanteil ermittelt wird."

Leistungen 1.1.2009	**Mann**	**Frau**
Altersrente	50 EUR monatlich	43,62 EUR monatlich
Invalidenaltersrente	unverfallbare Ansprüche gem. BetrAVG	unverfallbare Ansprüche gem. BetrAVG

Kapitalwert nach der Teilung: 5.494 EUR (Mann: 2.747 EUR + Frau: 2.747 EUR)

Fall 2:

„Es kann aber auch die Halbteilung von Rentenbeträgen oder Bezugsgrößen, zB Leistungskennzahlen, vorgesehen werden."

Leistungen 1.1.2009	**Mann**	**Frau**
Altersrente	50 EUR monatlich	50 EUR monatlich
Invalidenaltersrente	unverfallbare Ansprüche gem. BetrAVG	unverfallbare Ansprüche gem. BetrAVG

Kapitalwert nach der Teilung: 5.896 EUR (Mann: 2.747 EUR + Frau: 3.149 EUR)

Fall 3:

„Da die Halbteilung von Rentenbeträgen zur Bildung unterschiedlich hohen Deckungskapitals und damit zur Belastung des Versorgungsträgers führen würde, wenn die ausgleichsberechtigte Person versicherungsmathematisch eine ungünstigere Risikostruktur als die ausgleichspflichtige Person aufweist, besteht auch folgende weitere Möglichkeit: Der Versorgungsträger ermittelt gleich hohe Rentenbeträge nach dem vorhandenen Deckungskapital und teilt dieses entsprechend auf (siehe auch schon BT-Drucks. 9/2296, Seite 11)."

Leistungen 1.1.2009	**Mann**	**Frau**
Altersrente	46,59 EUR monatlich	46,59 EUR monatlich
Invalidenaltersrente	unverfallbare Ansprüche gem. BetrAVG	unverfallbare Ansprüche gem. BetrAVG

Kapitalwert nach der Teilung: 5.494 EUR (Mann: 2.560 EUR + Frau: 2.934 EUR)

S. hierzu insgesamt auch Rn 79, 84.

Fall 14: Interne Teilung/Anforderungen an die Satzung

Der Träger der privaten betrieblichen Altersversorgung teilt dem Familiengericht in seiner Auskunft einen Ausgleichswert von 100 EUR als Rentenbetrag mit. Die Satzung bestimmt für den Fall der internen Teilung eine Abtretung in Höhe des Ausgleichswerts an die **ausgleichsberechtigte** Person. Die Rente der **ausgleichspflichtigen** Person unterliegt der Insolvenzsicherung nach §§ 7 ff BetrAVG. Diese Insolvenzsicherung schließt aber die Satzung im Falle der internen Teilung für die ausgleichsberechtigte Person aus. **442**

Entspricht die interne Teilung den Anforderungen des Versorgungsausgleichsgesetzes?

Lösung Fall 14:

Die Anforderungen an die interne Teilung sind in § 11 VersAusglG geregelt.

Soweit die Satzung der betrieblichen Altersversorgung lediglich eine Abtretung in Höhe des Ausgleichswertes vorsieht, verstößt sie gegen § 11 Abs. 1 S. 2 Nr. 1 VersAusglG, da die ausgleichsberechtigte Person keinen selbstständigen Anspruch gegen den Versorgungsträger erlangt.

Nachdem die Satzung eine Insolvenzsicherung der ausgleichsberechtigten Person in Höhe des Ausgleichswertes nicht vorsieht, verstößt sie ebenfalls gegen § 11 Abs. 1 S. 2 Nr. 1 VersAusglG, wonach die ausgleichsberechtigte Person ein entsprechend gesichertes Anrecht erhalten muss.

Ein Verstoß liegt auch deshalb vor, weil für das auszugleichende Anrecht nach § 12 VersAusglG das Betriebsrentengesetz gilt und die ausgleichsberechtigte Person mit der Übertragung des Anrechts die Stellung eines ausgeschiedenen Arbeitnehmers im Sinne des Betriebsrentengesetzes erlangt. Das bedeutet auch eine Absicherung für den Fall der Insolvenz nach §§ 7 ff BetrAVG.

Das Gericht wird die Satzung insofern überprüfen und gegebenenfalls auch auf Hinweis eines Rechtsanwalts die Unwirksamkeit der Regelungen in der Satzung feststellen.

Nach § 11 Abs. 2 VersAusglG kommen im Falle der Unwirksamkeit der Satzung nach § 134 BGB die Regelungen der Satzung des Trägers der betrieblichen Altersversorgung, die für den Ausgleichspflichtigen bestehen, zur Anwendung.[373] Also gilt ein Insolvenzschutz nach §§ 7 ff BetrAVG. Nach § 11 Abs. 2 iVm § 12 VersAusglG erhält die ausgleichsberechtigte Person einen eigenen Anspruch in Höhe des Ausgleichswerts gegen den Träger der betrieblichen Altersversorgung.

S. hierzu auch Rn 79.

Fall 15: Kosten – interne Teilung

443 Die Fa. Siemens teilt dem Familiengericht für E 1 eine betriebliche Altersversorgung mit einem Ehezeitanteil an Kapitalbausteinen von insgesamt 18.800 EUR und einem Ausgleichswert von 9.400 EUR mit. Aus der Berechnung, die die Auskunft nach § 220 Abs. 4 FamFG enthält, ergibt sich, dass der Träger der betrieblichen Altersversorgung 7 % aus dem Kapitalwert von18.800 EUR für Kosten bei einer internen Teilung abgezogen hat. Auf Nachfrage des Gerichts nach § 220 Abs. 4 FamFG teilt der Träger der betrieblichen Altersversorgung mit, ihm entstünden nicht nur Kosten durch die Führung eines neuen Kontos für den Ausgleichsberechtigten, sondern auch bei der Auskunft wegen der besonders schwierigen Berechnung des Kapitalwerts und des Ausgleichswerts.

Sowohl das Gericht als auch Rechtsanwalt R haben erhebliche Bedenken bezüglich der Höhe der Kosten.

Lösung Fall 15:

Der Träger der betrieblichen Altersversorgung kann nach § 13 VersAusglG angemessene Kosten bei der internen Teilung jeweils hälftig mit den Anrechten beider Ehegatten verrechnen, soweit dies angemessen ist. Der Gesetzgeber hält aber lediglich Kosten in Höhe von 2 bis 3 %, die bei der internen Teilung entstehen, für angemessen. Nicht darunter fallen Kosten der Auskunft (auch der Berechnung für die Auskunft). Nachdem der Träger der betrieblichen Altersversorgung keine Besonderheiten mitteilt, sind allenfalls Kosten in Höhe von 3 % aus dem Kapitalwert hälftig bei der ausgleichsberech-

373 BT-Drucks. 16/10144, 57.

tigten Person und der ausgleichspflichtigen Person abzuziehen. 7 % sind zu hoch. Das Gericht kann von sich aus eine Korrektur des Ausgleichswertes vornehmen oder auch auf Antrag von Rechtsanwalt R.

S. hierzu auch Rn 88.

Fall 16: Externe Teilung durch Vereinbarung

Der Träger der betrieblichen Altersversorgung des E 2 schließt mit dem ausgleichsberechtigten E 1 eine Vereinbarung, wonach der Ausgleichswert in Höhe von 10.000 EUR, der auf Rentenbausteinen beruht, nicht intern durch Teilung des Anrechts beim Träger der betrieblichen Altersversorgung ausgeglichen wird. Vielmehr vereinbart er, dass E 1 einen Vertrag in entsprechender Höhe nach § 5 des Altersvorsorgeverträger-Zertifizierungsgesetzes bei der privaten Lebensversicherung Xera abschließt und der Träger das Kapital in Höhe von 10.000 EUR einzahlt. 444

Der Träger der betrieblichen Altersversorgung teilt dem Familiengericht die getroffene Vereinbarung und das Einverständnis des privaten Versicherungsträgers mit.

Als Rechtsanwalt R, der Rechtsanwalt von E 1, über das Familiengericht von der getroffenen Vereinbarung erfährt, ist er empört. Er trägt vor, die Vereinbarung sei hinter seinem Rücken abgeschlossen worden. Die Vereinbarung sei schon deshalb nichtig, weil es am Formerfordernis bei Abschluss von Verträgen zum Versorgungsausgleich fehle. Im Übrigen sei die Vereinbarung aber auch unangemessen. Die betriebliche Altersversorgung weise viele Vorteile auf, die der Vertrag nach dem Altersvorsorgeverträge-Zertifizierungsgesetz nicht beinhalte.

Wie wird das Familiengericht reagieren?

Lösung Fall 16:

Eine externe Teilung ist durch Vereinbarung der ausgleichsberechtigten Person mit dem Träger der Versorgung grundsätzlich nach § 14 Abs. 2 Nr. 1 VersAusglG möglich. Da es sich um keine Vereinbarung nach §§ 6 bis 8 VersAusglG handelt, bedarf es des besonderen Formerfordernisses nach § 7 VersAusglG nicht. Ein Rechtsanwalt muss nicht mitwirken.

Das Familiengericht ist gehalten, nach § 15 Abs. 2 VersAusglG zu überprüfen, ob die Zielversorgung eine angemessene Versorgung gewährleistet. Die Voraussetzungen sind erfüllt, weil nach § 15 Abs. 4 VersAusglG ein Anrecht aus einem Vertrag nach § 5 des Altersvorsorgeverträge-Zertifizierungsgesetzes stets eine angemessene Versorgung gewährleistet. Das Familiengericht ist daher an die getroffene Vereinbarung und die Wahl gebunden.

S. hierzu auch Rn 93.

Fall 17: Externe Teilung bei Ausgleich eines Anrechts von geringer Höhe/Kosten der externen Teilung

E 1 und E 2 haben während der Ehezeit bei der gesetzlichen Rentenversicherung gemäß deren Auskünften als Ausgleichswert 8 Entgeltpunkte (E 1) und 5 Entgeltpunkte (E 2) erworben. Zusätzlich teilt der Träger der betrieblichen Altersversorgung des E 2 einen 445

Ausgleichswert in Höhe von 25,20 EUR an monatlicher Rente mit, was einem Kapitalwert in Höhe von 3.024 EUR entspricht. Mit der Auskunft übermittelt der Träger der betrieblichen Altersversorgung zugleich die Erklärung, er wähle die externe Teilung. Außerdem möchte der Träger der betrieblichen Altersversorgung Kosten bei Durchführung der externen Teilung geltend machen und sie mit dem Ausgleichswert verrechnen.

Was ist durch Rechtsanwalt R des E 1 und das Familiengericht veranlasst?

Lösung Fall 17:

Der Träger der betrieblichen Altersversorgung kann nach § 14 Abs. 2 Nr. 2 VersAusglG iVm § 18 Abs. 1 SGB IV die externe Teilung ohne Zustimmung der ausgleichsberechtigten Person E 1 verlangen, da der Ausgleichswert unter den Mindestwerten im (1. Halb-)Jahr 2009 von 50,40 EUR Rentenwert bzw 6.048 EUR Kapitalwert liegt.

Das Familiengericht wird den Träger der betrieblichen Altersversorgung darauf hinweisen, dass er Kosten bei der externen Teilung nicht abziehen kann. Dies ist nur bei der internen Teilung nach § 13 VersAusglG möglich. Kosten, etwa einer Kontoführung bei der betrieblichen Altersversorgung für E 1, fallen bei der externen Teilung nicht an.[374] Der Träger der externen Zielversorgung wird seine Kosten beim Einkauf des Ausgleichsberechtigten in die Zielversorgung einkalkulieren, wie dies bei Lebensversicherungen üblich ist oder es fallen keine zusätzlichen Kosten an, falls ein bestehendes Anrecht aufgefüllt wird.

Das Familiengericht fordert die ausgleichsberechtigte Person E 1 auf, innerhalb einer zu setzenden Frist das Wahlrecht für die Zielversorgung, zB eine Lebensversicherung, auszuüben und das Einverständnis der ausgewählten Zielversorgung (Lebensversicherung) innerhalb der Frist mitzuteilen (§ 222 Abs. 1, Abs. 2 FamFG).

Rechtsanwalt R wird die ausgleichsberechtigte Person E 1 hinsichtlich der auszuwählenden Zielversorgung beraten und sie darauf hinweisen, dass der Ausgleich der externen Teilung durch Begründung eines Anrechts in der Versorgungsausgleichskasse erfolgt, wenn sie ihr Wahlrecht nicht ausübt (§ 15 Abs. 5 S. 2 VersAusglG). Bei Einzahlung des gleichen Betrages in eine private Lebensversicherung ist der Beitragsaufwand für eine gleich hohe Rente möglicherweise geringer und für E 1 günstiger, zumal wenn dort eine bereits eine Versicherung besteht.

Er wird daher der ausgleichsberechtigten Person E 1 befragen, ob er schon eine Lebensversicherung besitzt, als Zielversorgung gegebenenfalls eine private Lebensversicherung L vorschlagen (durch Ausbau einer bestehenden oder Neubegründung) und die Erklärung über die Ausübung des Wahlrechts und das Einverständnis der ausgewählten Lebensversicherung L dem Gericht übermitteln.

Das Familiengericht überträgt für E 2 zu Lasten der gesetzlichen Rentenversicherung des E 1 8 Entgeltpunkte beim Versorgungsträger des E 1 in der gesetzlichen Rentenversicherung. In gleicher Weise vollzieht das Familiengericht dem Ausgleich bei E 2 in Höhe von 5 Entgeltpunkten zugunsten des E 1 im Wege der internen Teilung (§ 10

374 BT-Drucks. 16/10144, 57.

VersAusglG). Die Verrechnung in Höhe von 3 Entgeltpunkten nimmt nicht das Familiengericht, sondern der Versorgungsträger vor (§ 10 Abs. 2 VersAusglG).

Das Familiengericht begründet zu Lasten der betrieblichen Altersversorgung des E 2 für den E 1 in Höhe von 25,20 EUR ein Anrecht in der Lebensversicherung L des E 1. Es setzt gleichzeitig den Kapitalbetrag in Höhe von 3.024 EUR, den der Träger der betrieblichen Altersversorgung an die Lebensversicherung L zu zahlen hat, in seiner Entscheidung fest (§ 14 Abs. 4 VersAusglG iVm § 222 Abs. 3 FamFG).

Das Familiengericht hat die getroffene Wahl nach § 15 Abs. 2 VersAusglG überprüft und festgestellt, dass die Zielversorgung eine angemessene Versorgung gewährleistet.

	E_1	E_2
GV	16 EP : 2 = 8 EP ←	→ 10 EP : 2 = 5 EP
BV		50,40 EUR Rente : 2 = 25,20 EUR 50,40 EUR Rente ≙ 6.048 EUR Kapital 6.048 EUR : 2 = 3.024 EUR
LV	3.024 EUR ←	
	Ergebnis nach der Entscheidung des Familiengerichts:	
	8 EP	5 EP
	5 EP	8 EP
	3.024 EUR Kapital	25,20 EUR Rente

S. hierzu auch Rn 94.

Fall 18: Externe Teilung bei Anrechten aus einer Direktzusage oder einer Unterstützungskasse der betrieblichen Altersversorgung

Der Versorgungsausgleich ist durchzuführen. E 1 und E 2 haben während der Ehezeit 446
Anrechte aus der gesetzlichen Rentenversicherung erworben. Daneben hat E 2 bei der Unterstützungskasse der betrieblichen Altersversorgung B Anwartschaften mit einem Ausgleichswert in Höhe eines Kapitalwerts von 30.000 EUR erworben. Der Träger der betrieblichen Altersversorgung B teilt den Ausgleichswert dem Familiengericht mit und erklärt zugleich, dass er von seinem Recht auf externe Teilung Gebrauch macht.

Was hat durch das Familiengericht zu geschehen?

Lösung Fall 18:

Das Familiengericht wird in seiner Entscheidung (Beschluss) die Anwartschaften beider Parteien in der gesetzlichen Rentenversicherung durch interne Teilung (§ 10 VersAusglG) ausgleichen.

Es teilt der ausgleichsberechtigten Person E 1 das Verlangen des Trägers der betrieblichen Altersversorgung B eine externe Teilung durchzuführen, mit. Nachdem es sich um ein Anrecht nach dem Betriebsrentengesetz aus einer Unterstützungskasse (§ 2 Abs. 4

BetrAVG) handelt, kann der Träger der betrieblichen Altersversorgung B abweichend von der Wertgrenze des § 14 Abs. 2 Nr. 2 VersAusglG nach § 17 VersAusglG die externe Teilung verlangen, da der Ausgleichswert in Höhe von 30.000 EUR als Kapitalwert die Beitragsbemessungsgrenze in der allgemeinen Rentenversicherung (§§ 159, 160 SGB VI) von 64.800 EUR (im Jahr 2009) nicht überschreitet. Das Familiengericht setzt dem ausgleichsberechtigten Ehegatten E 1 nach § 222 Abs. 1 FamFG eine Frist, innerhalb derer der ausgleichsberechtigte Ehegatte dem Gericht mitteilen muss, ob er ein für ihn bestehendes Anrecht ausbaut oder ein neues Anrecht begründen will (§ 15 Abs. 1 VersAusglG). Innerhalb dieser Frist hat die ausgleichsberechtigte Person E 1 zugleich das Einverständnis des ausgewählten Versorgungsträgers mit der externen Begründung eines Anrechts innerhalb der gesetzten Frist mitzuteilen (§ 222 Abs. 2 FamFG).

In der Entscheidung setzt das Familiengericht den vom Versorgungsträger der betrieblichen Altersversorgung B zu zahlende Kapitalbetrag mit 30.000 EUR fest (§ 222 Abs. 3 FamFG iVm § 14 Abs. 4 VersAusglG).

S. hierzu auch Rn 100.

Fall 19: Fehlende Ausgleichsreife/Unverfallbarkeit

447 E 1 und E 2 besitzen Anwartschaften in der gesetzlichen Rentenversicherung.

Der Träger der betrieblichen Altersversorgung der Fa. MAN des E 1 teilt dem Familiengericht einen Ausgleichswert aus der betrieblichen Altersversorgung mit einem Rentenbetrag in Höhe von 50 EUR mit. E 1 ist erst seit zwei Jahren bei der Fa. MAN und die Zusage der betrieblichen Altersversorgung wurde ihm ebenfalls vor zwei Jahren erteilt. E 1 ist 25 Jahre alt.

Wie ist der Versorgungsausgleich zu regeln?

Lösung Fall 19:

Das Familiengericht teilt die Anwartschaften von E 1 und E 2 in der gesetzlichen Rentenversicherung in Höhe des Ausgleichswertes im Wege der internen Teilung (§ 10 VersAusglG).

Die betriebliche Altersversorgung kann das Familiengericht nicht teilen (zum Ausgleich bringen), da die Ausgleichsreife nach § 19 Abs. 2 Nr. 1 VersAusglG fehlt. Die Anrechte aus der betrieblichen Altersversorgung des E 1 sind noch nicht unverfallbar, da nach § 1 b Abs. 1 BetrAVG E 1 das 30. Lebensjahr noch nicht vollendet und noch nicht fünf Jahre dem Betrieb angehört hat.

Das Anrecht ist dem Ausgleich nach der Scheidung (schuldrechtlich) nach §§ 20 ff VersAusglG vorzubehalten.

S. hierzu auch Rn 105 f.

Fall 20: Fehlende Ausgleichsreife/Unwirtschaftlichkeit

448 E 1 ist und war im Freistaat Bayern immer Beamter, ebenso wie die E 2. Beide beabsichtigen nicht, ihre Tätigkeit als Beamte aufzugeben.

Der Träger der Beamtenversorgung des E 1 teilt einen Ausgleichswert in Höhe von 48 EUR pro Monat als Rentenbetrag, der Träger des E 2 in Höhe von 30 EUR monatlich als Rentenbetrag mit.

Wie ist der Versorgungsausgleich durchzuführen, wenn das Ehezeitende nach dem 1.9.2009 liegt?

Lösung Fall 20:

Das Familiengericht führt den Wertausgleich nach § 19 Abs. 2 Nr. 3 VersAusglG wegen Unwirtschaftlichkeit bei beiden Ehegatten nicht durch. Der Ausgleich hätte durch externe Teilung der Beamtenversorgung nach § 16 Abs. 1 VersAusglG zu erfolgen aus der Beamtenversorgung des E 1 bzw des E 2 in die gesetzliche Rentenversicherung. Nachdem beide Parteien keine Anrechte in der gesetzlichen Rentenversicherung besitzen und sie als Beamte keine freiwilligen Einzahlungen in die gesetzliche Rentenversicherung leisten können, ist der Versorgungsausgleich für beide Parteien nach § 19 Abs. 2 Nr. 3 VersAusglG unwirtschaftlich, da sie die Mindestwartezeit von fünf Jahren (60 Monaten) nach § 50 Abs. 1 Nr. 1 SGB VI in der gesetzlichen Rentenversicherung durch eine externe Teilung nicht erreichen, was Voraussetzung für einen späteren Rentenbezug wegen Alters wäre. Ein Ausgleichswert von 48 EUR entspricht im Jahr 2009 (Werte 1. Halbjahr) lediglich 58 Wartezeitmonaten in der gesetzlichen Rentenversicherung (48 EUR : 26,56 EUR aktueller Rentenwert = 1,8072 Entgeltpunkte; 1,8072 Entgeltpunkte : 0,0313 Umrechnungsfaktor von Entgeltpunkten in Wartezeitmonaten).

Der Ausgleichswert von 30 EUR pro Monat entspricht 36 Wartezeitmonaten in der gesetzlichen Rentenversicherung (30 EUR : 26,56 EUR aktueller Rentenwert = 1,1295 Entgeltpunkte; 1,1295 Entgeltpunkte : 0,0313 Umrechnungsfaktor Entgeltpunkte in Wartezeitmonate).

Rechtsanwälte könnten eine Lösung durch eine Vereinbarung nach §§ 6 ff VersAusglG finden, etwa durch Zahlung eines Kapitalbetrages (cash; aber Inhaltskontrolle des Gerichts), eine Einzahlung in eine Lebensversicherung oder eine Paketlösung (Zugewinn, Unterhalt, Gesamtschuldnerausgleich).

<table>
<tr><th></th><th>E_1</th><th>E_2</th></tr>
<tr><td rowspan="2">BV</td><td>48 EUR Pension
≙
58 Wartezeitmonate
in GV
↓</td><td>30 EUR Pension
≙
36 Wartezeitmonate
in GV
↓</td></tr>
<tr><td colspan="2">aber:
Mindestwartezeitmonate 60 in GV
also:
kein Ausgleich, evtl: Vereinbarung</td></tr>
</table>

S. hierzu auch Rn 108.

Fall 21: Fehlende Ausgleichsreife/ausländische Anrechte

449 E 1 hat während der Ehezeit Anrechte in der gesetzlichen Rentenversicherung in Höhe eines Ausgleichswertes von 15,0602 Entgeltpunkten, E 2 Anrechte aus einer französischen Rentenversicherung in Höhe eines Rentenbetrages von 100 EUR monatlich nach Bewertung durch einen Sachverständigen erworben.

Rechtsanwalt R des E 1 möchte keinen Ausgleich der Anrechte seines Mandanten aus der gesetzlichen Rentenversicherung. E 2 ist nicht bereit, eine Vereinbarung zu schließen.

Wie wird das Familiengericht entscheiden?

Lösung Fall 21:

An sich hätte das Familiengericht nach § 10 Abs. 1 VersAusglG (interne Teilung) für E 2 zu Lasten des Anrechts des E 1 beim Träger der gesetzlichen Rentenversicherung des E 1 ein Anrecht in Höhe von 15,0602 Entgeltpunkten zu übertragen.

Eine interne Teilung der Anrechte des E 2 aus seinem französischen Anrecht scheidet nach § 19 Abs. 2 Nr. 4 VersAusglG aus, da dem deutschen Gericht ein Eingriff in fremdes Hoheitsrecht untersagt ist.

Das Familiengericht führt den Versorgungsausgleich im Wege der internen Teilung auch nicht bezüglich des Anrechts des E 1 durch, da dies nach § 19 Abs. 3 VersAusglG unbillig erscheint. Der E 1 müsste ein sehr werthaltiges Anrecht mit 15,0602 Entgeltpunkten, das entspricht einem Kapitalwert von 90.161,14 EUR an E 2 ausgleichen, ohne dass er von E 2 aus dessen französischem Anrecht etwas erhielte.

Das Familiengericht behält den Ausgleich auf Anregung von Rechtsanwalt R insoweit den schuldrechtlichen Ausgleichszahlungen nach §§ 20 ff VersAusglG (schuldrechtlicher Versorgungsausgleich) vor.

	E_1	E_2
GV	30,1204 EP : 2 = 15,0602 EP ≙ 90.161,14 EUR Kapital	
	--------→ Ausgleich grob unbillig	
Ausland		200 EUR Rente : 2 = 100 EUR Rente
	←-------- Ausgleich nicht möglich	

S. hierzu auch Rn 109.

Fall 22: Kurze Ehezeit / Auskunft

E 1 und E 2 reichen beide Scheidungsantrag ein. E 2 hat während der Ehe das eheliche Kind betreut. Sie ist keinerlei Arbeitstätigkeit nachgegangen, während E 1 während der gesamten Ehezeit gearbeitet hat. 450

E 2 sucht Rechtsanwalt R auf und bittet ihn um Rat, wie sie sich beim Versorgungsausgleichsverfahren verhalten soll. Sie habe gehört, nachdem die Ehegatten nicht lange verheiratet gewesen seien, würde ein Versorgungsausgleich nicht durchgeführt.

Was wird Rechtsanwalt R die E 2 fragen und was wird er prüfen?

Lösung Fall 22:

Rechtsanwalt R wird sich zunächst aus der Mitteilung des Familiengerichts über die gesetzliche Ehezeit (§ 3 Abs. 1 VersAusglG) informieren. Sie ergibt einen Zeitraum von 2 ½ Jahren.

Rechtsanwalt R wird E 2 darüber aufklären, dass ein Versorgungsausgleich bei einer Ehezeit bis zu drei Jahren nach § 3 Abs. 3 VersAusglG grundsätzlich nicht stattfindet. Ein Versorgungsausgleich könne aber auf Antrag (§ 3 Abs. 3 VersAusglG) der E 2 durchzuführen sein.

R wird E 2 befragen, wie hoch das Einkommen des E 1 während der Ehezeit war.

Falls E 2 hierzu keine Angaben machen kann, kann R nach § 4 Abs. 1 VersAusglG von E 1 Auskunft über seine Anwartschaften in der gesetzlichen Rentenversicherung, bezogen auf die Ehezeit, begehren. Ob er über das durchschnittliches Nettoentgelt des E 1 während der Ehe Auskunft verlangen kann, um die Anwartschaften in der gesetzlichen Rentenversicherung abschätzen zu können, erscheint fraglich.

Erteilt E 1 Rechtsanwalt R auch nach Mahnung und Fristsetzung keine Auskunft, zumindest soweit es um die Anwartschaften in der gesetzlichen Rentenversicherung geht, so kann Rechtsanwalt R nach § 4 Abs. 2 VersAusglG vom Träger der gesetzlichen Rentenversicherung des E 1 unter Vorlage der erfolglosen Mahnschreiben Auskunft über die Anrechte des E 1, die dieser in der gesetzlichen Rentenversicherung während der Ehezeit erworben hat, verlangen. Der gleiche Anspruch besteht nach § 109 Abs. 5 S. 2 SGB VI.

Bei dem Beratungsgespräch erklärt E 2, sie könne R aber Auskunft über das durchschnittliche Entgelt von E 1 während der Ehezeit geben, da sie im Hinblick auf einen möglichen Unterhaltsanspruch sich von den Gehaltsabrechnungen für die Jahre 2007, 2008 und 2009 Kopien angefertigt habe. Danach hat E 1 im Jahr 2009 über ein Bruttoeinkommen in Höhe von 30.879 EUR, im Jahr 2008 in Höhe von 30.084 EUR und im Jahr 2007 in Höhe von 29.951 EUR verfügt.

Rechtsanwalt R wird überschlägig die Anwartschaften von E 1 und E 2 schätzen (Beilage zu Heft 4/2009 der NJW bzw Beilage zu Heft 1-2/2009 der FPR). Danach hat E 1 2 ½ Entgeltpunkte in der gesetzlichen Rentenversicherung während der 2 1/2jährigen Ehezeit erworben, da seine Bruttoeinkünfte in den Jahren 2007, 2008 und 2009 exakt dem jährlichen Durchschnittsentgelt aller Versicherten entsprach.

E 2 hat 2,499 Entgeltpunkte während der Ehezeit in der gesetzlichen Rentenversicherung erhalten, da sie 0,0833 Entgeltpunkte pro Monat für die Zeiten der Kindererziehung in der gesetzlichen Rentenversicherung zurückgelegt hat (§§ 56, 70 Abs. 2 SGB VI). Dies entspricht bei 2 ½ Jahren 2,499 Entgeltpunkte (0,0833 x 12 x 2,5).

Rechtsanwalt R wird der E 2 daher raten, keinen Antrag auf Durchführung des Versorgungsausgleichs zu stellen, weil beide Ehegatten praktisch gleich hohe Anwartschaften in der gesetzlichen Rentenversicherung während der Ehezeit erworben haben.

S. hierzu auch Rn 115.

Fall 23: Kurze Ehezeit

451 Gleiche Fallgestaltung wie vorher. E 1 verfügte aber über ein höheres Einkommen, so dass er nach Auskunft des Trägers der gesetzlichen Rentenversicherung des E 1 4,5 Entgeltpunkte während der Ehezeit in der gesetzlichen Rentenversicherung an Anwartschaften zurückgelegt hat.

Lösung Fall 23:

R wird überlegen, ob er einen Antrag auf Durchführung des Versorgungsausgleichs nach § 3 Abs. 3 VersAusglG stellt. Die Differenz zwischen den Entgeltpunkten und damit einer entsprechenden Rente der E 2 und dem E 1 ist nunmehr größer.

Rechtsanwalt R wird überlegen, ob die E 2, wenn auch durch eine geringe Erhöhung ihrer Anrechte in der gesetzlichen Rentenversicherung auf Grund des Versorgungsausgleichs, Wartezeiten erfüllt, deren Voraussetzungen bisher nicht vorlagen (§ 50 SGB VI). Dies kann er anhand einer Auskunft des Trägers der gesetzlichen Rentenversicherung der E 2 beurteilen, die er selbst beim Träger der gesetzlichen Rentenversicherung der E 2 beantragen kann.

Soweit die Beurteilung für ihn schwierig erscheint, kann er auch der E 2 raten, den Antrag vorsorglich zu stellen.

S. hierzu auch Rn 115.

Fall 24: Geringfügigkeit

452 Der Ehemann verfügt über eine Beamtenversorgung mit einem Ausgleichswert von 800 EUR monatlich als Rentenbetrag, während die Ehefrau eine Anwartschaft in der gesetzlichen Rentenversicherung mit einem Ausgleichswert von 10 Entgeltpunkten, die einem Rentenbetrag von 265,60 EUR entsprechen, besitzt. Zusätzlich haben beide Eheleute Anwartschaften in einer privaten Rentenversicherung bei der gleichen Versicherung kurz hintereinander während der Ehe begründet, deren Ausgleichswerte beim Ehemann 5.000 EUR, bei der Ehefrau 5.200 EUR betragen.

Lösung Fall 24:

Nur der Wertunterschied der privaten Rentenversicherung ist gering und nur hinsichtlich dieser beiden Anrechte kann das Familiengericht den Ausgleich nach § 18 Abs. 1 VersAusglG ausschließen. Das gilt nicht für die Anrechte des Ehemannes in der Beamtenversorgung bzw der Ehefrau in der gesetzlichen Rentenversicherung.

	E_1	E_2
BV	1.600 EUR : 2 = 800 EUR Rente →	
GV	←	20 EP : 2 = 10 EP
LV	10.000 EUR : 2 = 5.000 EUR Kapital	10.400 EUR : 2 = 5.200 EUR Kaptial
	kein Ausgleich wegen Geringfügigkeit	
	Ergebnis nach der Entscheidung des Familiengerichts:	
	800 EUR Rente 10 EP 10.000 EUR Kapital	800 EUR Rente 10 EP 10.400 EUR Kapital

S. hierzu auch Rn 111.

Fall 25: Vereinbarungen

Die Ehegatten wollen sich scheiden lassen. Der Scheidungsantrag soll möglichst bald eingereicht werden. E 1 sucht Rechtsanwalt R auf und bittet ihn um Rat. E 1 erklärt, beide Ehegatten sähen zwar ihre Ehe als gescheitert an, sie möchten aber keine schmutzige Wäsche waschen und die Auseinandersetzung über etwaige Unterhaltsansprüche, Zugewinn, Gesamtschuldnerausgleich und Versorgungsausgleich einvernehmlich regeln. 453

E 1 erläutert hierzu Folgendes: Beide Ehegatten hätten Grundbesitz von erheblichem Wert. Sie seien bei zwei Grundstücken Miteigentümer je zu ½. Für das Grundstück, das E 1 nach der Trennung alleine bewohne, bestünden noch erhebliche Kreditschulden, für die beide Ehegatten in Höhe von 100.000 EUR hafteten. Der Wert dieses Grundstücks belaufe sich auf 250.000 EUR. E 2 bewohne nach der Trennung das andere Grundstück (hälftiges Miteigentum), das schuldenfrei sei und einen Wert von 120.000 EUR aufweise. Die Ehegatten möchten eine Regelung dahingehend, dass E 1 seinen Hälfteanteil in Höhe von 60.000 EUR an dem Grundstück, das E 2 nunmehr alleine bewohne, auf sie übertrage, so dass sie insgesamt Alleineigentum erhalte. E 2 solle ihren Hälfteanteil an dem Grundstück, das E 1 allein bewohne, auf ihn übertragen, so dass E 1 Alleineigentum erhalte. Er werde auch die Schulden in Zukunft alleine tragen.

E 2 verfüge über eine Rente in der Schweizer gesetzlichen Rentenversicherung mit einem Wert (Ehezeitanteil) von ca. 40.000 EUR als Kapitalwert. E 2 möchte diese Rente nicht mit E 1 teilen, sondern sie insgesamt behalten. Die Ehegatten seien sich aber einig, dass E 2 für E 1 in einer privaten Lebensversicherung eine Einzahlung von 15.000 EUR macht. E 1 solle insofern für das Alter zusätzlich abgesichert sein.

Eine Vereinbarung vor dem Notar wollten sie nicht schließen, weil alles möglichst umfassend im Scheidungsverbundverfahren geregelt werden solle. E 1 schlägt Rechtsanwalt R vor, um Kosten zu sparen, R solle den Scheidungsantrag stellen und nur E 1 vertreten. Er meint, die E 2 brauche sich im Scheidungsverbundverfahren nicht vertreten zu lassen.

Ein Ausgleich weiterer Rentenanwartschaften der Parteien sei nicht gewollt, weil sie in der gesetzlichen Rentenversicherung und zwei privaten Rentenversicherungen Anrechte in etwa gleicher Höhe während der Ehezeit erworben hätten.

Lösung Fall 25:

Rechtsanwalt R wird E 1 eine Vereinbarung im Rahmen des Scheidungsverbundes vorschlagen (§ 137 Abs. 1, 2 Nr. 1, Nr. 4 FamFG). Hierzu gehört auch die Vermögensauseinandersetzung.

Die Parteien können Vereinbarungen schließen, insbesondere auch zum Versorgungsausgleich nach §§ 6 ff VersAusglG. Allerdings muss sich E 2 vor Gericht zum Abschluss der Vereinbarung durch einen Rechtsanwalt vertreten lassen (§ 7 Abs. 2 VersAusglG iVm § 127 a BGB). Nach § 6 Abs. 1 S. 2 Nr. 1 VersAusglG kann die Regelung zum Versorgungsausgleich in die Vermögensauseinandersetzung einbezogen werden.

Rechtsanwalt R wird E 1 darauf hinweisen, dass es einer Genehmigung, wie nach altem Recht (§ 1587 o BGB), durch das Gericht nicht bedürfe. Allerdings wird das Gericht eine Inhaltskontrolle der Vereinbarung nach § 8 Abs. 1 VersAusglG vornehmen. Er habe aber keine Bedenken, da die Vermögensauseinandersetzung ausgewogen sei und mit der Vereinbarung, vor allem auch zum Versorgungsausgleich, eine endgültige Regelung erreicht werde. Ein Ausgleich der ausländischen Rechte sei nach § 19 Abs. 2 Nr. 4 VersAusglG durch die deutschen Gerichte nicht möglich. Insofern hätte der Ausgleich erst nach der Scheidung auf Antrag stattfinden können (§§ 20 ff VersAusglG). Der Ausgleich des ausländischen Anrechts sei in der gewünschten Form vertretbar, weil die private Lebensversicherung zu einer Versorgung des E 1 im Alter führt, die dem Ausgleichswert des Schweizer Anrechts entspricht.

Die Vereinbarung wird einer Inhaltskontrolle (§ 8 Abs. 1 VersAusglG) durch das Familiengericht standhalten, da nach der Vereinbarung beide Parteien in etwa gleiche Vermögenswerte erhalten. Das Familiengericht ist an die getroffene Vereinbarung gebunden (§ 6 Abs. 2 VersAusglG).

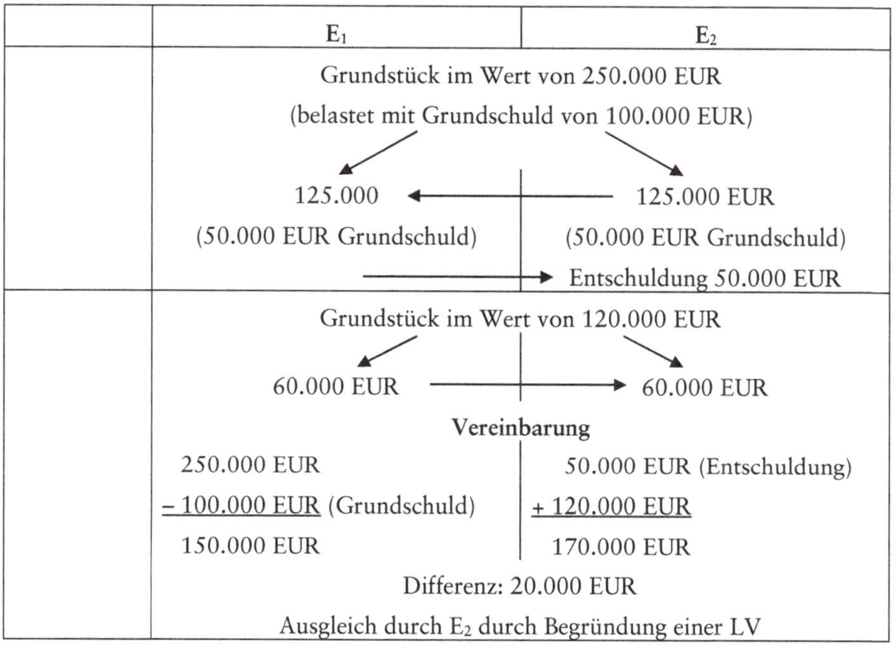

S. hierzu auch Rn 120, 123.

Fall 26: Vereinbarungen

E 1 erscheint bei Rechtsanwalt R und erklärt, beide Parteien wollten sich scheiden lassen. Der Scheidungsantrag soll möglichst umgehend eingereicht werden. Beide Ehegatten verfügten über verschiedene Anrechte auf Altersversorgung, die sie während der Ehezeit erworben hätten. Beide hätten es aber mit der Scheidung sehr eilig, weil sie sich neuen Partnern zugewandt hätten und möglichst bald heiraten wollten. Sie möchten daher langwierige Ermittlungen zum Versorgungsausgleich vermeiden und eine Vereinbarung schließen, wonach der Versorgungsausgleich nach der Scheidung zu einem späteren Zeitpunkt erfolgen solle. Sie hätten kein so großes Interesse an der Durchführung des Versorgungsausgleichs. Auf Nachfrage von Rechtsanwalt R erklärt E 1: Über die Höhe der einzelnen Anrechte lägen den Parteien keine Auskünfte vor, die eine Bewertung ermöglichen würden. 454

Was wird Rechtsanwalt R E 1 raten?

Lösung Fall 26:

Eine Vereinbarung ist grundsätzlich nach § 6 Abs. 1 S. 2 Nr. 3 VersAusglG möglich, wonach der Wertausgleich den Ausgleichsansprüchen nach der Scheidung (§§ 20 ff VersAusglG) vorbehalten bleibt.

Allerdings wird R auf die Risiken deutlich hinweisen. Ein Versorgungsausgleich erfolgt nach der Scheidung nur auf Antrag (§ 223 FamFG), um den Anspruch auf eine schuldrechtliche Ausgleichsrente geltend zu machen (früher schuldrechtlichen Versorgungsausgleich; §§ 20 ff VersAusglG) durchzuführen.

Zum Abschluss einer solchen Vereinbarung sind bei der Scheidung aber zwei Rechtsanwälte notwendig (§ 7 Abs. 2 VersAusglG iVm § 127 a BGB). Die Auswirkungen des Versorgungsausgleichs lassen sich zurzeit nicht annähernd abschätzen, da Auskünfte nicht vorliegen. Stirbt einer der Ehegatten, so besteht die Gefahr, dass das Anrecht erlischt (§ 31 Abs. 3 S. 1 VersAusglG), ein teilbares Anrecht nicht mehr vorliegt (aufgelöst) und der schuldrechtliche Versorgungsausgleich ins „Leere" führt. Zudem müssen sich die Parteien, falls sie entsprechende Anträge stellen, noch möglicherweise viele Jahre nach der Scheidung gerichtlich über den Versorgungsausgleich auseinandersetzen.

Rechtsanwalt R wird E 1 vielmehr vorschlagen, Auskünfte über den Ehezeitanteil der einzelnen Anrechte zu erholen, um dann eine für beide Parteien wirtschaftlich sinnvolle Lösung zu suchen.

S. hierzu auch Rn 128.

Fall 27: Grobe Unbilligkeit

455 E 1 löst unmittelbar vor der Scheidung, um E 2 zu schädigen, eine private Lebensversicherung mit einem ehezeitlichen Kapitalwert von 10.000 EUR auf und lässt sich den Betrag auszahlen. Im Scheidungsverfahren besitzt er, wie schon vorher, Anrechte aus der gesetzlichen Rentenversicherung mit einem Ehezeitanteil als Kapitalwert in Höhe von 23.000 EUR. Dem stehen gegenüber Anrechte der E 2 aus der gesetzlichen Rentenversicherung mit einem Kapitalwert von 12.000 EUR als Ehezeitanteil.

E 2 ist empört und lässt den Sachverhalt im Scheidungsverbundverfahren dem Familiengericht vortragen. Er fordert, den Versorgungsausgleich so durchzuführen, als wenn E 1 die private Lebensversicherung sich nicht hätte auszahlen lassen.

Wie wird das Familiengericht entscheiden?

Lösung Fall 27:

Ein Ausschluss oder Teilausschuss des Versorgungsausgleichs ist nach § 27 VersAusglG wegen grober Unbilligkeit möglich. Nunmehr kann auch ein Verhalten des Ausgleichsverpflichteten sanktioniert werden. Allerdings ist es nicht möglich, nicht mehr vorhandene Anrechte zu fingieren.

Bei normaler Durchführung des Wertausgleichs unter Einschluss der aufgelösten Versicherung des E 1 hätten E 1 und E2 über je 22.500 EUR verfügt.

Das Familiengericht kann nach § 27 VersAusglG das Verhalten des E 1 dadurch sanktionieren, dass es statt des hälftigen Ausgleichs der 12.000 EUR bei E 2 in Höhe von 6.000 EUR, den Wertausgleich nur in Höhe von 1.000 EUR an E 1 durchführt (scharfe Sanktion).

E 1 verfügt dann nach Durchführung des Wertausgleichs über insgesamt 12.500 EUR, E 2 über 22.500 EUR.

	E_1	E_2
GV	23.000 EUR Kapital : 2 = 11.500 EUR Kapital ←	12.000 EUR Kapital : 2 = 6.000 EUR Kapital →
LV	10.000 EUR Kapital : 2 = 5.000 EUR Kapital (aufgeteilt) →	
	fiktive Berechnung	
	11.500 EUR Kapital	6.000 EUR Kapital
	6.000 EUR Kapital	11.500 EUR Kapital
	5.000 EUR Kapital	5.000 EUR Kapital
	22.500 EUR Kapital	22.500 EUR Kapital
	tatsächliche Entscheidung des Familiengerichts wegen grober Unbilligkeit:	
	11.500 EUR Kapital	11.000 EUR (statt 6.000 EUR)
	1.000 EUR Kapital	11.500 EUR
	12.500 EUR Kapital	22.500 EUR Kapital

S. hierzu auch Rn 131.

Fall 28: Übergangsvorschriften

E 1 und E 2 reichen beide über ihre Rechtsanwälte Scheidungsantrag ein. Der Antrag 456 des E 1 geht am 3.4.2009, der des E 2 am 10.5.2009, beim Familiengericht ein. Über den Versorgungsausgleich ist ohne Antrag nach § 628 Abs. 1 S. 3 ZPO im Verbund zu entscheiden. Beide Parteien reagieren aber auf die Aufforderung des Gerichts, die Formblätter zum Versorgungsausgleich auszufüllen, nicht. Über die Regelungen des Versorgungsausgleichs und dessen Folgen für die spätere Altersversorgung bestehen bei beiden Parteien nur unklare Vorstellungen. In der Folgezeit sind sie beruflich stark beschäftigt. Sie füllen die vom Familiengericht übersandten Fragebögen zum Versorgungsausgleich nicht aus. Auch auf Mahnung des Gerichts reagieren sie nicht.

Das Gericht legt die Akten nach entsprechender Mitteilung durch das Familiengericht wegen Nichtbetreibens weg (aktenmäßiges Ruhen).

Inzwischen haben sich E 1 und E 2 neuen Partnern zugewandt, die die Scheidung des E 1 bzw des E 2 jeweils wünschen. Nachdem sie sich bei Rechtsanwalt R und S über den Stand des Verfahrens erkundigt haben, füllen sie beide die Anträge zum Versorgungsausgleich im Oktober bzw im Dezember 2009 aus und übersenden sie an das Gericht. Nachdem beide Parteien nur Anrechte in der gesetzlichen Rentenversicherung während der Ehezeit besitzen, erteilen die Träger der gesetzlichen Rentenversicherung

Auskünfte, wonach E 1 Rentenanwartschaften in Höhe von 200 EUR und E 2 in Höhe von 150 EUR jeweils monatlich während der Ehe erworben haben.

Als das Familiengericht Rechtsanwalt R und S die Auskünfte übersendet, haben sie erhebliche Bedenken, ob diese richtig sind.

Worauf werden sie das Familiengericht hinweisen?

Lösung Fall 28:

Bei Eingang der Scheidungsanträge beim Gericht im April und Mai 2009 war das alte Recht nach § 48 Abs. 1 VersAusglG anzuwenden. Das Familiengericht hat das Verfahren nach der Mitwirkung durch E 1 und E 2 nach dem 1.9.2009 wieder aufgenommen. Nunmehr findet nach § 48 Abs. 2 VersAusglG das neue Recht Anwendung, worauf das Familiengericht die Versorgungsträger schon von sich aus hätte hinweisen müssen. Auf den Vortrag des Rechtsanwalt R und S wird das Familiengericht Auskünfte nach neuem Recht erholen. Die Auskünfte enthalten nach neuem Recht keine Angaben über Rentenanwartschaften, sondern über Entgeltpunkte.

S. hierzu auch Rn 227.

Fall 29: Übergangsvorschrift VAÜG (Ost-Anrechte)

457 Das Familiengericht hat am 1.6.2009 den Versorgungsausgleich ausgesetzt, weil es ihn nicht durchführen konnte. E 1 hatte angleichungsdynamische Anrechte in Höhe von 70 EUR (Ehezeitanteil; „Ost-Anrecht") und nichtangleichungsdynamische Anrechte in Höhe von 120 EUR (Ehezeitanteil; „West-Anrecht"). E 2 hatte angleichungsdynamische Anrechte mit einem Ehezeitanteil von 90 EUR und nichtangleichungsdynamische Anrechte in Höhe eines Ehezeitanteils von 40 EUR.

Nach dem 1.9.2009 möchten beide Parteien auch mit Blick auf die Zukunft ihre Schicksale vermögensrechtlich und beim Versorgungsausgleich trennen.

Sie gehen zu Rechtsanwalt R und erklären ihm, das neue Recht sei in Kraft getreten und sie hätten gehört, man könne jetzt über den Versorgungsausgleich ohne weiteres entscheiden, auch wenn Ost-Anrechte betroffen gewesen seien und das Gericht das Verfahren ausgesetzt habe. Rechtsanwalt R befragt beide Parteien, ob sie bereits Rente beziehen oder ein Rentenbezug bevorstehe, was beide Parteien verneinen.

Lösung Fall 29:

Das Gericht hat den Versorgungsausgleich nach § 2 Abs. 1 S. 2 VAÜG ausgesetzt, da E 1 mit den höheren Anrechten nicht zugleich die höheren angleichungsdynamischen Anrechte besaß. Grundsätzlich kann der Versorgungsausgleich wegen des Grundsatzes der Realteilung (vergleiche § 10 Abs. 1 VersAusglG) nunmehr auch bezüglich der sog. „Ost-Anrechte" (angleichungsdynamischen Anrechten) nach neuem Recht (§ 50 VersAusglG) durchgeführt werden, wenn der Versorgungsausgleich nach § 2 Abs. 1 S. 2 VAÜG ausgesetzt war. Auf Antrag eines Ehegatten oder eines Versorgungsträgers muss das Familiengericht das Verfahren nach § 50 Abs. 1 Nr. 1 VersAusglG wieder aufnehmen, wenn aus einem der Anrechte, die im Versorgungsausgleich zu berücksichtigen sind, einer der Ehegatten eine Rente bezieht. Allerdings kann der Ehegatte diesen Antrag frühestens sechs Monate vor dem Zeitpunkt stellen, ab dem er aufgrund des Versorgungsausgleichs voraussichtlich Rente beziehen wird (§ 50 Abs. 2 VersAusglG). Rechtsanwalt R wird daher abraten, einen entsprechenden Antrag zu stellen, da beide Parteien noch keine Rente beziehen bzw ein Rentenbezug nicht bevorsteht.

Er kann allerdings seinem Mandanten, dem E 1 vorschlagen, beim Gericht anzuregen, von Amts wegen des Verfahren wieder aufzunehmen (§ 50 Abs. 1 Nr. 2 VersAusglG).

S. hierzu auch Rn 235.

Fall 30: Abänderung einer Entscheidung im öffentlich-rechtlichen Versorgungsausgleich nach altem Recht

E 1 und E 2 wurden im Jahre 2002 geschieden und der Versorgungsausgleich durch- **458**
geführt. E 1 hatte Rentenanwartschaften in der gesetzlichen Rentenversicherung in Höhe von 200 EUR und E 2 in Höhe von 50 EUR monatlich auf die Ehezeit bezogen. Der Versorgungsausgleich erfolgte durch Rentensplitting in Höhe von 75 EUR aus der gesetzlichen Rentenversicherung des E 1 in die des E 2 nach §§ 1587 a Abs. 1, 1587 b Abs. 1 BGB ((200 EUR./. 50 EUR) : 2).

E 1 sucht am 3.10.2009 Rechtsanwalt R auf und berichtet ihm, er habe erfahren, bei E 2 habe eine Neubewertung der Anrechte in der gesetzlichen Rentenversicherung stattgefunden. Hiervon seien auch Zeiten während der Ehe betroffen, die zu einer Erhöhung des Ehezeitanteils geführt haben. E 1 bittet R zu prüfen, ob eine Abänderung möglich sei, da er in spätestens vier Monaten Rente beziehen werde.

Rechtsanwalt R nimmt Einsicht in die Akten des Familiengerichts und stellt fest, dass der Versorgungsausgleich entsprechend den obigen Angaben durchgeführt wurde.

Seine Aufforderungen an E 2, ihm Auskunft über die Anwartschaften in der gesetzlichen Rentenversicherung zu erteilen, kommt E 2 trotz Mahnung und Fristsetzung nicht nach. Rechtsanwalt R erhält, nachdem er die fruchtlosen Mahnungen an E 2 vorgelegt hat, vom Träger der gesetzlichen Rentenversicherung des E 2 Auskunft, wonach sich die Rentenanwartschaften von 50 EUR monatlich auf 102 EUR monatlich wegen nachträglicher Anerkennung von Kindererziehungszeiten in der Ehe, erhöht haben (Auskunft nach § 4 Abs. 2 VersAusglG).

Was wird Rechtsanwalt R E 1 vorschlagen?

Lösung Fall 30:

Rechtsanwalt R wird nach § 51 Abs. 1 VersAusglG einen Antrag auf Abänderung der Entscheidung zum Versorgungsausgleich aus dem Jahre 2002 stellen. Soweit Rechtsanwalt R keine Auskunft von der gesetzlichen Rentenversicherung des E 2 erholt hätte, würde er E 1 auf das Risiko hinweisen, dass das Familiengericht den Antrag zurückweisen könnte, wenn keine wesentliche Änderung vorläge.

Im vorliegenden Fall ist das Merkmal der wesentlichen Wertänderung nach § 51 Abs. 2 VersAusglG iVm § 225 Abs. 2, 3 FamFG erfüllt. Der Träger der gesetzlichen Rentenversicherung wird dem Familiengericht in seiner Auskunft für E 2 den Ehezeitanteil zusätzlich als Rentenbetrag in Höhe von 102 EUR berechnen (§ 52 Abs. 2 VersAusglG). Das Gesetz stellt auf eine wesentliche Veränderung des **Ausgleichswerts** ab.

Eine Veränderung des Ausgleichswerts in Höhe von 26 EUR ((102 EUR : 2 = 51 EUR) – (50 EUR: 2 = 25 EUR)) übersteigt die relative Wertgrenze nach § 225 Abs. 3 FamFG von 5 % (26 EUR / 51 EUR) und die absolute Wertgrenze im Jahre 2009, da der Rentenbetrag des Anrechts des E 2 als maßgebliche Bezugsgröße höher als 1 % der am Ende der Ehezeit maßgeblichen monatlichen Bezugsgröße nach § 18 Abs. 1 SGB IV (§ 51 Abs. 2 VersAusglG, § 225 Abs. 3 FamFG) ist. Die maßgebliche Bezugsgröße von 1 % nach § 18 Abs. 1 SGB IV beträgt im 1. Halbjahr 2009 25,20 EUR als Rentenbetrag. Der Differenz der Ausgleichswerte beläuft sich auf 26 EUR.

Ohne Bedeutung ist, dass sich die Anrechte des E 1 nicht geändert haben. Es genügt allein die Änderung des Ausgleichwerts bei E 2, auf die abzustellen ist. Der Antrag ist auch nach § 52 Abs. 1 VersAusglG iVm § 226 Abs. 1, 2 FamFG zulässig, da E 1 in vier Monaten Rente beziehen wird.

Das Familiengericht wird nunmehr neue Auskünfte nach dem neuem Recht erholen, das ab dem 1.9.2009 gilt, und den Wertausgleich nach §§ 51 Abs. 1, 9 bis 19 VersAusglG für alle Anrechte durchführen (Totalrevision nach neuem Recht).

S. hierzu auch Rn 238.

Fall 31: Abänderung einer Entscheidung im öffentlich-rechtlichen Versorgungsausgleich nach altem Recht

459 Es liegt ein Urteil des Familiengerichts vor, in dem neben der Scheidung auch der Versorgungsausgleich geregelt ist. Ehezeitende ist der 30.9.2000. E 1 verfügte zu diesem Zeitpunkt über Anwartschaften in der gesetzlichen Rentenversicherung mit einem Ehezeitanteil in Höhe von 300 DM, E 2 von 50 DM und zusätzlich aus einer betrieblichen Altersversorgung mit einem Ehezeitanteil von 234,70 DM, die das Amtsgericht mit der damaligen Barwertverordnung und den entsprechenden Faktoren in eine dynamische fiktive Rente von 106,12 DM umgerechnet hatte. Ausgleichungspflichtig war E 1 in Höhe von 71,94 DM ((300 DM./. 50 DM./. 106,12 DM) : 2) durch Rentensplitting nach §§ 1587a Abs. 1, 1587b Abs. 1 BGB.

Rechtsanwalt R stellt am 2.12.2009 einen Antrag auf Abänderung, da die damalige Barwertverordnung in Verbindung mit dem Umrechnungsmechanismus nach § 1587a Abs. 4, 3 BGB der Wertentwicklung in der gesetzlichen Rentenversicherung nicht entsprochen habe. Er trägt weiter vor, sein Mandant E 1 werde in drei Monaten Rente aus der gesetzlichen Rentenversicherung beziehen.

Lösung Fall 31:

Der Antrag ist nach § 52 Abs. 1 VersAusglG iVm § 226 Abs. 1, Abs. 2 FamFG zulässig. Die weiteren Voraussetzungen für die Zulässigkeit des Abänderungsverfahrens liegen nach § 51 Abs. 1, 3 VersAusglG vor. Nach § 51 Abs. 3 VersAusglG ist eine wesentliche Änderung des Anrechts aus der **betrieblichen Altersversorgung** gegeben. Der vor der Umrechnung ermittelte Wert des **Ehezeitanteils** der betrieblichen Altersversorgung unterscheidet sich wesentlich von den dynamisierten und aktualisierten Wert des Anrechts im Jahr 2009, als Rechtsanwalt R am 2.12.2009 den Antrag stellt. Zu vergleichen ist der vom Familiengericht in der Ausgangsentscheidung zunächst festgestellte Wert in

Höhe von nominal 234, 70 DM, was 120 EUR monatlich als Rentenbetrag entspricht mit dem aktualisierten Wert von 106,12 DM, was 54,26 EUR monatlich als Rentenbetrag entspricht, wenn dieser mit Hilfe des Verhältnisses der aktuellen Rentenwerte in der gesetzlichen Rentenversicherung vervielfältigt wird. Zum Zeitpunkt der Entscheidung (2. Halbjahr 2000) entsprach der aktuelle Rentenwert 48,58 DM monatlich, entsprechend 24,31 EUR. Der aktuelle Rentenwert im 2. Halbjahr 2009 (unterstellt gleichbleibend wie im 1. Halbjahr 2009) beträgt 26,56 EUR. Der im Ausgangsverfahren dynamisierte Betrag in Höhe von 54,26 EUR ist mit dem aktuellen Rentenwert im 2. Halbjahr 2009 von 26,56 EUR zu multiplizieren und durch den aktuellen Rentenwert im 2. Halbjahr 2000 in Höhe von 24,31 EUR zu dividieren, wonach sich der Rentenbetrag auf 59,28 EUR erhöht.

Vergleicht man den Ausgangswert der betrieblichen Altersversorgung aus dem Urteil in Höhe von 120 EUR monatlich mit dem hochgerechneten, dynamisierten Wert von 59,28 EUR, so ergibt sich eine Differenz in Höhe von 60,72 EUR (120 EUR./. 59,28 EUR). Der Betrag liegt höher als 2 % der Bezugsgröße nach § 18 Abs. 1 SGB IV (50,40 EUR im Jahr 2009).

Das Familiengericht wird nunmehr für sämtliche Anrechte neue Auskünfte erholen und nach § 51 Abs. 1 VersAusglG iVm §§ 9 bis 19 VersAuglG den Wertausgleich durch interne bzw externe Teilung vornehmen (Totalrevision nach neuem Recht).

S. hierzu auch Rn 238.

Fall 32: Abänderung einer Entscheidung im öffentlich-rechtlichen Versorgungsausgleich nach altem Recht

Das Amtsgericht hat im 2. Halbjahr 2000 (Ehezeitende ebenfalls im 2. Halbjahr 2000) 460
den Versorgungsausgleich durch Rentensplitting bezüglich der gesetzlichen Rentenversicherung der beiden Ehegatten durchgeführt. Wegen eines Anrechts der betrieblichen Altersversorgung des ausgleichspflichtigen E 1 mit dynamisiert 106,12 DM monatlich hat es den Ausgleich in Höhe von 89,60 DM aus der gesetzlichen Rentenversicherung des E 1 durch sog. Supersplitting nach § 3 b Abs. 1 Nr. 1 VAHRG in die gesetzliche Rentenversicherung des E 2 vorgenommen. In den Gründen hat es den Restbetrag von 16,52 DM (106,12 DM./. 89,60 DM) dem schuldrechtlichen Versorgungsausgleich vorbehalten. Rechtsanwalt R stellt auf Drängen des E 2 einen Antrag auf Abänderung der alten Entscheidung.

Wie wird das Familiengericht entscheiden?

Lösung Fall 32:

Eine Abänderung nach § 51 Abs. 4 VersAusglG ist unzulässig, da noch Ausgleichsansprüche nach der Scheidung nach den §§ 20 bis 26 VersAusglG geltend gemacht werden können. Die Voraussetzungen für Ausgleichsansprüche nach der Scheidung liegen nicht vor (Schlagwort doppelter Rentenfall).

Das Familiengericht wird den Antrag als unzulässig abweisen. Rechtsanwalt R wird E 2 darauf hinweisen, dass er auf Antrag (§ 223 FamFG) später Ausgleichsansprüche nach der Scheidung geltend machen kann, bei denen der Teilausgleich zu berücksichtigen ist (§ 53 VersAusglG).

S. hierzu auch Rn 245.

Fall 33: Ausgleichsansprüche nach der Scheidung; Bewertung eines Teilausgleichs nach altem Recht

461 Das Familiengericht hat im 2. Halbjahr 2003 (auch Ehezeitende) über den Versorgungsausgleich entschieden. Es hat beim ausgleichspflichtigen E 1 ein Anrecht aus der betrieblichen Altersversorgung mit nominal 280 EUR nach Dynamisierung (nach der früheren Barwertverordnung) im Wege des sog. Supersplitting nach § 3 b Abs. 1 Nr. 1 VAHRG in Höhe von 47,60 EUR zu Gunsten der E 2 ausgeglichen und im Übrigen in den Gründen den schuldrechtlichen Versorgungsausgleich wegen des Restbetrags aus der betrieblichen Altersversorgung, den es nicht ausgleichen konnte, vorbehalten.

Im Jahr 2009 beziehen nunmehr beide Parteien Rente. Rechtsanwalt R beantragt im Auftrag von E 2 am 10.9.2009 die Durchführung der schuldrechtlichen Ausgleichszahlungen nach §§ 20 ff VersAusglG.

Wie wird das Familiengericht entscheiden?

Lösung Fall 33:

Die Voraussetzungen nach § 20 Abs. 1, 2 VersAusglG (doppelter Rentenfall) liegen vor. Ein Antrag nach § 223 FamFG ist gestellt. Das Familiengericht wird eine neue Auskunft bezüglich der betrieblichen Altersversorgung des E 1 erholen. Diese ergibt eine relativ geringe Steigerung auf 300 EUR monatlich (Ehezeitanteil). Bei der Entscheidung hat das Familiengericht den Teilausgleich nach § 3 b Abs. 1 Nr. 1 VAHRG zu berücksichtigen. Nach § 53 VersAusglG bestimmt es den Wert des Teilausgleichs durch Hochrechnung mit Hilfe des aktuellen Rentenwerts. Dieser betrug im 1. Halbjahr 2003 25,86 EUR und beträgt (im 1. Halbjahr) 2009 26,56 EUR. Der Wert des Teilausgleichs beläuft sich danach im Jahr 2009 auf 48,89 EUR (47,60 EUR x 26,56 EUR : 25,86 EUR).

Weitere Anrechte der Parteien sind im Wege der Ausgleichsansprüche nach der Scheidung nicht auszugleichen. Das Familiengericht berechnet die schuldrechtliche Rente aus dem hälftigen Ehezeitanteil (= Ausgleichswert) von 150 EUR (300 EUR : 2) unter Abzug des neu bewerteten Teilausgleichs aus dem Jahre 2003 mit 101,11 EUR monatlich (150 EUR./. 48,89 EUR).

	E_1	E_2
Betr. AV	**alte Entscheidung**	
	280 EUR Rente ⟶	47,60 EUR Rente
	davon Teilausgleich	
	neue Entscheidung	
	300 EUR Rente : 2 = (statt 280 EUR)	
	150 EUR Rente ⟶	150,00 EUR Rente
		– 48,89 EUR Rente (hochgerechnet)
		101,11 EUR Rente

S. hierzu auch Rn 252.

Fall 34: Abänderung nach neuem Recht

a) Das Amtsgericht hat Anrechte des M aus der gesetzlichen Rentenversicherung in seiner Entscheidung nach neuem Recht durch interne Teilung an die F in Höhe eines Ausgleichswertes von 3,76505 Entgeltpunkten übertragen und Anrechte der F aus deren gesetzlichen Rentenversicherung mit einem Ausgleichswert von 0,5 Entgeltpunkten für den M. Zugleich hat das Amtsgericht wegen einer Betriebsrente des M mit einem Rentenwert von 20 EUR monatlich, nachdem der Träger der betrieblichen Altersversorgung dies verlangt hatte, die externe Teilung durchgeführt, indem es im Urteil einen Kapitalbetrag von 3.000 EUR, den der Träger der betrieblichen Altersversorgung an die private Lebensversicherung A für F zu zahlen hatte, festgesetzt hat. 462
Bereits Anfang 2010 erhöhen sich die Entgeltpunkte bei F, weil ihr nachträglich für Kindererziehungszeiten während der Ehe 3,9984 Entgeltpunkte zuerkannt wurden. Damit verfügt sie, bezogen auf die Ehezeit, über Entgeltpunkte mit einem Ausgleichswert in Höhe von 2,24992 Entgeltpunkten (Ehezeitanteil bei Entscheidung 1 Entgeltpunkt + Ehezeitanteil der nachträglich zuerkannten Kindererziehungszeiten 3,9984 : 2).
Als M davon erfährt, beauftragt er seinen Rechtsanwalt R eine Abänderung des Versorgungsausgleichs herbeizuführen.
Nachdem F von dem Vorhaben des M erfahren hat, beauftragt sie Rechtsanwältin B eine vollständige Abänderung des Versorgungsausgleichs bei Gericht vornehmen zu lassen, da sich nach dem Ehezeitende die Wertigkeit der betrieblichen Altersversorgung des M verdreifacht habe.

b) Wie wäre es, wenn M am 1.4.2010 Leistungen aus der gesetzlichen Rentenversicherung voraussichtlich beziehen wird?

Lösung Fall 34:

a) Die Entscheidung richtete sich nach neuem Recht. Die interne Teilung beruht auf § 10 Abs. 1 VersAusglG, die externe Teilung auf § 14 Abs. 1, 2 Nr. 2 VersAusglG iVm § 222 Abs. 3 FamFG.

Die Abänderung richtet sich daher nach den §§ 225, 226 FamFG.

Die Abänderung kann nur hinsichtlich der gesetzlichen Rentenversicherung von F stattfinden, da es sich um ein Regelsicherungssystem nach § 225 Abs. 1 FamFG iVm § 32 Nr. 1 VersAusglG handelt. Es liegt eine tatsächliche Veränderung vor, da F nach Rechtskraft der Entscheidung zum Versorgungsausgleich Entgeltpunkte erhöhend für Kindererziehungszeiten während der Ehezeit zugeordnet wurden (§ 225 Abs. 2 FamFG).

Die Wesentlichkeitsgrenze nach § 225 Abs. 3 FamFG hindert die Abänderung nicht, da sie überschritten ist. Es liegt eine Wertänderung vom neuen Anrecht im Vergleich zum alten Anrecht von 1,992 Entgeltpunkten vor (2,4992./. 0,5 Entgeltpunkte). Das entspricht einer Wertänderung von rund 25 % (0,5 Entgeltpunkte : 1,992 Entgeltpunkte x 100). Die relative Wertgrenze von 5 % ist deutlich überschritten (§ 225 Abs. 3 FamFG). Falls man den Vergleich auf der Basis von Kapitalwerten durchführt, gilt die anschließende Berechnung.

Auch die absolute Wertgrenze nach § 225 Abs. 3 2. Alternative FamFG ist überschritten (1 % der Bezugsgröße nach § 18 Abs. 1 SGB IV, im 1. Halbjahr 2009: 25,20 EUR Rentenbetrag bzw 120 % als Kapitalwert, ebenfalls der am Ende der Ehezeit maßgeblichen monatlichen Bezugsgröße nach § 18 Abs. 1 SGB IV, im Jahr 2009: 3.024 EUR). Es liegt eine Wertänderung in Höhe von 25 % auch auf Kapitalwertbasis vor. Nimmt man an, dass 0,5 Entgeltpunkte einem Kapitalwert von 2.993,358 EUR und 1,992 Entgeltpunkten einem Kapitalwert von 14.962 EUR entsprechen, so beträgt die Differenz 11.968,64 EUR, was einem Prozentsatz im Vergleich zum ursprünglichen Ausgleichswert (0,5 Entgeltpunkte = 2.993,358 EUR) von rund 25 % entspricht (2.993,358 EUR : 11.968,64 EUR x 100).

Rechtsanwalt R wird aber M von einer Abänderung abraten, da die formellen Voraussetzungen nicht vorliegen. Ein Antrag nach § 226 Abs. 2 FamFG kann frühestens sechs Monate vor dem Zeitpunkt gestellt werden, ab dem ein Ehegatte voraussichtlich eine laufende Versorgung aus dem abzuändernden Anrecht bezieht oder dies aufgrund der Abänderung zu erwarten ist. Die Voraussetzungen liegen bei M nicht vor.

Rechtsanwältin B wird F von einem Abänderungsverfahren abraten. Die Wertänderung nach Ehezeitende bei der externen Teilung ist schon deshalb kein Abänderungsgrund nach § 225 Abs. 1 FamFG, da es sich um kein Anrecht nach § 32 VersAusglG handelt. Die externe Teilung erfolgte in die private Lebensversicherung. Auch die betriebliche Altersversorgung unterliegt nicht § 32 VersAusglG.

Eine Totalrevision, wie nach altem Recht (§ 10 a VAHRG), findet nicht mehr statt, sondern nur noch eine anrechtsbezogene Abänderung, falls sich ein einzelnes Anrecht, wie im vorliegenden Fall das Anrecht der F in der gesetzlichen Rentenversicherung, geändert hat. Änderungen des Anrechts des M in der gesetzlichen Rentenversicherung sind nicht ersichtlich. Die Abänderung des Wertausgleichs der betrieblichen Altersversorgung des M scheitert an der Zulässigkeit (§ 225 Abs. 1, FamFG. § 32 VersAusglG). Insoweit braucht das Gericht keine neuen Auskünfte erholen und muss auch beim Abänderungsverfahren bezüglich des Anrechts der F diese Anrechte des M in keiner Weise berücksichtigen.

b) Die formellen Voraussetzungen für das Abänderungsverfahren liegen nunmehr für M vor, da er in drei Monaten eine laufende Versorgung aus dem geteilten Anrecht der F beziehen kann (§ 226 Abs. 2 FamFG). Rechtsanwalt R wird daher nach § 226 Abs. 1 FamFG den Antrag auf Abänderung beim Familiengericht stellen und vortragen, dass M zum 1.4. 2010 aus der gesetzlichen Rentenversicherung eine Rente beziehen wird sowie die tatsächliche Veränderung nach § 225 Abs. 2 behaupten, ebenso wie die Überschreitung der Wesentlichkeitsgrenze. Ob eine tatsächliche Änderung eingetreten ist und ob diese Änderung wesentlich ist, ist eine Frage der Begründetheit, da das Familiengericht bei Antragstellung nicht in der Lage wäre, eine konkrete Prüfung der beiden Tatbestandsvoraussetzungen vorzunehmen.

	E_1	E_2
GV	**alte Entscheidung** 7,5301 EP : 2 = 3,76505 EP ←——→	1 EP : 2 = 0,5 EP
Betr. AV	40 EUR Rente : 2 = 20 EUR Rente ≙ 3.000 Kapital ——→ **externe Teilung**	LV 3.000 EUR
	Ergebnis nach der Entscheidung des Familiengerichts: 3,76505 EP 0,5 EP 3.000 EUR Kapital	 0,5 EP 3,76505 EP 3.000 EUR LV
	neue Entscheidung ←——	4,9984 EP : 2 = (statt 1 EP) 2,4992 EP
	Ergebnis nach der Entscheidung des Familiengerichts: 2,4992 EP ansonsten alte Regelung	 2,4992 EP

S. hierzu auch Rn 245.

Fall 35: Ausgleichsansprüche nach der Scheidung (früher schuldrechtlicher Versorgungsausgleich)

463 Das Familiengericht hat den Versorgungsausgleich durch interne Teilung der Anrechte der Parteien mit Beschluss vom 2.10.2009 nach neuem Recht rechtskräftig geregelt. E 1 verfügte über Anrechte aus der schweizerischen Rentenversicherung, die das Familiengericht in seinem Beschluss wegen fehlender Ausgleichsreife nach § 19 Abs. 2 Nr. 4 VersAusglG im öffentlich-rechtlichen Versorgungsausgleich nicht ausgleichen konnte, was das Gericht in den Gründen der Entscheidung darlegte.

Seit dem 1.4.2010 bezieht E 1 wegen Erreichens der Altersgrenze u.a. auch die Rente aus der schweizerischen Rentenversicherung. Auch E 2 bezieht mittlerweile eine eigene Versorgung aus der gesetzlichen Rentenversicherung ebenfalls wegen Erreichens der Altersgrenze.

E 2 erinnert sich, dass die schweizerischen Anrechte des E 1 anlässlich der Scheidung durch das Familiengericht im Versorgungsausgleich nicht ausgeglichen wurden. Sie bittet Rechtsanwalt R um Rat.

Dieser nimmt in den Beschluss des Familiengerichts, mit dem es den Versorgungsausgleich geregelt hat, Einsicht und stellt die Richtigkeit der Angaben der E 2 fest. Auf Aufforderung von Rechtsanwalt R übermittelt E 1 ihm seinen Rentenbescheid aus der schweizerischen gesetzlichen Rentenversicherung. Danach bezieht er eine Rente in Höhe von 300 EUR monatlich.

Lösung Fall 35:

Rechtsanwalt R wird für E 2 einen Antrag auf Regelung der Ausgleichsansprüche nach der Scheidung (§§ 220 ff FamFG) nach § 223 FamFG beim Familiengericht stellen. In seinem Antrag wird er auf die Entscheidung des Familiengerichts zum Versorgungsausgleich hinweisen. Er wird weiter vortragen, dass beide Parteien nunmehr Renten beziehen, u.a. E 1 aus der nicht ausgeglichenen Versorgung bei der schweizerischen Rentenversicherung. Die Voraussetzungen nach § 20 Abs. 1, 2 VersAusglG sind erfüllt.

Das Familiengericht wird auf den Antrag hin von Amts wegen (Amtsermittlungsprinzip § 26 FamFG) eine Auskunft von der schweizerischen Rentenversicherung nach Vorlage einer entsprechenden Vollmacht des E 1 bzw evtl über einen Sachverständigen einholen. Es wird den Ausgleichswert ausrechnen, der 100 EUR betragen könnte. Von diesem Betrag sind nach § 20 Abs. 1 S. 2 VersAusglG eventuelle Sozialversicherungsbeiträge (Krankenversicherung und Pflegeversicherung) abzuziehen.

Auf Antrag von Rechtsanwalt R wird das Familiengericht die Abtretung (§ 21 Abs. 1 VersAusglG) des Anspruchs von E 1 gegenüber der schweizerischen Altersversorgung an E 2 regeln, falls kein Eingriff in fremdes Hoheitsrecht vorliegt.

S. hierzu auch Rn 285, 292.

Fall 36: Ausgleichsansprüche nach der Scheidung/Ausgleich von Kapitalzahlungen

464 Ein Anrecht aus der betrieblichen Altersversorgung des E 1 konnte beim Wertausgleich bei der Scheidung nicht berücksichtigt werden, da es noch nicht unverfallbar war. E 1 hat mit seinem Arbeitgeber, was nach der Satzung der betrieblichen Altersversorgung

möglich ist, statt einer Rente eine Kapitalauszahlung bei Erreichen des 65. Lebensjahrs vereinbart. Mit der Kapitalauszahlung wollte E 1 vermeiden, dass er seine Anrechte aus der betrieblichen Altersversorgung mit E 2 teilen muss. Mittlerweile ist E 1 65 Jahre alt geworden und hat sich von seinem Arbeitgeber 30.000 EUR auszahlen lassen. Das Anrecht war längst nach der Scheidung unverfallbar geworden. E 2, die ebenfalls Rente bezieht, fragt Rechtsanwalt R, ob sie etwas aus der Betriebsrente des E 1 erhalten kann.

Welchen Rat wird Rechtsanwalt R E 2 erteilen?

Lösung Fall 36:

Er wird E 2 darüber aufklären, dass in diesem Fall auch Kapitalzahlungen nach § 22 VersAusglG den Ausgleichsansprüchen nach der Scheidung unterliegen. Er wird einen Antrag nach § 223 FamFG auf Durchführung des schuldrechtlichen Versorgungsausgleichs stellen (§§ 20 ff VersAusglG) und die formellen Voraussetzungen darlegen: doppelter Rentenfall, auszugleichendes Anrecht der betrieblichen Altersversorgung, das E 1 als Kapitalbetrag ausgezahlt erhalten hat, Entscheidung des Familiengerichts, das im Beschluss die mangelnde Ausgleichsreife feststellt (§ 224 Abs. 3 FamFG). Auch bei Kapitalzahlungen sind Sozialversicherungsbeiträge abzugsfähig. Sollte eine Auszahlung in Raten erfolgen, so kann E 2 die Kapitalzahlung nicht im Wege einer Einmalzahlung verlangen. In diesen Fällen kommt eine Abtretung nach § 21 Abs. 1 VersAusglG in Betracht. Der Anspruch besteht auch dann, wenn der Kapitalbetrag bereits ausgezahlt ist.[375]

S. hierzu auch Rn 299, 311.

Fall 37: Unterhaltsprivileg nach neuem Recht

Das Familiengericht hat im Beschluss über die Scheidung den Versorgungsausgleich dahingehend geregelt, dass es für E 1 zu Lasten des Anrechts des E 2 aus einer Ärzteversorgung des E 2 150 EUR an Ausgleichswert im Wege der internen Teilung übertrug, während es zu Lasten der gesetzlichen Rentenversicherung des E 1 in der gesetzlichen Rentenversicherung des E 1 für E 2 einen Ausgleichswert von 900 EUR durch interne Teilung übertrug. E 1 verfügte insgesamt über eine Versorgung in der gesetzlichen Rentenversicherung mit einem Rentenwert von 2.750 EUR monatlich. Die Kürzung der Versorgung des E 1 führt die gesetzliche Rentenversicherung entsprechend dem Beschluss des Familiengerichts durch. Ebenso begründet der Versorgungsträger der E 2 für E 1 in der Ärzteversorgung 150 EUR monatlich als neues Anrecht für ihn. Ein Jahr nach dem Beschluss des Familiengerichts tritt bei E 1 der Rentenfall ein. Er bezieht nunmehr aus einer gesetzlichen Rentenversicherung eine gekürzte Versorgung in Höhe von 1.850 EUR (2.750 EUR – 900 EUR) und bezieht aus der Ärzteversorgung 150 EUR, jeweils monatlich, also insgesamt 2.000 EUR monatlich (1.850 EUR + 150 EUR). 465

E 2 macht Unterhalt geltend. E 2 verfügt über eigenes bereinigtes Einkommen von 1.600 EUR. Ihm würde, wenn die Versorgung des E 1 nicht gekürzt wäre, ein Unterhaltsanspruch in Höhe von 575 EUR pro Monat zustehen. Nach der Additionsmethode

375 BT-Drucks. 16/10144, 65.

hätte E 2 einen Bedarf von 2.175 EUR ((2.750 EUR + 1.600 EUR) : 2). Hierauf muss E 2 sich das eigene Einkommen in Höhe von 1.600 EUR anrechnen lassen, so dass sich der Unterhaltsanspruch auf 575 EUR monatlich beläuft. Hierbei sind Abzüge für berufsbedingte Aufwendungen und der Erwerbstätigenbonus vernachlässigt.

E 2 sucht Rechtsanwalt R auf und bittet ihn, den Unterhaltsanspruch gegen E 1 zu berechnen und das Nötige zu veranlassen. Was wird R als erstes überlegen?

Lösung Fall 37:[376]

Es kommt eine zeitliche Aussetzung der Kürzung der Versorgung des E 1 nach §§ 32 bis 34 VersAusglG in Betracht.

Es handelt sich bei den Anrechten des E 1 um anpassungsfähige Anrechte nach § 32 Nr. 1 und Nr. 3 VersAusglG. Bei E 1 ist der Rentenfall (Leistungsfall) eingetreten (§ 33 Abs. 1 VersAusglG). Er bezieht u.a. aus einer gesetzlichen Rentenversicherung Rente, die aufgrund des Versorgungsausgleichs gekürzt wurde. Bei E 2 liegt noch kein Rentenbezug vor. E 2 hätte ohne die Kürzung durch den Versorgungsausgleich einen Unterhaltsanspruch gegen E 1. Dieser beträgt 575 EUR (§ 33 Abs. 1 VersAusglG). Die Berechnung des Unterhaltsanspruchs erfolgt aus den beiderseitigen Einkommen der Ehegatten, bei E 1 aus der ungekürzten Versorgung. Die Kürzung setzt das Familiengericht in Höhe des Unterhaltsanspruchs nach § 33 Abs. 3 VersAusglG aus. Aufgrund des Versorgungsausgleichs wurde die Versorgung des E 1 um 900 EUR gekürzt. Dieser Betrag ist nunmehr in Höhe des Unterhaltsanspruchs von 575 EUR (jeweils monatlich) auszusetzen, so dass der Kürzungsbetrag nur noch 325 EUR monatlich beträgt (900 EUR – 575 EUR) und der E 1 aus der gesetzlichen Rentenversicherung eine Rente von 2.425 EUR bezieht (2.750 EUR./. 325 EUR).

Bei der Berechnung des Unterhaltsanspruchs aufgrund der zur Verfügung stehenden Versorgungen des E 1 ist zu beachten, dass er nicht nur eine Rente aus der gesetzlichen Rentenversicherung bezieht, sondern auch aus der Ärzteversorgung in Höhe von 150 EUR (Ergebnis der internen Teilung der Anrechte des E 2 bei der Ärzteversorgung). Damit verfügt E 1 insgesamt über ein Einkommen von 2.575 EUR monatlich (2.750 EUR./. 325 EUR + 150 EUR).

Auf der Basis dieses Einkommens des E 1 und des Einkommens von E 2 errechnet sich der Unterhaltsanspruch nunmehr für die E 2 mit 487,50 EUR monatlich (nach der Additionsmethode: (2.575 EUR + 1.600 EUR): 2./. 1.600 EUR).

Rechtsanwalt R wird daher E 2 raten, einen Antrag auf Anpassung wegen Unterhalt nach § 33 Abs. 1 VersAusglG, § 34 Abs. 2 VersAusglG an das Familiengericht (§ 34 Abs. 1 VersAusglG) zu stellen.

376 BT-Drucks. 16/10144, 72.

	E1	E_2
	alte Entscheidung zum VA	
ÄrzteV	←	300 EUR : 2 = 150 EUR
GV	1.800 EUR : 2 = 900 EUR →	
	Ergebnis nach der Entscheidung des Familiengerichts:	
	150 EUR	900 EUR
	+ 900 EUR	+ 150 EUR
	1.050 EUR	1.050 EUR
	bei Eintritt des Leistungsfalls bei E_1	
GV	Einkommen	Nettoeinkommen 1.600 EUR
	Insgesamt 2.750 EUR	**Unterhaltsanspruch** 575 EUR*
	- 900 EUR	ohne Kürzung bei E_1
	1.850 EUR	* 2.750 EUR
	+ 150 EUR	+ 1.600 EUR
	2.000 EUR	4.350 EUR : 2 =
		2.175 EUR
		- 1.600 EUR
		575 EUR
	erneute Berechnung des **Unterhaltsauspruchs**	
	Aussetzung der 900 EUR	Einkommen E_1 2.425,00 EUR
	Kürzung - 575 EUR	(Ärzte) + 150,00 EUR
	325 EUR	2.575,00 EUR
	↓	Einkommen E_1 + 1.600,00 EUR
		4.175,00 EUR : 2 =
	Einkommen 2.750 EUR	2.087,50 EUR
	- 325 EUR	- 1.600,00 EUR
	2.425 EUR	U-Anspruch 487,50 EUR

S. hierzu auch Rn 373.

Fall 38: Unterhaltsprivileg

466 Das Familiengericht hat den Versorgungsausgleich zwischen E 1 und E 2 geregelt. Es hat im Beschluss für E 2 zu Lasten des Anrechts des E 1 aus der gesetzlichen Rentenversicherung ein Anrecht in Höhe von 400 EUR im Wege der internen Teilung übertragen. E 1 verfügt insgesamt über Anrechte aus der gesetzlichen Rentenversicherung in Höhe von 1.400 EUR. Da E 2 nur (geringe) Anrechte aus der französischen gesetz-

lichen Rentenversicherung hatte, fand insofern ein Ausgleich nicht statt (§ 19 Abs. 1 Nr. 4 VersAusglG).

Nach der Scheidung tritt bei E 1 der Rentenfall ein. Er bezieht aus der gesetzlichen Rentenversicherung eine aufgrund des Versorgungsausgleichs um 400 EUR gekürzte Rente in Höhe von 1.000 EUR monatlich. E 2 will E 1 auf Unterhalt verklagen. Sie verfügt über ein unterhaltsrelevantes Einkommen von 1.200 EUR monatlich.

E 2 wendet sich an Rechtsanwalt R und bittet ihn um Rat. Sie möchte auf jeden Fall von E 1 Unterhalt. Was wird R zunächst überlegen?

Lösung Fall 38:[377]

Rechtsanwalt R wird zunächst den Unterhaltsanspruch aufgrund der ungekürzten Versorgung des E 1 berechnen. Bei Eigeneinkünften der E 2 beträgt der Unterhaltsanspruch 100 EUR ((1.400 EUR + 1.200 EUR) : 2)./. 1.200 EUR). Wird die Kürzung in Höhe von 400 EUR um den Unterhaltsanspruch von 100 EUR (§ 33 Abs. 3 VersAusglG) ausgesetzt, so verbleibt ein Betrag von 300 EUR. Bei Abzug des so ermittelten Kürzungsbetrages in Höhe von 300 EUR monatlich von der ungekürzten Versorgung des E 1 in Höhe von 1.400 EUR beträgt der für den Unterhalt einzusetzender Rentenbetrag 1.100 EUR (1.400 EUR./. 300 EUR). Nachdem E 2 über ein eigenes Einkommen in Höhe von 1.200 EUR monatlich verfügt, besteht trotz der Aussetzung der Kürzung in Höhe von 100 EUR kein Unterhaltsanspruch von E 2.

Rechtsanwalt R wird E 2 daher mitteilen, dass eine Anpassung wegen Unterhalt nach § 33 VersAusglG ausscheidet, weil E 2 selbst bei teilweiser Aussetzung der Kürzung seiner Versorgung keinen Unterhaltsanspruch gegen E 1 hat.

377 BT-Drucks. 16/10144, 73.

	E_1	E_2
GV	800 EUR : 2 = 400 EUR ⟶	
GV	Ergebnis nach der Entscheidung des Familiengerichts: 400 EUR	400 EUR
	Berechnung des **Unterhaltsanspruch** bei Eintritt des Leistungsfalls bei E_1 Einkommen 1.400 EUR – 400 EUR 1.000 EUR	Nettoeinkommen 1.200 EUR Unterhaltsanspruch 100 EUR * ohne Kürzung bei E_1 * 1.400 EUR + 1.200 EUR 2.600 EUR : 2 = 1.300 EUR – 1.200 EUR 100 EUR
	erneute Berechnung des **Unterhaltsauspruchs** Aussetzung der Kürzung 400 EUR – 100 EUR 300 EUR Einkommen 1.400 EUR – 300 EUR 1.100 EUR	Einkommen E_1 1.100 EUR Einkommen E_2 1.200 EUR ↓ kein Unterhaltsanspruch

S. hierzu auch Rn 379.

Fall 39: Unterhaltsprivileg

Das Familiengericht hat die Ehe der Parteien E 1 und E 2 rechtskräftig geschieden. Es hat im Wege der internen Teilung für E 2 zu Lasten des E 1 beim Träger der gesetzlichen Rentenversicherung des E 1 800 EUR übertragen. Aus der Beamtenversorgung des E 2 hat das Familiengericht im Wege der externen Teilung in der gesetzlichen Rentenversicherung für E 1 eine monatliche Rente von 400 EUR begründet. Den Versorgungsausgleich haben die Versorgungsträger entsprechend dem Beschluss des Familiengerichts durchgeführt. Nach Rechtskraft des Beschlusses des Familiengerichts tritt der Leistungsfall bei E 1 ein. E 1 bezieht eine um 800 EUR monatlich gekürzte eigene Versorgung in Höhe von 1.200 EUR (ungekürzter Betrag 2.000 EUR) zuzüglich 400 EUR aus der Teilung des Anrechts von E 2. E 2 verlangt von E 1, der über keine weiteren Einkünfte verfügt, Unterhalt. E 2 erzielt aus einer Arbeitstätigkeit ein bereinigtes Nettoeinkommen von 800 EUR. 467

E 2 wendet sich an Rechtsanwalt R, mit der Bitte, ihren Unterhaltanspruch zu berechnen und die notwendigen Schritte einzuleiten.

Lösung Fall 39:[378]

Rechtsanwalt R stellt bei der Unterhaltsberechnung fest, dass E 2 einen Unterhaltsanspruch gegen E 1 in Höhe von 600 EUR monatlich hätte, wenn die Versorgung des E 1 nicht aufgrund des Versorgungsausgleichs gekürzt wäre ((2.000 EUR + 800 EUR) : 2; 1.400 EUR – 800 EUR; eventuelle pauschalierte Werbungskosten und der Erwerbstätigenbonus wurden vernachlässigt).

Nach § 33 Abs. 1, 3 VersAusglG könnte die Kürzung der Versorgung des E 1 in Höhe des Unterhaltsanspruchs von 600 EUR ausgesetzt werden. Der Kürzungsbetrag beträgt 800 EUR. Zieht man hiervon den Unterhalt in Höhe von 600 EUR monatlich ab, so ist die Kürzung in Höhe von 200 EUR aufrecht zu erhalten, wonach E 1 nach Aussetzung der Kürzung über eine Rente in Höhe von 1.800 EUR verfügen würde (2.000 EUR – 200 EUR).

Dabei bliebe aber § 33 Abs. 3 Hs 2 VersAusglG außer Betracht. Die Kürzung kann nur in Höhe der Differenz der beiderseitigen Ausgleichswerte aus denjenigen Anrechten iSd § 32 VersAusglG erfolgen, aus denen E 1 eine laufende Versorgung (Rente) bezieht.

Da E 1 von der Versorgung der ausgleichsberechtigten Person aber 400 EUR pro Monat erhält, verfügt E 1 wirtschaftlich gesehen über eine Versorgung von 1.600 EUR monatlich (2.000 EUR./. 800 EUR aufgrund Verminderung durch den Versorgungsausgleich an E 2 zuzüglich 400 EUR des Zuflusses aus der Versorgung der E 2). Wirtschaftlich gesehen hat daher E 1 eine Rente in Höhe von 1.600 EUR monatlich. Der Verlust von E 1 bei Saldierung und wirtschaftlicher Betrachtungsweise beträgt danach nur 400 EUR monatlich (2.000 EUR – 1600 EUR). Nur in dieser Höhe ist die Kürzung nach § 33 Abs. 3 VersAusglG auszusetzen, so dass der Kürzungsbetrag 400 EUR monatlich beträgt (Kürzung 800 EUR./. 400 EUR = 400 EUR).

Die Aussetzung der Kürzung der Versorgung des E 1 um 400 EUR führt dazu, dass ihm noch 1.600 EUR monatlich aus der eigenen Versorgung verbleiben, zuzüglich 400 EUR aus dem geteilten Anrecht von E 2. Aus diesem Betrag erfolgt nunmehr die Unterhaltsberechnung. Auf dieses Ergebnis wird Rechtsanwalt R E 2 hinweisen und ihr vorschlagen, nach § 34 Abs. 1, 2 VersAusglG iVm § 33 Abs. 1 VersAusglG beim Familiengericht den Antrag zu stellen, die Kürzung der Versorgung des E 1 auszusetzen.

378 BT-Drucks. 16/10144, 73.

	E_1	E_2
GV	1.600 EUR : 2 = 800 EUR ⟶	
BV	⟵	800 EUR : 2 = 400 EUR
	Ergebnis nach der Entscheidung des Familiengerichts: 800 EUR + 400 EUR 1.200 EUR	400 EUR + 800 EUR 1.200 EUR
	Berechnung des **Unterhaltsanspruch** bei Eintritt des Leistungsfalls bei E_1 Einkommen 2.000 EUR – 800 EUR 1.200 EUR	Nettoeinkommen 800 EUR Unterhaltsanspruch 600 EUR * ohne Kürzung bei E_1 * (2.000 EUR + 800 EUR 2.800 EUR : 2 = 1.400 EUR – 800 EUR 600 EUR)
	erneute Berechnung des **Unterhaltsanspruchs** Aussetzung der Kürzung 800 EUR – 600 EUR 200 EUR Einkommen 2.000 EUR – 200 EUR 1.800 EUR	

	E_1	E_2
	wirtschaftliche Betrachtungsweise Einkommen E_1 2.000 EUR GV an E_2 – 800 EUR 1.200 EUR BV von E_2 + 400 EUR 1.600 EUR	
	wirtschaftlicher Verlust 2.000 EUR – 1.600 EUR 400 EUR ↓ *Aussetzung der Kürzung in Höhe von 400 EUR* 800 EUR – 400 EUR 400 EUR	
	erneute Berechnung des Unterhaltsanspruchs Einkommen E_1 2.000 EUR – 400 EUR 1.600 EUR + 400 EUR (BV) 2.000 EUR	Einkommen E_1 2.000 EUR Einkommen E_2 800 EUR 2.800 EUR : 2 1.400 EUR – 800 EUR 600 EUR **Unterhaltsanspruch 600 EUR**

S. hierzu insgesamt auch Rn 380.

Fall 40: Unterhaltsprivileg

468 Wie wäre es, wenn die Kürzung der Rente des E 1 aus einer Beamtenversorgung nur 48 EUR monatlich als Rentenbetrag auf Grund des Versorgungsausgleichs betragen würde.

Lösung Fall 40:

In diesem Fall erfolgt eine Anpassung, dh eine Aussetzung der Kürzung nach § 33 Abs. 1, 2 VersAusglG nicht, da es sich um den Ausgleich eines Kleinstanrechtes handelt und 2 % der Bezugsgröße nach § 33 Abs. 2 VersAusglG iVm § 18 Abs. 1 SGB IV von 50,40 EUR (1. Halbjahr 2009) nicht überschritten sind.

S. hierzu auch Rn 378.

Teil C
Checklisten

Allgemeine Checkliste für eine Auskunft nach neuem Recht

1. Sind die persönlichen Daten richtig? 469
2. Berücksichtigt die Auskunft die richtige Ehezeit, wie vom Gericht festgesetzt (§ 3 Abs. 1 VersAusglG)?
3. Enthält die Auskunft offensichtliche Lücken oder Lücken, die mit der Partei abzuklären sind?
4. Ist die Wertermittlung nachvollziehbar? Wenn nicht, Nachfrage über das Gericht beim Versorgungsträger (§ 220 Abs. 4 VersAusglG).
5. Ergeben sich offensichtliche Widersprüche bei der Bewertung des Anrechts (§§ 39 ff VersAusglG)?
6. Führt die Teilung zu einem eigenständigen, vom Ausgleichspflichtigen unabhängigen Anspruch (§ 11 VersAusglG)?
7. Sind nach der Auskunft Veränderungen mit Bezug zur Ehezeit eingetreten, die zu berücksichtigen sind (§ 5 Abs. 2 VersAusglG)?
8. Bezieht die Partei eine Rente (Eintritt des Leistungsfalls) nach der Auskunftserteilung? Ist sie zu berücksichtigen? Im Zweifel Mitteilung an das Gericht.

S. hierzu auch Rn 41, 184, 187.

Checkliste für eine Rentenauskunft aus der gesetzlichen Rentenversicherung

1. Sind die persönlichen Daten richtig? 470
2. Ist die Ehezeit durch das Gericht richtig festgesetzt § 3 Abs. 1 VersAusglG?
3. Hat der Träger die richtige Ehezeit berücksichtigt?
4. Weist die Auskunft ausdrücklich auf Lücken im Versicherungsverlauf hin?
   Wenn ein solcher Hinweis fehlt, macht die Partei, eventuell auch der Gegner, Lücken geltend? Im Zweifelsfall ist eine Rückfrage beim Versorgungsträger, ein Vortrag beim Gericht notwendig.
5. Können ausländische Anrechte bei der Bewertung (zB EU-Recht) eine Rolle spielen?
   Hat der Versorgungsträger solche Anrechte berücksichtigt?
   Enthält die Auskunft Hinweise auf ausländische Anrechte? Falls sie in die Ehezeit fallen, wird regelmäßig ein Gutachten notwendig sein.
6. Enthält die Auskunft einen Hinweis auf eine Rente wegen vollständiger oder teilweiser Erwerbsminderung? Wenn ja, wird sie auf Dauer gezahlt?
   Wenn ja, hat der Versorgungsträger gemäß der Rechtsprechung des BGH (FamRZ 1997, 160) eine Vergleichsberechnung vorgenommen (auf der Basis von Entgeltpunkten)?
   Wenn ja, je nach Ausgang der Vergleichsberechnung (höhere Entgeltpunkte entfallen auf die Erwerbsminderungsrente) ist die Auskunft auf der Basis der Erwerbsminderungsrente erteilt?
7. Sind die einzelnen Versicherungszeiten richtig festgestellt?
   Das ist besonders mit dem Mandanten abzuklären.
8. Kommt ein Ausgleich aus einer Auskunft mit Lücken in Betracht?

Dies wird im Regelfall problemlos sein, wenn die Lücken vor der Ehezeit liegen. Liegen die Lücken in der Ehezeit, kann dies nur bei kleineren Lücken überlegt werden, vor allem soweit der Gegner und das Gericht „mitspielen". Eine andere Lösungsmöglichkeit eröffnet eine Vereinbarung der Parteien über das Anrecht (Ausgleich auf der Basis der erteilten Auskunft) nach §§ 6 ff VersAusglG.

S. hierzu auch Rn 51, 65.

Checkliste für Beamtenversorgung

471 1. Sind die persönlichen Daten richtig?
2. Haben das Gericht und der Versorgungsträger die richtige Ehezeit berücksichtigt?
3. Ist die Gesamtzeit, hochgerechnet auf das 65. Lebensjahr bzw jetzt auf das 67. Lebensjahr des Dienstes (Dienstalter), richtig berechnet.
4. Ist der Ehezeitanteil richtig berechnet?
5. Ist in dem Bescheid eine Ruhensberechnung enthalten, soweit der Beamte andere Anrechte besitzt, die eventuell auf die Beamtenversorgung anzurechnen sind?
6. Ist die Sonderzahlung („13. Monatsgehalt, Weihnachtsgeld"), soweit dem Beamten dies überhaupt noch gewährt wird,(richtig) berücksichtigt?
7. Sind Kürzungen nach § 4 a BSZG (Abzug wegen „Pflegeversicherung") berücksichtigt.

S. hierzu auch Rn 59.

Checkliste für Zusatzversorgung des öffentlichen Dienstes

472 1. Sind die persönlichen Daten richtig?
2. Ist die Ehezeit richtig berücksichtigt?
3. Gibt es Probleme im Hinblick auf die Startgutschrift?
   Handelt es sich um einen rentenfernen oder rentennahen Jahrgang (Vollendung des 55. Lebensjahres am 1.1.2002)?
4. Sind die versicherungsrechtlichen Zeiten richtig berücksichtigt?
5. Ist das Anrecht bereits unverfallbar?
   Insofern würde die Auskunft im Regelfall einen deutlichen Hinweis enthalten.
6. Liegt ein Rentenbezug vor? Wenn ja, ist er in der Auskunft behandelt?

S. hierzu auch Rn 75.

Checkliste für eine betriebliche Altersversorgung

473 1. Sind die persönlichen Daten richtig?
2. Berücksichtigt die Auskunft die richtige Ehezeit?
3. Hat der Träger entsprechend seinen Vorgaben eine korrekte Bewertung vorgenommen?
4. Ist die Bewertung nachvollziehbar?
   Falls die Bewertung nicht nachvollziehbar ist, besteht die Möglichkeit der Erläuterung über das Gericht (§ 220 Abs. 4 VersAusglG).
5. Sind die Zeiten der Betriebszugehörigkeit richtig?

Abklärung mit der Partei.

6. Bestehen Bedenken, ob der vorgeschlagene Ausgleichswert zu einem gerechten Ergebnis führt?
   Besteht Anlass zu einer besonderen Prüfung, wenn der Ausgleichswert nicht die Hälfte des Ehezeitanteils beträgt?

S. hierzu auch Rn 72.

Checkliste für das Abänderungsverfahren nach neuem Recht

1. Um welches Anrecht/Anrechte handelt es sich? 474
2. Handelt es sich um Änderungen bei Anrechten, die der Abänderung nach § 225 Abs. 1, 32 VersAusglG unterliegen (Anrechte aus der gesetzlichen Rentenversicherung, der Beamtenversorgung oder einer anderen Versorgung, die zur Versicherungsfreiheit führt, berufsständische oder andere Versorgungen, die zu einer Befreiung von der Sozialversicherungspflicht führen, Alterssicherung der Landwirte und Versorgungssysteme der Abgeordneten und der Regierungsmitglieder in Bund und Ländern) oder handelt es sich um ein Anrecht, das nicht unter § 32 VersAusglG fällt und damit grundsätzlich nicht abänderbar ist?
   Hinweis: Es geht nur um die Änderung/Korrektur einzelner Anrechte.
3. Welche Änderungen und Fehler mit welchen Auswirkungen liegen vor und können korrigiert werden?
4. Handelt es sich um rechtliche oder tatsächliche Veränderungen, die einen Bezug zur Ehezeit aufweisen?
   Änderungen, die keinen Bezug zur Ehezeit aufweisen, sind nicht zu berücksichtigen
5. Gibt es Bescheide über die veränderten Anrechte, eventuell sind Auskünfte einzuholen?
6. Welche Entscheidung ist abzuändern?
7. Kann die Abänderung wertmäßig abgeschätzt werden, vor allem die Auswirkung für die Partei? Bei einer Wertänderung des Anrechts: Liegen Berechnungs- und Buchungsfehler im alten Verfahren vor? Sind die Auswirkungen bei einer Korrektur abschätzbar? Könnten sie eine positive Veränderung zugunsten einer Partei verhindern?
   Hinweis: Zu einer Totalrevision kommt es im Gegensatz zum alten Recht nach neuem Recht nicht mehr. Gleichwohl sind offensichtliche Berechnungs- oder Buchungsfehler durch das Gericht zu korrigieren. Zu beachten ist, dass nach neuem Recht nur der Ausgleich des einzelnen Anrechts korrigiert wird.
8. Ist die relative oder die absolute Wesentlichkeitsgrenze nach § 225 Abs. 3 VersAusglG, § 18 Abs. 1 SGB IV überschritten (absolute Grenze: 5 % des bisherigen Ausgleichswerts des Anrechts; relative Grenze: 1 % der Bezugsgröße nach § 18 Abs. 4 SGB, im 1. Halbjahr 2009: 25,20 EUR bzw 120 % als Kapitalwert, ebenfalls der am Ende der Ehezeit maßgeblichen monatlichen Bezugsgröße nach § 18 Abs. 1 SGB IV, im 1. Halbjahr 2009: 3.024 EUR)?
9. Spielt die Wesentlichkeitsgrenze keine Rolle, weil die ausgleichsberechtigte Person maßgebliche Wartezeiten (vgl § 50 SGB VI) mit Hilfe der Abänderung, zB in der gesetzlichen Rentenversicherung erfüllt?

S. hierzu auch Rn 259.

Checkliste für den schuldrechtlichen Versorgungsausgleich – Nach altem Recht und neuem Recht

475
1. Um welches Anrecht geht es?
2. Sind Bescheide/Auskünfte neueren Datums vorhanden?
3. Ist dieses Anrecht im weitesten Sinne in einer gerichtlichen Entscheidung behandelt worden, mit welchem Ergebnis (unberücksichtigt geblieben oder Teilausgleich)?
4. Handelt es sich um einen inländischen oder ausländischen Versorgungsträger?
5. Ist mit Einwendungen (zB wegen Unwirtschaftlichkeit) zu rechnen?
6. Sind Gegenrechte zu berücksichtigen?
7. Lässt sich das Ergebnis abschätzen?
8. Ist mit einem Gegenantrag auf Abänderung §§ 225, 226 VersAusglG zu rechnen?

S. hierzu auch Rn 292.

Teil D
Die Gliederung des Versorgungsausgleichsgesetzes im Vergleich zur alten Rechtslage

Teil 1:	Versorgungsausgleich		
Kapitel 1	Allgemeiner Teil	§§ 1 ff	
	Halbteilung	§ 1	§ 1587 a I BGB - Hin- u. Her-Ausgleich
	Auszugleichendes Anrecht (auch Kapitalleistungen eines Anrechts dem BetrAVG)	§ 2	§ 1587 I BGB aber: nur Anwartschaften - Begriff Aussichten nicht mehr
	Ehezeit Ausschluss bei kurzer Ehezeit (3 Jahre)	§ 3	§ 1587 II BGB
	Auskunft	§ 4	§ 1587 e I BGB; § 220 FamFG vorrangig
	Berechnung des Ausgleichswertes	§ 5	weiter als § 1587 a II 1-5 BGB
Kapitel 2	Ausgleich	§§ 6 ff	
	Abschnitt 1 - Vereinbarungen	§§ 6-8	§ 1408 II BGB, § 1587 o BGB
	Regelungsbefugnis	§ 6	Jahresfrist nach § 1408 II BGB entfällt
	besondere formelle Wirksamkeitsvoraussetzungen	§ 7	§ 1587 o II 1 BGB, § 1410 BGB gilt weiter
	besondere materielle Wirksamkeitsvoraussetzungen	§ 8	§ 1587 o I 2 BGB
	Abschnitt 2 - Wertausgleich bei der Scheidung	§§ 9-19	§ 1587 b I, II BGB, §§ 1 II, III, 3 b I VAHRG
	interne Teilung	§§ 10, 11	§ 1587 b I BGB, § 1 II VAHRG - Realteilung
	interne Teilung von Betriebsrenten	§ 12	wie Realteilung nach § 1 II VAHRG
	Teilungskosten	§ 13	Kostenneutralität
	externe Teilung	§ 14	wie § 1587 b II BGB; §§ 1 III, 3 b I 1 VAHRG
	Wahlrecht hins. Zeitversorung	§ 15	
	externe Teilung Beamtenversorgung	§ 16	§ 1587 b II BGB - Quasisplitting
	Besonderheit externe Teilung Betriebsrenten	§ 17	höhere Wertgrenzen als bei § 14 II Nr. 2
	Geringfügigkeit	§ 18	Differenz beiderseitiger Anrechte gering; einzelne Anrechte mit geringem Wert; § 18 SGB IV
	fehlende Ausgleichsreife	§ 19	Verfallbarkeit nach BetrAVG - § 1587 a II Nr. 3 S. BGB; Unwirtschaftlichkeit nach § 1587 b IV BGB, ausländ. Anrechte iSd § 3 a V VAHRG
	Abschnitt 3 - Ausgleichsansprüche nach der Scheidung	§§ 20-26	
	Schuldrechtliche Ausgleichsrente	§ 20	§ 1587 g BGB; § 1587 f BGB und § 2 VAHRG entfallen

Teil 1:	Versorgungsausgleich		
	Abtretung von Versorgungsansprüchen	§ 21	§ 1587i BGB
	Ausgleich durch Kapitalzahlung	§ 22	auch im Fall der (späteren) Umwandlung nach Scheidung
	Anspruch auf Abfindung	§ 23	wie in § 1587l BGB Zumutbarkeitsregelung
	Zweckbindung iSd § 15 I, II	§ 24	wie in § 1587l III BGB
	Hinterbliebenenversorgung - Anspruch geg. Versorgungsträger	§ 25	wie § 3a VAHRG - Wiederverheiratungsklausel
	Hinterbliebenenversorgung - Anspruch geg. Witwer/Witwe	§ 26	wie § 3a V VAHRG
	Abschnitt 4 - Härteklausel	§ 27	§§ 1587c, 1587h BGB; § 10a III VAHRG - Problem Bilanz - keine Regelbeispiele
Kapitel 3	Ergänzende Vorschriften	§§ 28 ff	
	Privatrechtl. Anrecht auf laufende Versorgung wg. Invalidität	§ 28	Rechtsprechung BGH zur Risikoversicherung
	Leistungsverbot bis Abschluss des Verfahrens	§ 29	Schutzklausel zugunsten des Ausgleichsberechtigten
	Schutz des Versorgungsträgers	§ 30	wie § 1587p BGB
	Tod d. Ehegatten	§ 31	s. § 1587e IV BGB - Hin- und Her-Ausgleich beachten
Kapitel 4	Anpassung nach Rechtskraft	§§ 32 ff	
	Anwendungsbereich	§ 32	Härtefälle iSd §§ 4, 5 VAHRG nur für Regelversicherungssysteme
	Anpassung wegen Unterhalt	§ 33	grunds. wie §§ 5, 6 VAHRG
	Durchführung der Anpassung wegen Unterhalt	§ 34	Zuständigkeit des Familiengerichts
	Anpassung wegen Invalidität des Ausgleichspflichtigen	§ 35	
	Durchführung der Anpassung zu § 35	§ 36	Zuständigkeit des Versorgungsträgers
	Anpassung wegen Tod des Ausgleichsberechtigten	§ 37	wie § 4 VAHRG
	Durchführung der Anpassung nach § 37	§ 38	Antragsrecht entspr. § 9 II VAHRG

Teil 2:	Wertermittlung		
Kapitel 1	Allgemeine Wertermittlungsvorschriften	§§ 39-42	
	unmittelbare Bewertung einer Anwartschaft	§ 39	wie § 1587a II Nr. 2, 5 BGB
	zeitratierliche Bewertung einer Anwartschaft	§ 40	wie § 1587a II Nr. 1, 3 BGB
	Bewertung einer laufenden Versorgung	§ 41	entsprechend §§ 39, 40 VersAusglG
	Bewertung nach Billigkeit	§ 42	wie § 1587a V BGB

Teil 2:	Wertermittlung		
Kapitel 2	Sondervorschriften für bestimmte Versorgungsträger	§§ 43 ff	
	Anrechte aus gesetzl. Rentenversicherung	§ 43	Erweiterung des § 1587 a VII S. 2 BGB um Rente nach § 70 III a SGB VI
	Anrechte aus öffentlich-rechtlichem Dienstverhältnis	§ 44	Abs. 2 wie § 1587 a VI Hs 1 BGB; Abs. 3 wie § 1587 a VI Hs 2 BGB
	Anrechte nach dem Betriebsrentengesetz	§ 45	nach Abs. 1 Kapitalwert bei Direkt-Vers., P-Kasse, P-Fonds; nach Abs. 3 Rentenwert bei U-Kasse
	Anrechte aus Privatvesicherungen	§ 46	Rückkaufswert, § 169 III, IV, VIII VVG
Kapitel 3	Korrespondierender Kapitalwert	§ 47	
Teil 3:	Übergangsbestimmungen	§§ 48-54	
Buch 2 – Verfahren in Familiensachen §§ 111 - 270			
Abschnitt 8	Versorgungsausgleichssachen	§§ 217-230	§§ 53 b ff FGG
	Beteiligte	§ 219	§ 53 b II 1 FGG
	Verfahrensrechtliche Auskunft	§ 220	wie § 11 II VAHRG
	Erörterung, Aussetzung	§ 221	wie §§ 53 b I, 53 c I, II FGG
	externe Teilung	§ 222	rechtsgestaltende Option für Zielversorgung
	Antragserfordernis bei Ausgleich nach Scheidung	§ 223	§§ 1587 g I, 1587 l I BGB
	Entscheidung über den Versorgungsausgleich		Wirksamkeit wie § 53 g I FGG, Begründung wie § 53 b III FGG; Feststellung, dass kein Ausgleich
	Abänderung des Wertausgleichs bei Scheidung	§ 225	wie § 10 a VAHRG, wendtl. Änderung bei Abweichung von 5 %, mind. 1 %
	Durchführung der Abänderung	§ 226	Antragsberechtigung, Zulässigkeit, Härteklausel entspr. § 10 a IV, V, III VAHRG
	Sonstige Änderungen	§ 227	Vereinbarungen
	Zulässigkeit der Beschwerde	§ 228	

Teil E
Formblätter

Eine Arbeitsgruppe hat Formblätter für die Auskünfte, die das Gericht nach § 220 FamFG von den Beteiligten einholt, entwickelt. Sie liegen nunmehr in der Endfassung vor. Die Gerichte werden davon generell Gebrauch machen. Zur Verwendung dieser Formulare sind nach § 220 Abs. 2 S. 1 FamFG alle Beteiligten, also auch die Ehegatten, verpflichtet, wenn das Gericht die Formblätter übersendet. Die im Folgenden abgedruckten Vordrucke ermöglichen jederzeit, gerade auch für Rechtsanwälte, sich auf die Auskunftssuchen rechtzeitig einzustellen. Sie können hilfreich bereits bei ersten Beratungsgesprächen sein.

Nur für Versorgungsträger kommt eventuell eine Ausnahme nach § 220 Abs. 2 S. 1 FamFG in Betracht.

V 10 Fragebogen zum Versorgungsausgleich

Amtsgericht ______________________ Aktenzeichen ________________

Fragebogen zum Versorgungsausgleich

Zu einer Ehescheidung gehört die Teilung aller während der Ehe erworbenen Ansprüche auf Altersvorsorge (Versorgungsausgleich). Dieser Fragebogen dient der Ermittlung dieser Anrechte. Bitte füllen Sie ihn sorgfältig aus. Hierzu sind Sie gesetzlich verpflichtet. Sollten Sie trotz sorgfältiger Prüfung eine Frage nicht beantworten können, lassen Sie diese bitte offen.

1. Personalien

Familienname	Vornamen (Rufname unterstreichen)	Geburtsname
Staatsangehörigkeit	Geburtsdatum	Geburtsort
Geschlecht O männlich O weiblich	Derzeit ausgeübter Beruf	Erlernter Beruf
Anschrift: Straße, Hausnummer		Telefonnummer tagsüber
Postleitzahl	Wohnort	

2. Haben Sie Anrechte in einer gesetzlichen Rentenversicherung erworben (z. B. als Arbeiter oder Angestellter, Kindererziehungszeiten)?

O Ja O Nein

Name des Trägers der Rentenversicherung	Rentenversicherungsnummer
O Deutsche Rentenversicherung ______________ O Deutsche Rentenversicherung Bund O Deutsche Rentenversicherung Knappschaft-Bahn-See	I_ _I_ _I_ _I_ _I_ _I_I_ _ _I

3. Bei welchem Arbeitgeber sind Sie derzeit, bei welchen Arbeitgebern waren Sie seit der Eheschließung beschäftigt? Sind Ihnen betriebliche Altersversorgungen zugesagt worden? Bitte verwenden Sie ggf. ein Zusatzblatt.

Zeitraum	Arbeitgeber mit Anschrift	Betriebliche Altersversorgung zugesagt? Ja	Nein
Jetziger Arbeitgeber			
seit		O	O
Frühere Arbeitgeber seit der Eheschließung			
		O	O
		O	O
		O	O

4. Sind oder waren Sie als Arbeiter oder Angestellter im öffentlichen Dienst (Bund, Länder, Gemeinden, Bahn, Post, kirchlicher Bereich) tätig und haben Sie damit Anrechte aus einer Zusatzversorgung des öffentlichen Dienstes erworben?

O Ja O Nein

Name der Zusatzversorgungseinrichtung	Versicherungsnummer
Anschrift der Zusatzversorgungseinrichtung	

V 10 – Fragebogen zum Versorgungsausgleich (9.09) – Seite 1/2

5. Sind oder waren Sie Beamter, Richter oder Berufssoldat?

O Ja O Nein

Name des Versorgungsträgers	Personalnummer
Anschrift des Versorgungsträgers	

6. Haben Sie Anrechte in einer berufsständischen Versorgungseinrichtung erworben (z. B. als Arzt, Apotheker, Architekt, Notar, Rechtsanwalt, Steuerberater oder Wirtschaftsprüfer)?

O Ja O Nein

Name des Versorgungswerkes	Versorgungsnummer
Anschrift des Versorgungswerkes	

7. Haben Sie einen privaten Altersvorsorgevertrag abgeschlossen?
(Hier sind insbesondere aufzuführen: „Riester-Rente", „Rürup-Rente", Verträge nach dem Altersvorsorge-Zertifizierungsgesetz, private Rentenversicherungen und private Kapitallebensversicherungen, letztere nur bei bereits ausgeübtem Rentenwahlrecht. Anzugeben sind auch Verträge bei einer ausländischen Versicherung.)

O Ja O Nein

Name des Versicherungsunternehmens	Versicherungsnummer
Anschrift des Versicherungsunternehmens	

Bei mehreren Versicherungen bitte Zusatzblatt verwenden.

8. Haben Sie Anrechte auf eine sonstige Alters- bzw. Invaliditätsversorgung (z. B. Landwirtschaftliche Alterskasse, Abgeordnetenversorgung, ausländische Versorgungen)?

O Ja O Nein

Name der Versorgungseinrichtung	Versorgungsnummer
Anschrift der Versorgungseinrichtung	

9. Beziehen Sie Leistungen wegen Invalidität (z. B. aus einer privaten Berufsunfähigkeitsversicherung)?

O Ja O Nein

Name des Versicherungsunternehmens	Versicherungsnummer
Anschrift des Versicherungsunternehmens	

Bei mehreren Versicherungen bitte Zusatzblatt verwenden.

10. Haben Sie mit Ihrem Ehegatten eine Vereinbarung zum Versorgungsausgleich abgeschlossen oder beabsichtigen Sie dies?

O Ja, abgeschlossen O Ja, beabsichtigt O Nein

ggf. Vereinbarung in Kopie beifügen.

Ich versichere, dass ich die Angaben in diesem Fragebogen nach bestem Wissen und Gewissen richtig und vollständig gemacht habe.

______________________ ______________________

Ort, Datum Unterschrift

V 10 – Fragebogen zum Versorgungsausgleich (9.09) – Seite 2/2

V 11 Übersendungsschreiben zum Fragebogen V 10

Amtsgericht
– Familiengericht –
Aktenzeichen

PLZ, Ort, Datum

Anschrift, Telefon

____
(Bitte bei allen Schreiben angeben)

Versorgungsausgleichssache ____________________ **gegen** ____________________

Sehr geehrte/r

zu einer Ehescheidung gehört die Teilung aller während der Ehe erworbenen Ansprüche auf Altersvorsorge (Versorgungsausgleich). Der beigefügte Fragebogen dient der Ermittlung dieser Anrechte. Die Eheleute sind gesetzlich verpflichtet, diesen sorgfältig auszufüllen.

Bitte senden Sie den ausgefüllten Fragebogen innerhalb einer Frist von ________ Wochen in dreifacher Ausfertigung an das Gericht zurück.

Mit freundlichen Grüßen

____
Unterschrift

V 11 – Übersendungsschreiben zum Fragebogen V 10 (9.09)

V 12 Fragebogen zum Versorgungsausgleich für Lebenspartner

Amtsgericht ____________________ Aktenzeichen ____________________

Fragebogen zum Versorgungsausgleich

Zur Aufhebung einer Lebenspartnerschaft gehört die Teilung aller während der Lebenspartnerschaft erworbenen Ansprüche auf Altersvorsorge (Versorgungsausgleich). Dieser Fragebogen dient der Ermittlung dieser Anrechte. Bitte füllen Sie ihn sorgfältig aus. Hierzu sind Sie gesetzlich verpflichtet. Sollten Sie trotz sorgfältiger Prüfung eine Frage nicht beantworten können, lassen Sie diese bitte offen.

1. Personalien

Familienname	Vornamen (Rufname unterstreichen)	Geburtsname
Staatsangehörigkeit	Geburtsdatum	Geburtsort
Geschlecht O männlich O weiblich	Derzeit ausgeübter Beruf	Erlernter Beruf
Anschrift: Straße, Hausnummer		Telefonnummer tagsüber
Postleitzahl	Wohnort	

2. Haben Sie Anrechte in einer gesetzlichen Rentenversicherung erworben (z. B. als Arbeiter oder Angestellter, Kindererziehungszeiten)?

O Ja O Nein

Name des Trägers der Rentenversicherung O Deutsche Rentenversicherung ____________ O Deutsche Rentenversicherung Bund O Deutsche Rentenversicherung Knappschaft-Bahn-See	Rentenversicherungsnummer |_|_|_|_|_|_|_|_|_|_|_|_|

3. Bei welchem Arbeitgeber sind Sie derzeit, bei welchen Arbeitgebern waren Sie seit Begründung der Lebenspartnerschaft beschäftigt? Sind Ihnen betriebliche Altersversorgungen zugesagt worden? Bitte verwenden Sie ggf. ein Zusatzblatt.

Zeitraum	Arbeitgeber mit Anschrift	Betriebliche Altersversorgung zugesagt?	
		Ja	Nein
	Jetziger Arbeitgeber		
seit		O	O
	Frühere Arbeitgeber seit Begründung der Lebenspartnerschaft		
		O	O
		O	O
		O	O

4. Sind oder waren Sie als Arbeiter oder Angestellter im öffentlichen Dienst (Bund, Länder, Gemeinden, Bahn, Post, kirchlicher Bereich) tätig und haben Sie damit Anrechte aus einer Zusatzversorgung des öffentlichen Dienstes erworben?

O Ja O Nein

Name der Zusatzversorgungseinrichtung	Versicherungsnummer
Anschrift der Zusatzversorgungseinrichtung	

V 12 – Fragebogen zum Versorgungsausgleich für Lebenspartner (9.09) – Seite 1/2

5. Sind oder waren Sie Beamter, Richter oder Berufssoldat?

O Ja O Nein

Name des Versorgungsträgers	Personalnummer
Anschrift des Versorgungsträgers	

6. Haben Sie Anrechte in einer berufsständischen Versorgungseinrichtung erworben (z. B. als Arzt, Apotheker, Architekt, Notar, Rechtsanwalt, Steuerberater oder Wirtschaftsprüfer)?

O Ja O Nein

Name des Versorgungswerkes	Versorgungsnummer
Anschrift des Versorgungswerkes	

7. Haben Sie einen privaten Altersvorsorgevertrag abgeschlossen?
(Hier sind insbesondere aufzuführen: „Riester-Rente", „Rürup-Rente", Verträge nach dem Altersvorsorge-Zertifizierungsgesetz, private Rentenversicherungen und private Kapitallebensversicherungen, letztere nur bei bereits ausgeübtem Rentenwahlrecht. Anzugeben sind auch Verträge bei einer ausländischen Versicherung.)

O Ja O Nein

Name des Versicherungsunternehmens	Versicherungsnummer
Anschrift des Versicherungsunternehmens	

Bei mehreren Versicherungen bitte Zusatzblatt verwenden.

8. Haben Sie Anrechte auf eine sonstige Alters- bzw. Invaliditätsversorgung (z. B. Landwirtschaftliche Alterskasse, Abgeordnetenversorgung, ausländische Versorgungen)?

O Ja O Nein

Name der Versorgungseinrichtung	Versorgungsnummer
Anschrift der Versorgungseinrichtung	

9. Beziehen Sie Leistungen wegen Invalidität (z. B. aus einer privaten Berufsunfähigkeitsversicherung)?

O Ja O Nein

Name des Versicherungsunternehmens	Versicherungsnummer
Anschrift des Versicherungsunternehmens	

Bei mehreren Versicherungen bitte Zusatzblatt verwenden.

10. Haben Sie mit Ihrer Lebenspartnerin bzw. Ihrem Lebenspartner eine Vereinbarung zum Versorgungsausgleich abgeschlossen oder beabsichtigen Sie dies?

O Ja, abgeschlossen O Ja, beabsichtigt O Nein
ggf. Vereinbarung in Kopie beifügen.

Ich versichere, dass ich die Angaben in diesem Fragebogen nach bestem Wissen und Gewissen richtig und vollständig gemacht habe.

Ort, Datum Unterschrift

V 13 Übersendungsschreiben zum Fragebogen V 12

Amtsgericht
– Familiengericht –
Aktenzeichen

PLZ, Ort, Datum

Anschrift, Telefon

____
(Bitte bei allen Schreiben angeben)

Versorgungsausgleichssache ______________________ **gegen** ______________________

Sehr geehrte/r

zur Aufhebung einer Lebenspartnerschaft gehört die Teilung aller während der Lebenspartnerschaft erworbenen Ansprüche auf Altersvorsorge (Versorgungsausgleich). Der beigefügte Fragebogen dient der Ermittlung dieser Anrechte. Die Lebenspartner sind gesetzlich verpflichtet, diesen sorgfältig auszufüllen.

Bitte senden Sie den ausgefüllten Fragebogen innerhalb einer Frist von ________ Wochen in dreifacher Ausfertigung an das Gericht zurück.

Mit freundlichen Grüßen

____
Unterschrift

V 13 – Übersendungsschreiben zum Fragebogen V 12 (9.09)

V 20 Auskunftsersuchen Versorgungsträger allgemein

Amtsgericht
– Familiengericht –

PLZ, Ort, Datum

Aktenzeichen

Anschrift, Telefon

(Bitte bei allen Schreiben angeben)

Personalsache: Vertraulich!

Versorgungsausgleichssache ____________________ gegen ____________________
Auskunft über Versorgungsanrechte bezogen auf die

Ehezeit vom |__|__|__|__|__|__|__|__| bis zum |__|__|__|__|__|__|__|__| für

Familienname, ggf. Geburtsname	Vorname	Geburtsdatum und -ort
Anschrift	Versorgungs-/Versicherungs-/Personal-/Mitgliedsnummer	

Ehegatte

Familienname, ggf. Geburtsname	Vorname	Geburtsdatum und -ort
Anschrift		

Sehr geehrte Damen und Herren,

das Gericht benötigt für die Durchführung des Versorgungsausgleichs Auskünfte über Versorgungsanrechte aus der Ehezeit. Bitte teilen Sie mit, ob bei Ihnen solche Anrechte für die genannte Person bestehen, und übermitteln Sie die erforderlichen Angaben. Hierzu sind Sie gesetzlich verpflichtet.

Verwenden Sie für die Auskunft das amtliche Formular oder eine automatisiert erstellte Auskunft, die die entsprechenden Angaben enthält.

Fügen Sie Ihrer Auskunft eine nachvollziehbare Berechnung des Ehezeitanteils, des Ausgleichswertes und ggf. des korrespondierenden Kapitalwertes bei, in der auch die Berechnungsgrundlagen angegeben und erläutert sind. Fügen Sie die Rechtsgrundlagen bei, die für die Teilung des Anrechts in Ihrem Versorgungssystem maßgeblich sind (z.B. Satzungs- oder Versicherungsbestimmungen) oder geben Sie eine allgemein zugängliche Fundstelle (z.B. Internetlink) an, unter der diese abgerufen werden können. Dies gilt nicht für gesetzliche Bestimmungen.

Übersenden Sie Ihre Auskunft einschließlich Anlagen in dreifacher Ausfertigung innerhalb von ____ Monat(en) ab Zugang dieses Schreibens an das Gericht. Sollte dies nicht möglich sein, teilen Sie bitte die Gründe und die voraussichtliche Bearbeitungsdauer mit.

Mit freundlichen Grüßen

____
Unterschrift

V 20 – Auskunftsersuchen Versorgungsträger allgemein (9.09)

V 21 Auskunftsersuchen Versorgungsträger betriebliche Altersversorgung

Amtsgericht
– Familiengericht –
Aktenzeichen

(Bitte bei allen Schreiben angeben)

PLZ, Ort, Datum

Anschrift, Telefon

Personalsache: Vertraulich!

Versorgungsausgleichssache ____________________ gegen ____________________
Auskunft über Versorgungsanrechte bezogen auf die
Ehezeit vom I__I__I__I__I__I__I__I__I bis zum I__I__I__I__I__I__I__I__I für

Familienname, ggf. Geburtsname	Vorname	Geburtsdatum und -ort
Anschrift	Versorgungs-/Versicherungs-/Personal- /Mitgliedsnummer	

Ehegatte

Familienname, ggf. Geburtsname	Vorname	Geburtsdatum und -ort
Anschrift		

Sehr geehrte Damen und Herren,

das Gericht benötigt für die Durchführung des Versorgungsausgleichs Auskünfte über Versorgungsanrechte aus der Ehezeit. Bitte teilen Sie mit, ob bei Ihnen solche Anrechte für die genannte Person bestehen, und übermitteln Sie die erforderlichen Angaben. Hierzu sind Sie gesetzlich verpflichtet. Verwenden Sie für die Auskunft die amtlichen Formulare (Versorgungsübersicht und Auskunftsbogen) oder eine automatisiert erstellte Auskunft, die die entsprechenden Angaben enthält. Senden Sie die **Versorgungsübersicht,** in der alle Anrechte aufzulisten sind, unverzüglich an das Gericht. Für jedes Anrecht ist ein gesonderter **Auskunftsbogen** auszufüllen. Bei Durchführung einer Versorgung durch einen selbstständigen Versorgungsträger leiten Sie bitte die gerichtliche Anforderung und den Auskunftsbogen an diesen weiter.

Fügen Sie für jedes Anrecht eine nachvollziehbare Berechnung des Ehezeitanteils, des Ausgleichswertes und ggf. des korrespondierenden Kapitalwertes bei, in der auch die Berechnungsgrundlagen angegeben und erläutert sind. Fügen Sie die Rechtsgrundlagen bei, die für die Teilung des Anrechts in Ihrem Versorgungssystem maßgeblich sind (z.B. Satzungs- oder Versicherungsbestimmungen) oder geben Sie eine allgemein zugängliche Fundstelle (z.B. Internetlink) an, unter der diese abgerufen werden können.

Übersenden Sie die Auskunftsbögen einschließlich Anlagen in dreifacher Ausfertigung innerhalb von ____ Monat(en) ab Zugang dieses Schreibens an das Gericht. Sollte dies nicht möglich sein, teilen Sie bitte die Gründe und die voraussichtliche Bearbeitungsdauer mit.

Mit freundlichen Grüßen

____
Unterschrift

V 21 – Auskunftsersuchen Versorgungsträger betriebliche Altersversorgung (9.09)

V 22 Merkblatt zum Auskunftsersuchen betriebliche Altersversorgung

Merkblatt zum Auskunftsersuchen an den Arbeitgeber
über Anrechte aus einer betrieblichen Altersversorgung

Der Versorgungsträger ist verpflichtet, dem Gericht den Wert des Ehezeitanteils und einen Vorschlag für die Bestimmung des Ausgleichswertes einschließlich einer übersichtlichen und nachvollziehbaren Berechnung sowie die für die Teilung maßgeblichen Regelungen mitzuteilen (§ 220 Abs. 4 FamFG).

Die Angaben zu den erforderlichen Werten sind in den Auskunftsbogen einzutragen. Die Berechnung soll auf einem gesonderten Blatt beigefügt werden.

1. **Anrechte** sind Anwartschaften auf Versorgungen oder Ansprüche aus laufenden Versorgungen. Hierbei sind alle Anrechte nach dem Betriebsrentengesetz unabhängig von der Leistungsform (Rente, Kapital) einzubeziehen. Umfasst sind sämtliche Gestaltungsmöglichkeiten der betrieblichen Altersvorsorge, also
   - Direktzusagen
   - Zusagen auf Leistungen aus Pensionskassen
   - Zusagen auf Leistungen aus Unterstützungskassen
   - Zusagen auf Leistungen aus Direktversicherungen
   - Zusagen auf Leistungen aus Pensionsfonds

2. Maßgeblich für die **Unverfallbarkeit** ist der Zeitpunkt Ihrer Auskunftserteilung. Die Unverfallbarkeit kann sich insbesondere ergeben aus
   - § 1b des Betriebsrentengesetzes
   - der Versorgungsordnung, der Betriebsvereinbarung bzw. dem Einzelvertrag, wenn die hierin vorgesehene Unverfallbarkeitsregelung günstiger ist als die gesetzliche Regelung.

   Bei einer endgehaltsbezogenen (auch: einkommensdynamischen) Versorgung, bei der der Arbeitnehmer jährlich einen bestimmten Prozentsatz seines Endgehalts als Betriebsrente erhält, ist nur der Teil der Versorgung unverfallbar und damit in die Entscheidung einzubeziehen, der sich aus dem Prozentsatz des Einkommens am Ende der Ehezeit ergibt. Hinsichtlich des verbleibenden verfallbaren Teils kommt ein späterer schuldrechtlicher Ausgleich in Betracht. Da das Gericht in den Entscheidungsgründen auf noch nicht ausgeglichene Anrechte hinweisen muss, ist die Angabe, ob es sich um eine endgehaltsbezogene Versorgung handelt, erforderlich.

3. Der **Ehezeitanteil** ist der Anteil des Anrechts, der in der Ehezeit erworben wurde. Er ist von dem Versorgungsträger zu berechnen, wobei bei einem Anrecht im Sinne des Betriebsrentengesetzes der Wert des Anrechts nach § 45 VersAusglG zu bestimmen ist. Danach ist der Wert der unverfallbaren Anwartschaft als monatlicher Rentenbetrag nach § 2 des Betriebsrentengesetzes oder der Übertragungswert als Kapitalwert nach § 4 Abs. 5 des Betriebsrentengesetzes maßgeblich.

   Die **Bewertung** ist nach § 45 Abs. 2 Satz 1 VersAusglG so weit wie möglich **unmittelbar** vorzunehmen. Der Ehezeitanteil entspricht danach dem Umfang der auf die Ehezeit entfallenden Bezugsgröße, also insbesondere dem auf die Ehezeit entfallenden Deckungskapital oder den auf die Ehezeit entfallenden Beiträgen (siehe auch § 39 VersAusglG). Ist eine unmittelbare Bewertung nicht möglich, erfolgt die Bewertung nach § 45 Abs. 2 Satz 2 VersAusglG **zeitratierlich**. Dabei ist der Wert des Anrechts mit dem Quotienten zu multiplizieren, der aus der ehezeitlichen Betriebszugehörigkeit und der gesamten Betriebszugehörigkeit bis zum Ehezeitende zu bilden ist.

4. Der **Ausgleichswert** ist der Wert, der von dem Ehezeitanteil des Anrechts auf die ausgleichsberechtigte Person zu übertragen ist, um die Halbteilung des Anrechts zu realisieren.

V 22 – Merkblatt zum Auskunftsersuchen betriebliche Altersversorgung (9.09) – Seite 1/2

5. Nach § 13 VersAusglG kann der Versorgungsträger die **bei der internen Teilung entstehenden Kosten** jeweils hälftig mit den Anrechten beider Ehegatten verrechnen, sofern sie angemessen sind. Wird eine derartige Verrechnung vorgenommen, so ist dies gesondert und mit nachvollziehbarer Berechnung zu erläutern.

6. Falls es sich bei dem vorgeschlagenen Ausgleichswert nicht um einen Kapitalwert handelt, hat der Versorgungsträger einen Vorschlag für einen **korrespondierenden Kapitalwert** (§§ 5 Abs. 3, 47 VersAusglG) zu unterbreiten. Der korrespondierende Kapitalwert entspricht dem Betrag, der zum Ende der Ehezeit aufzubringen wäre, um beim Versorgungsträger der ausgleichspflichtigen Person für sie ein Anrecht in Höhe des Ausgleichswertes zu begründen. Für ein Anrecht im Sinne des Betriebsrentengesetzes gilt der Übertragungswert nach § 4 Abs. 5 des Betriebsrentengesetzes als korrespondierender Kapitalwert (§ 47 Abs. 3 VersAusglG).

7. Das Gesetz sieht grundsätzlich die **interne Teilung** jedes Anrechts vor.

   Die **interne Teilung** muss die gleichwertige Teilhabe der Ehegatten an den in der Ehezeit erworbenen Anrechten sicherstellen (§ 11 Abs. 1 VersAusglG). Der ausgleichsberechtigten Person muss insbesondere der gleiche Risikoschutz gewährt werden; der Risikoschutz kann auf eine Altersversorgung beschränkt werden, wenn der Versorgungsträger für das nicht abgesicherte Risiko einen zusätzlichen Ausgleich bei der Altersversorgung schafft. Dies ist ggf. näher zu erläutern.

   Die **externe Teilung** ist nur möglich, wenn

   a) die ausgleichsberechtigte Person und der Versorgungsträger eine externe Teilung vereinbaren (§ 14 Abs. 2 Nr. 1 VersAusglG) *oder*
   b) der Versorgungsträger die externe Teilung verlangt und der Ausgleichswert bei einem Rentenbetrag höchstens 2 Prozent und bei einem Kapitalwert höchstens 240 Prozent der monatlichen Bezugsgröße nach § 18 Abs. 1 des Vierten Buches Sozialgesetzbuch beträgt (§ 14 Abs. 2 Nr. 2 VersAusglG) *oder*
   c) bei einem Anrecht aus einer Direktzusage oder einer Unterstützungskasse der Versorgungsträger die externe Teilung verlangt und der Ausgleichswert als Kapitalwert höchstens die Beitragsbemessungsgrenze in der allgemeinen Rentenversicherung nach den §§ 159 und 160 des Sechsten Buches Sozialgesetzbuch erreicht (§ 17 VersAusglG).

   Die externe Teilung kann deshalb nur verlangt werden, wenn entweder die Grenzen von § 14 oder § 17 VersAusglG eingehalten sind oder eine Vereinbarung mit der ausgleichsberechtigten Person geschlossen wird.

V 30 Versorgungsübersicht zu Anrechten aus der betrieblichen Altersversorgung

Name und Anschrift des Arbeitgebers

Bearbeiter

Telefon (Durchwahl)

Versorgungsausgleichssache ____________________ gegen ____________________
Versorgungsübersicht zu Anrechten aus der betrieblichen Altersversorgung für

Name	Vorname
Geburtsdatum	Personalnummer

Aktenzeichen des Gerichts ____________________

Anfrage vom ______________

Für die genannte Person bestehen O keine Anrechte. O folgende Anrechte:
(vollständige Auflistung aller, auch geringfügiger Anrechte, die bei Ihnen in der Ehezeit erworben wurden, mit Angabe und Anschrift des zuständigen Versorgungsträgers und der Personal-/Mitglieds-/Versicherungsnummer; bei mehr als 3 Zusagen bitte gesondertes Blatt verwenden)

1. ____
____

2. ____
____

3. ____
____

Für **jedes** Anrecht wird der Auskunftsbogen über Anrechte aus einer betrieblichen Altersversorgung gesondert ausgefüllt und innerhalb der gerichtlich gesetzten Frist übersandt. Betreffend die Anrechte zu ____________ ist das Auskunftsersuchen an den/die genannten zuständigen Versorgungsträger weitergeleitet worden und wird von dort aus bearbeitet.

______________________________ ______________________________
Ort, Datum Unterschrift, Firmenstempel

V 30 – Versorgungsübersicht zu Anrechten aus der betrieblichen Altersversorgung (9.09)

V 31 Auskunftsbogen betriebliche Altersversorgung

Name und Anschrift des Versorgungsträgers

Bearbeiter

Telefon (Durchwahl)

Versorgungsausgleichssache ____________________ gegen ____________________
Auskunft über Anrechte aus einer betrieblichen Altersversorgung für

Name	Vorname
Geburtsdatum	Personal- /Mitglieds-/Versicherungsnummer

Aktenzeichen des Gerichts ____________________

Anfrage vom _______________

1. Anrecht aus einer betrieblichen Altersversorgung

Diese Auskunft betrifft folgendes Anrecht:

____
Bezeichnung der Zusage; Leistungsform (Kapital oder Rente)

2. Unverfallbarkeit

Die Versorgungsanwartschaft ist bereits unverfallbar:

O Ja. O Nein. Das Arbeitsverhältnis muss bis ____________ andauern, damit Unverfallbarkeit eintritt. (In diesem Fall sind keine weiteren Angaben erforderlich.)

Die Versorgung ist endgehaltsbezogen: O Ja. O Nein.

3. Berechneter Ehezeitanteil

Wert	Bezugsgröße

4. Vorschlag für den Ausgleichswert

Wert	Bezugsgröße

V 31 – Auskunftsbogen betriebliche Altersversorgung (9.09) – Seite 1/2

○ Die Kosten der internen Teilung (§ 13 VersAusglG) in Höhe von insgesamt __________________ (Wert für beide Ehegatten) sind bei der Berechnung des genannten Ausgleichswertes zur Hälfte abgezogen worden.

5. Korrespondierender Kapitalwert: ________________ €
(nur erforderlich, falls der Ausgleichswert nicht als Kapitalwert angegeben ist.)

6. Teilung

○ Die **interne Teilung** soll durchgeführt werden.

Genaue Bezeichnung und Rechtsgrundlage des zu übertragenden Anrechts:

____

(z.B. nach Tarif xx gemäß AVB vom ...; § xy der Satzung, Teilungsordnung, Betriebsvereinbarung, Allgemeinen Geschäftsbedingungen)

Bei dem zu übertragenden Anrecht wird der ausgleichsberechtigten Person der gleiche Risikoschutz gewährt wie der ausgleichspflichtigen Person (§ 11 Abs. 1 Nr. 3 VersAusglG):

○ Ja. ○ Nein. Das Leistungsspektrum des auszugleichenden Anrechts sowie der Ausgleich für die Beschränkung des Risikoschutzes sind in der Berechnung gesondert erläutert.

○ Die **externe Teilung** soll durchgeführt werden

○ auf Grund einer Vereinbarung mit der ausgleichsberechtigten Person gemäß § 14 Abs. 2 Nr. 1 VersAusglG. Diese Vereinbarung

○ ist abgeschlossen und als Anlage beigefügt.
○ ist noch nicht abgeschlossen.

○ und wird beantragt. Die Wertgrenzen des

○ § 14 Abs. 2 Nr. 2 VersAusglG ○ § 17 VersAusglG

sind nicht überschritten.

7. Weitere rechtliche Grundlagen für das auszugleichende Anrecht, das zu übertragende Anrecht und die Teilung

____

____

____

Bezeichnung (z. B. Satzung, Teilungsordnung, Betriebsvereinbarung, Allgemeine Geschäftsbedingungen), Datum und ggf. allgemein zugängliche Fundstelle (z.B. Internetlink)

Eine Erläuterung und Berechnung zu den oben aufgeführten Einzelwerten ist als Anlage beigefügt.

______________________ ____________________________
Ort, Datum Unterschrift, Firmenstempel

V 40 Auskunftsbogen private Altersversorgung

Name und Anschrift des Versorgungsträgers

Bearbeiter

Telefon (Durchwahl)

Versorgungsausgleichssache ____________________ gegen ______________________
Auskunft über Anrechte aus einer privaten Altersversorgung für

Name	Vorname
Geburtsdatum	Versicherungsnummer

Aktenzeichen des Gerichts ____________________

Anfrage vom _______________

Ihre Anfrage beantworten wir wie folgt:

1. Anrechte aus privater Altersversorgung

Die genannte Person hat Anrechte in der Ehezeit erworben:

- O Nein.
- O Ja, aus folgender Versicherung:

____

Art der Versicherung, Versicherungsleistungen (bei laufenden Leistungen aus einer Berufsunfähigkeitsversicherung ist nur noch die Beantwortung des 7. Abschnitts erforderlich.)

2. Berechneter Ehezeitanteil

Wert	Bezugsgröße

3. Vorschlag für den Ausgleichswert

Wert	Bezugsgröße

O Die Kosten der internen Teilung (§ 13 VersAusglG) in Höhe von insgesamt ______________________ (Wert für beide Ehegatten) sind bei der Berechnung des genannten Ausgleichswertes zur Hälfte abgezogen worden.

V 40 – Auskunftsbogen private Altersversorgung (9.09) – Seite 1/2

4. **Korrespondierender Kapitalwert:** ________________ €
(nur erforderlich, falls der Ausgleichswert nicht als Kapitalwert angegeben ist)

5. **Teilung**

O Die **interne Teilung** soll durchgeführt werden.

Genaue Bezeichnung und Rechtsgrundlage des zu übertragenden Anrechts:

____
(z.B. nach Tarif xx gemäß AVB vom ...; § xy der Satzung, Teilungsordnung, Betriebsvereinbarung, Allgemeinen Geschäftsbedingungen)

Bei dem zu übertragenden Anrecht wird der ausgleichsberechtigten Person der gleiche Risikoschutz gewährt wie der ausgleichspflichtigen Person (§ 11 Abs. 1 Nr. 3 VersAusglG):

O Ja. O Nein. Das Leistungsspektrum des auszugleichenden Anrechts sowie der Ausgleich für die Beschränkung des Risikoschutzes sind in der Berechnung gesondert erläutert.

O Die **externe Teilung** soll durchgeführt werden

O auf Grund einer Vereinbarung mit der ausgleichsberechtigten Person gemäß § 14 Abs. 2 Nr. 1 VersAusglG. Diese Vereinbarung

O ist abgeschlossen und als Anlage beigefügt.
O ist noch nicht abgeschlossen.

O und wird beantragt. Die Wertgrenzen des § 14 Abs. 2 Nr. 2 VersAusglG sind nicht überschritten.

6. **Weitere rechtliche Grundlagen für das auszugleichende Anrecht, das zu übertragende Anrecht und die Teilung**

____

____

____
Bezeichnung (z. B. Satzung, Teilungsordnung, Betriebsvereinbarung, Allgemeine Geschäftsbedingungen), Datum und ggf. allgemein zugängliche Fundstelle (z.B. Internetlink)

7. **Laufende Leistungen aus einer Berufsunfähigkeitsversicherung**

Laufende Leistungen aus einer Berufsunfähigkeitsversicherung

O werden nicht erbracht.
O werden erbracht. Der Versorgungsfall ist während der Ehe eingetreten:

O Nein. O Ja. Höhe der aktuell gezahlten Monatsrate:______________
(Bitte teilen Sie künftige Erhöhungszeitpunkte mit, wenn diese bereits absehbar sind.)

Eine Erläuterung und Berechnung zu den oben aufgeführten Einzelwerten ist als Anlage beigefügt. Weitere Anrechte – auch geringfügige – sind nicht vorhanden.

______________________ ______________________
Ort, Datum Unterschrift

V 40 – Auskunftsbogen private Altersversorgung (9.09) – Seite 2/2

V 50 Auskunftsbogen öffentlich-rechtliches Dienst- und Amtsverhältnis

Name und Anschrift des Versorgungsträgers

Bearbeiter

Telefon (Durchwahl)

Versorgungsausgleichssache ____________________ gegen ________________________
Auskunft über Anrechte aus einer Versorgung aus einem öffentlich-rechtlichen Dienst- oder Amtsverhältnis für

Name	Vorname
Geburtsdatum	Personalnummer

Aktenzeichen des Gerichts ______________________

Anfrage vom ______________

Ihre Anfrage beantworten wir wie folgt:

1. Anrechte aus einer Versorgung aus einem öffentlich-rechtlichen Dienst- oder Amtsverhältnis

Die genannte Person hat Anrechte in der Ehezeit erworben:

O Nein.
O Ja.

2. Berechneter Ehezeitanteil

Wert	Bezugsgröße

3. Vorschlag für den Ausgleichswert

Wert	Bezugsgröße

4. Korrespondierender Kapitalwert: ____________________ €
(nur erforderlich, falls der Ausgleichswert nicht als Kapitalwert angegeben ist)

V 50 – Auskunftsbogen öffentlich-rechtliches Dienst- oder Amtsverhältnis (9.09) – Seite 1/2

5. Teilung

○ Die **interne Teilung** soll durchgeführt werden.

○ Die **externe Teilung** soll gemäß § 16 VersAusglG durchgeführt werden.

Es handelt sich um ein Anrecht mit ○ Westdynamik. ○ Ostdynamik.

Eine Erläuterung und Berechnung zu den oben aufgeführten Einzelwerten ist als Anlage beigefügt. Weitere Anrechte – auch geringfügige – sind nicht vorhanden.

____________________	____________________
Ort, Datum	Unterschrift

V 60 Versorgungsübersicht zu Anrechten aus einer Zusatzversorgung des öffentlichen Dienstes

Name und Anschrift des Versorgungsträgers

Bearbeiter

Telefon (Durchwahl)

Versorgungsausgleichssache ____________________ gegen ____________________
Versorgungsübersicht zu Anrechten aus einer Zusatzversorgung des öffentlichen Dienstes für

Name	Vorname
Geburtsdatum	Personalnummer

Aktenzeichen des Gerichts ____________________

Anfrage vom ______________

Für die genannte Person bestehen O keine Anrechte. O folgende Anrechte:
(vollständige Auflistung aller, auch geringfügiger Anrechte mit Bezeichnung des auszugleichenden Rechts; bei mehr als 3 Zusagen bitte gesondertes Blatt verwenden)

1. ____
____

2. ____
____

3. ____
____

Für **jedes** Anrecht wird der Auskunftsbogen über Anrechte aus einer Zusatzversorgung des öffentlichen Dienstes gesondert ausgefüllt und innerhalb der gerichtlich gesetzten Frist übersandt.

____________________ ____________________
Ort, Datum Unterschrift

V 60 – Versorgungsübersicht zu Anrechten aus einer Zusatzversorgung des öffentlichen Dienstes (9.09)

V 61 Auskunftsbogen Zusatzversorgung öffentlicher Dienst

Name und Anschrift des Versorgungsträgers

Bearbeiter

Telefon (Durchwahl)

Versorgungsausgleichssache ____________________ gegen ____________________
Auskunft über Anrechte aus einer Zusatzversorgung des öffentlichen Dienstes für

Name	Vorname
Geburtsdatum	Personalnummer/Mitgliedsnummer

Aktenzeichen des Gerichts ____________________

Anfrage vom _______________

1. Anrecht aus einer Zusatzversorgung des öffentlichen Dienstes

Diese Auskunft betrifft folgendes Anrecht:

____

Bezeichnung der Zusage

2. Unverfallbarkeit

Die Versorgungsanwartschaft ist bereits unverfallbar:

O Ja. O Nein. Unverfallbarkeit tritt erst ein am _______________.
(In diesem Fall sind keine weiteren Angaben erforderlich.)

3. Berechneter Ehezeitanteil

Wert	Bezugsgröße

4. Vorschlag für den Ausgleichswert

Wert	Bezugsgröße

O Die Kosten der internen Teilung (§ 13 VersAusglG) in Höhe von insgesamt ____________________ (Wert für beide Ehegatten) sind bei der Berechnung des genannten Ausgleichswertes zur Hälfte abgezogen worden.

5. Korrespondierender Kapitalwert: ________________ €
(nur erforderlich, falls der Ausgleichswert nicht als Kapitalwert angegeben ist)

6. Teilung

○ Die **interne Teilung** soll durchgeführt werden.

Genaue Bezeichnung und Rechtsgrundlage des zu übertragenden Anrechts:

____

(z.B. nach Tarif xx gemäß AVB vom ...; § xy der Satzung, Teilungsordnung, Betriebsvereinbarung, Allgemeinen Geschäftsbedingungen)

Bei dem zu übertragenden Anrecht wird der ausgleichsberechtigten Person der gleiche Risikoschutz gewährt wie der ausgleichspflichtigen Person (§ 11 Abs. 1 Nr. 3 VersAusglG):

○ Ja. ○ Nein. Das Leistungsspektrum des auszugleichenden Anrechts sowie der Ausgleich für die Beschränkung des Risikoschutzes sind in der Berechnung gesondert erläutert.

○ Die **externe Teilung** soll durchgeführt werden

○ auf Grund einer Vereinbarung mit der ausgleichsberechtigten Person gemäß § 14 Abs. 2 Nr. 1 VersAusglG. Diese Vereinbarung

○ ist abgeschlossen und als Anlage beigefügt.
○ ist noch nicht abgeschlossen.

○ und wird beantragt. Die Wertgrenzen des § 14 Abs. 2 Nr. 2 VersAusglG sind nicht überschritten.

7. Weitere rechtliche Grundlagen für das auszugleichende Anrecht, das zu übertragende Anrecht und die Teilung

____

____

____

Bezeichnung (z. B. Satzung, Teilungsordnung, Betriebsvereinbarung, Allgemeine Geschäftsbedingungen), Datum und ggf. allgemein zugängliche Fundstelle (z.B. Internetlink)

Eine Erläuterung und Berechnung zu den oben aufgeführten Einzelwerten ist als Anlage beigefügt.

______________________ ______________________
Ort, Datum Unterschrift

V 61 – Auskunftsbogen Zusatzversorgung öffentlicher Dienst (9.09) – Seite 2/2

V 70 Auskunftsbogen berufsständische Versorgung

Name und Anschrift des Versorgungsträgers

Bearbeiter

Telefon (Durchwahl)

Versorgungsausgleichssache ____________________ gegen ____________________
Auskunft über Anrechte aus einer berufsständischen Versorgung für

Name	Vorname
Geburtsdatum	Mitgliedsnummer

Aktenzeichen des Gerichts ____________________

Anfrage vom ______________

Ihre Anfrage beantworten wir wie folgt:

1. Anrechte aus berufsständischer Versorgung

Die genannte Person hat Anrechte in der Ehezeit erworben:

- O Nein.
- O Ja.

2. Berechneter Ehezeitanteil

Wert	Bezugsgröße

3. Vorschlag für den Ausgleichswert

Wert	Bezugsgröße

O Die Kosten der internen Teilung (§ 13 VersAusglG) in Höhe von insgesamt ____________________ (Wert für beide Ehegatten) sind bei der Berechnung des genannten Ausgleichswertes zur Hälfte abgezogen worden.

V 70 – Auskunftsbogen berufsständische Versorgung (9.09) – Seite 1/2

4. Korrespondierender Kapitalwert: ________________ €
(nur erforderlich, falls der Ausgleichswert nicht als Kapitalwert angegeben ist)

5. Teilung

○ Die **interne Teilung** soll durchgeführt werden.

Genaue Bezeichnung und Rechtsgrundlage des zu übertragenden Anrechts:

____
(z.B. nach Tarif xx gemäß AVB vom ...; § xy der Satzung, Teilungsordnung, Betriebsvereinbarung, Allgemeinen Geschäftsbedingungen)

Bei dem zu übertragenden Anrecht wird der ausgleichsberechtigten Person der gleiche Risikoschutz gewährt wie der ausgleichspflichtigen Person (§ 11 Abs. 1 Nr. 3 VersAusglG):

○ Ja. ○ Nein. Das Leistungsspektrum des auszugleichenden Anrechts sowie der Ausgleich für die Beschränkung des Risikoschutzes sind in der Berechnung gesondert erläutert.

○ Die **externe Teilung** soll durchgeführt werden

○ auf Grund einer Vereinbarung mit der ausgleichsberechtigten Person gemäß § 14 Abs. 2 Nr. 1 VersAusglG. Diese Vereinbarung

○ ist abgeschlossen und als Anlage beigefügt.
○ ist noch nicht abgeschlossen.

○ und wird beantragt. Die Wertgrenzen des § 14 Abs. 2 Nr. 2 VersAusglG sind nicht überschritten.

6. Weitere rechtliche Grundlagen für das auszugleichende Anrecht, das zu übertragende Anrecht und die Teilung

____

____

____
Bezeichnung (z. B. Satzung, Teilungsordnung, Betriebsvereinbarung, Allgemeine Geschäftsbedingungen), Datum und ggf. allgemein zugängliche Fundstelle (z.B. Internetlink)

Eine Erläuterung und Berechnung zu den oben aufgeführten Einzelwerten ist als Anlage beigefügt. Weitere Anrechte – auch geringfügige – sind nicht vorhanden.

______________________ ______________________
Ort, Datum Unterschrift

V 70 – Auskunftsbogen berufsständische Versorgung (9.09) – Seite 2/2

V 80 Mitteilung über Rechtskraft und sonstigen Verfahrensstand

Amtsgericht
– Familiengericht –
Aktenzeichen

PLZ, Ort, Datum

Anschrift, Telefon

____
(Bitte bei allen Schreiben angeben)

Versorgungsausgleichssache ________________ **gegen** ________________

Betroffener Ehegatte

Name	Vorname
Geburtsdatum	Versorgungs-/Versicherungs-/Personal-/Mitgliedsnummer

Sehr geehrte Damen und Herren,

- O die Entscheidung vom I__I__I__I__I__I__I__I__I ist seit dem I__I__I__I__I__I__I__I__I rechtskräftig und wirksam.
- O der Versorgungsausgleich ist durch Vereinbarung gemäß §§ 6 ff. VersAusglG geregelt worden. Sie sind am weiteren Verfahren nicht mehr beteiligt.
- O das Verfahren hat sich durch Rücknahme des Antrages erledigt. Ein eventuell noch laufendes Auskunftsersuchen ist damit gegenstandslos geworden.
- O das Verfahren ist durch Erledigung der Hauptsache beendet worden. Ein eventuell noch laufendes Auskunftsersuchen ist damit gegenstandslos geworden.
- O die Beschwerde gegen die Entscheidung im Versorgungsausgleichsverfahren ist zurückgenommen worden.
- O das Verfahren ruht.
- O das Verfahren ist abgetrennt worden.

Mit freundlichen Grüßen

____
Unterschrift

V 80 – Mitteilung über Rechtskraft und sonstigen Verfahrensstand an Versorgungsträger (9.09)

V 90 Fristsetzung externe Teilung

Amtsgericht
– Familiengericht –

Aktenzeichen

PLZ, Ort, Datum

Anschrift, Telefon

(Bitte bei allen Schreiben angeben)

Versorgungsausgleichssache ____________________ **gegen** ____________________

Sehr geehrte/r

in dem oben genannten Verfahren hat das Familiengericht folgende Versorgungsanwartschaft Ihres Ehegatten ermittelt:

Name des Versorgungsträgers	
Anschrift	
Versorgungs-/Versicherungs-/Personal-/Mitgliedsnummer	Ausgleichswert

Der Ausgleichswert soll von diesem Versorgungsträger ausgezahlt werden, weil

- o Sie nach Mitteilung des Versorgungsträgers mit diesem die externe Teilung des oben aufgeführten Versorgungsanrechts vereinbart haben.
- o der Versorgungsträger die externe Teilung des oben aufgeführten Versorgungsanrechts verlangt.

Als ausgleichsberechtigter Ehegatte können Sie entscheiden, was mit dem Kapitalbetrag geschehen soll. Sie können damit eine bestehende Versorgung weiter ausbauen oder eine neue Versorgung begründen. Eine Auszahlung zu Ihrer freien Verfügung ist nicht möglich.

Die von Ihnen zu bestimmende Zielversorgung muss eine angemessene Altersversorgung gewährleisten. Dies ist bei Anrechten in der gesetzlichen Rentenversicherung, Anrechten im Sinne des Betriebsrentengesetzes oder Anrechten aus sog. „Riester-Verträgen" immer der Fall. Bei Fragen wenden Sie sich an den von Ihnen gewünschten Zielversorgungsträger.

Sie haben Gelegenheit, dem Gericht bis **zum** ____________ mitzuteilen, welche Zielversorgung Sie gewählt haben. Diese Erklärung können Sie selbst abgeben. Hierfür besteht kein Anwaltszwang. **Zugleich** müssen Sie dem Gericht **innerhalb dieser Frist** nachweisen, dass dieser Versorgungsträger den Kapitalbetrag aufnehmen wird. Bitte lassen Sie sich daher von diesem eine schriftliche Bestätigung zur Vorlage bei Gericht aushändigen. Diese sollte den

V 90 – Fristsetzung externe Teilung (9.09) – Seite 1/2

Namen und die Anschrift des Zielversorgungsträgers sowie die genaue Bezeichnung der bestehenden bzw. gewünschten Form der Versorgung beinhalten. In Ausnahmefällen kann die Frist zur Abgabe der Erklärungen auf einen begründeten Antrag hin verlängert werden.

Falls Sie innerhalb der obigen Frist nicht tätig werden, wird die externe Teilung durch Begründung eines Anrechts in der gesetzlichen Rentenversicherung (Deutsche Rentenversicherung) erfolgen. Zu Ihren Gunsten wird dann ein dort bestehendes Rentenkonto aufgestockt oder neu eingerichtet. Ist ein Anrecht aus der betrieblichen Altersversorgung auszugleichen, so wird das Familiengericht die Zahlung des Kapitalbetrags an die Versorgungsausgleichskasse anordnen. Sie erwerben damit also einen Versorgungsanspruch gegen die Versorgungsausgleichskasse, einen eigens für diesen Zweck geschaffenen Versorgungsträger.

Mit freundlichen Grüßen

____

Unterschrift

Teil F
Tenor

Die Unterarbeitsgruppe „Strukturreform des Versorgungsausgleichs" der BLK AG Elektronischer Rechtsverkehr unter Leitung von Dr. Wolfram Viefhues hat eine einheitliche Struktur für den Tenor im Versorgungsausgleich entwickelt. Aus dem Tenor lassen sich auch für rechtsberatende Berufe wesentliche Elemente für den Versorgungsausgleich entnehmen. Vor allem im Hinblick auf spätere Verfahren nach dem öffentlich-rechtlichen Wertausgleich, zum Beispiel bei Abänderungsverfahren nach §§ 225 ff FamFG oder den schuldrechtlichen Ausgleichszahlungen nach §§ 20 ff VersAusglG, gibt der Tenor wichtige Hinweise.

I. Übersicht Tenor / Variablen

Stand: 18.6.2009

Die Übersicht stellt die gewünschte **einheitliche Struktur des Tenors im Versorgungsausgleich** dar. Ein solcher einheitlich strukturierter Tenor kann zwar möglicherweise nicht alle Sonderfälle der gerichtlichen Entscheidungen zum Versorgungsausgleich abdecken, sollte aber die Masse der Normalfälle auf möglichst einfache Weise abarbeiten.

In diesem Tenor werden die von den Versorgungsträgern in Form von xJustiz-Datensätzen gelieferten Daten aufgegriffen und – soweit einschlägig – eingesetzt. Andere Informationen stehen nicht in Datenform zur Verfügung, sondern müssen aus den Auskünften herausgelesen und manuell eingearbeitet werden. Die Verwendung der xJustiz-Daten ermöglicht es, den Tenor bei den Gerichten automationsunterstützt aus den von den Versorgungsträgern gelieferten Daten zu erstellen.

In gleicher Weise können die in diesem Tenor enthaltenen Daten in Form von xJustiz-Datensätzen automatisch an die Versorgungsträger übermittel werden. Durch diese elektronische automatische Zustellung wird der Zustellungsaufwand für die Gerichte erheblich verringert und die Zeit bis zum Eintritt der Rechtskraft deutlich verkürzt.

Zum anderen werden die beteiligten Versorgungsträger in die Lage versetzt, diese Datensätze automatisch auszuwerten und weiterzuverarbeiten. Auf diese Weise wird dort ebenfalls der manuelle Bearbeitungsaufwand nachhaltig verringert.

Abweichungen von dieser Struktur machen diese Vorteile zunichte!

Unterarbeitsgruppe „Strukturreform des Versorgungsausgleichs"

der BLK AG Elektronischer Rechtsverkehr

Dr. Wolfram Viefhues

Liste der Variablen	Variablenart	
Teilungsart	Text	*(Pflichtfeld)*
belasteter Ehegatte	Text	*(Pflichtfeld)*
Versorgungsträger des Pflichtigen	Text	*(Pflichtfeld)*
ID# des auszugleichenden Anrechts	Text	*(Pflichtfeld)*
begünstigter Ehegatte	Text	*(Pflichtfeld)*
Ausgleichswert des auszugleichenden Anrechts Achtung: **Nettobetrag!** Teilungskosten bereits abgezogen!	Zahl	*(Pflichtfeld)*
Bezugsgröße des Ausgleichswertes des auszugleichenden Anrechts	Text	*(Pflichtfeld)*
Beschreibung des Zielkontos	Text	*(Optional)*
ID# des Zielkontos	Text	*(Optional)*
Ziel-Versorgungsträger	Text	*(Optional)*
Rechtsgrundlage für die Konkretisierung des zu übertragenden oder zu begründenden Anrechts	Text	*(Optional)*
Bezug	Text	*(Optional)*
Bezugsdatum	Datum	*(Optional)*
Aktion	Check	*(Pflichtfeld)*
abgebender Versorgungsträger	Text	*(Optional)*
Ziel-Versorgungsträger	Text	*(Optional)*
Umrechnungseinheit	Check	*(Optional)*
Abänderungsentscheidung	Check	*(Optional)*
Gericht der abzuändernden Entscheidung	Text	*(Optional)*
Datum der abzuändernden Entscheidung	Datum	*(Optional)*
Aktenzeichen der abzuändernden Entscheidung	Text	*(Optional)*

II. Interne Teilung

Allgemeine Struktur	**GRV**	**Beamtenversorgung**	**Berufst. Versorgung**	**betriebliche AV**	**Zusatzversorgung ö.D.**	**private AV**
Erläuterung **Variablen:**	maßgebliche Bezugsgröße: Entgeltpunkt. Möglich ist auch Entgeltpunkt (Ost) oder monatlicher Rentenbetrag (nur bei Höherversicherung)	maßgebliche Bezugsgröße: monatlicher Rentenbetrag	Beispiel mit Versorgungspunkt als Bezugsgröße. Möglich sind auch andere Bezugsgrößen.	Beispiel mit Kapitalwert als Bezugsgröße. Möglich ist auch monatlicher Rentenbetrag als Bezugsgröße.	maßgebliche Bezugsgröße: Versorgungspunkt	maßgebliche Bezugsgröße: Kapitalwert
	Im Wege der	Im Wege der	Im Wege der	Im Wege der	Im Wege der	Im Wege der
Teilungsart	*internen Teilung*	*internen Teilung*	*internen Teilung*	*internen Teilung*	*internen Teilung*	*internen Teilung*
	wird	wird	wird	wird	wird	wird
	zu Lasten des Anrechts	zu Lasten des Anrechts	zu Lasten des Anrechts	zu Lasten des Anrechts	zu Lasten des Anrechts	zu Lasten des Anrechts
belasteter Ehegatte	*des Ehemannes*	*des Ehemannes*	*des Ehemannes*	*des Ehemannes*	*des Ehemannes*	*des Ehemannes*
	bei	bei	bei	bei	bei	bei
Versorgungsträger des Pflichtigen	*der DRV Bund*	*dem Freistaat Sachsen*	*der Ärztekammer NW*	*der Pensionskasse X*	*der XVZ-Zusatzversorgungskasse*	*der ABZ-Versicherung*
ID# des auszugleichenden Anrechts	*4711-666*	*4711-666*	*4711-666*	*4711-666*	*4711-666*	*4711-666-XYZ*
	zu Gunsten	*zu Gunsten*	*zu Gunsten*	*zu Gunsten*	*zu Gunsten*	*zu Gunsten*
begünstigter Ehegatte	*der Ehefrau*	*der Ehefrau*	*der Ehefrau*	*der Ehefrau*	*der Ehefrau*	*der Ehefrau*
	ein Anrecht in Höhe von	ein Anrecht in Höhe von	ein Anrecht in Höhe von	ein Anrecht in Höhe von	ein Anrecht in Höhe von	ein Anrecht in Höhe von
Ausgleichswert des auszugleichenden Anrechts	*10,25*	*33,40*	*23*	*18.000*	*37*	*18.000*

Allgemeine Struktur	GRV	Beamtenversorgung	Berufst. Versorgung	betriebliche AV	Zusatzversorgung ö.D.	private AV
Bezugsgröße des Ausgleichswertes des auszugleichenden Anrechts	*Entgeltpunkten*	*€ mtl.*	*Versorgungspunkten*	€	*Versorgungspunkten*	€
	auf das					
Beschreibung des Zielkontos	*vorhandene / zu errichtende Konto*					
ID# des Zielkontos	## ### #### ####					
	bei der					
Ziel-Versorgungsträger	*DRV Bund*					
	[nicht erforderlich]	[nicht erforderlich]	nach Maßgabe	nach Maßgabe	nach Maßgabe	nach Maßgabe
Rechtsgrundlage für die Konkretisierung des zu übertragenden oder zu begründenden Anrechts	[nicht erforderlich]	[nicht erforderlich]	*der Satzung vom 2.2.2007*	*der Satzung vom 2.2.2007*	*der Satzung vom 2.2.2007*	*des Tarifs AB5122 der AVB vom 4.3.2008*
	bezogen auf den	bezogen auf den	bezogen auf den	bezogen auf den	bezogen auf den	bezogen auf den
Ehezeitende	*30.11.2009*	*30.11.2009*	*30.11.2009*	*30.11.2009*	*30.11.2009*	*30.11.2009*
Aktion	übertragen.	übertragen.	übertragen.	übertragen.	übertragen.	übertragen.

Beispiele im Fließtext:

Im Wege der *internen Teilung* wird zu Lasten des Anrechts *des Ehemannes* bei der *DRV Bund 4711-666 zu Gunsten der Ehefrau* ein Anrecht in Höhe von *10,25 Entgeltpunkten* auf das vorhandene *Konto ## ### #### ####* bei der *DRV Bund* bezogen auf den *30.11.2009* übertragen.

Im Wege der *internen Teilung* wird zu Lasten des Anrechts *des Antragstellers* bei der *DRV Bund 4711-666 zu Gunsten der Antragsgegnerin* ein Anrecht in Höhe von *10,25 Entgeltpunkten* auf das vorhandene *Konto ## ### #### ####* bei der *DRV Bund* bezogen auf den *30.11.2009* übertragen.

Im Wege der *internen Teilung* wird zu Lasten des Anrechts *des Ehemannes* bei der *DRV Bund 4711-666 zu Gunsten der Ehefrau* ein Anrecht in Höhe von *10,25 Entgeltpunkten* auf das zu errichtende *Konto* bei der *DRV Bund* bezogen auf den *30.11.2009* übertragen.

Im Wege der *internen Teilung* wird zu Lasten des Anrechts *des Ehemannes* bei dem *Freistaat Bayern 4711-666 zu Gunsten der Ehefrau* ein Anrecht in Höhe von *33,40 € mtl.* bezogen auf den *30.11.2009* übertragen.

Im Wege der *internen Teilung* wird zu Lasten des Anrechts *des Ehemannes* bei der *Ärztekammer NW 4711-666 zu Gunsten der Ehefrau* ein Anrecht in Höhe von *23 Versorgungspunkten* nach Maßgabe *der Satzung vom 2.2.2007* bezogen auf den *30.11.2009* übertragen.

Im Wege der *internen Teilung* wird zu Lasten des Anrechts *des Ehemannes* bei der *Pensionskasse X 4711-666 zu Gunsten der Ehefrau* ein Anrecht in Höhe von *18.000 €* nach Maßgabe *der Satzung vom 2.2.2007* bezogen auf den *30.11.2009* übertragen.

Im Wege der *internen Teilung* wird zu Lasten des Anrechts *des Ehemannes* bei der *XVZ-ZusatzVersorgungskasse 4711-666 zu Gunsten der Ehefrau* ein Anrecht in Höhe von *37 Versorgungspunkten* nach Maßgabe *der Satzung vom 2.2.2007* bezogen auf den *30.11.2009* übertragen.

Im Wege der *internen Teilung* wird zu Lasten des Anrechts *des Ehemannes* bei der *ABZ-Versicherung 4711-666-XYZ zu Gunsten der Ehefrau* ein Anrecht in Höhe von *18.000 €* nach Maßgabe *des Tarifs AB5122 der AVB vom 4.3.2008 des Tarifs AB5122 der AVB vom 4.3.2008* bezogen auf den *30.11.2009* übertragen.

III. Externe Teilung

Allgemeine Struktur	§ 14	§ 14	§ 14	§ 16
Erläuterung **Variablen:**	Fall: Ausgleich eines berufsständischen Anrechts in die gesetzliche Rentenversicherung als Auffang-Zielversorgung.	Fall: Ausgleich eines betrieblichen Anrechts in ein gewähltes privates zertifiziertes Produkt.	Fall: Ausgleich eines betrieblichen Anrechts in die Versorgungsausgleichskasse.	Beispiel einer Beamtenversorgung (West). Bei Beamtenversorgungen (Ost) ist die Umrechnung in Entgeltpunkt (Ost) anzuordnen.
	Im Wege der	Im Wege der	Im Wege der	Im Wege der
Teilungsart	*externen Teilung*	*externen Teilung*	*externen Teilung*	*externen Teilung*
	wird	wird	wird	wird
	zu Lasten des Anrechts	zu Lasten des Anrechts	zu Lasten des Anrechts	zu Lasten des Anrechts
belasteter Ehegatte	*des Ehemannes*	*des Ehemannes*	*des Ehemannes*	*des Ehemannes*
	bei	bei	bei	bei
Versorgungsträger des Pflichtigen	*der Ärztekammer NW*	*der Fa. Z-AG*	*der Fa. Z-AG*	*der Stadt Köln*
ID# des auszugleichenden Anrechts	*4711-666*	*4711-666*	*4711-666*	*4711-666*
	zu Gunsten	*zu Gunsten*	*zu Gunsten*	*zu Gunsten*
begünstigter Ehegatte	*der Ehefrau*	*der Ehefrau*	*der Ehefrau*	*der Ehefrau*
	ein Anrecht in Höhe von	ein Anrecht in Höhe von	ein Anrecht in Höhe von	ein Anrecht in Höhe von
Ausgleichswert des auszugleichenden Anrechts	*18.000*	*18.000*	*18.000*	*33,40*
Bezugsgröße des Ausgleichswertes des auszugleichenden Anrechts	€	€	€	*€ mtl.*
	auf das			auf das
Beschreibung des Zielkontos	*vorhandene / zu errichtende Konto*			*vorhandene / zu errichtende Konto*

ID#-Zielkontos	## ### #### ####			## ### #### ####
	bei der	bei der	bei der	bei der
Ziel-Versorgungsträger	*DRV Bund*	*Asecutata-Vers.*	*Versorgungsausgleichskasse*	*DRV Bund*
	[nicht erforderlich]	nach Maßgabe	*[nicht erforderlich]*	
Rechtsgrundlage für die Konkretisierung des zu übertragenden oder zu begründenden Anrechts	*[nicht erforderlich*	des Vertragsangebotes vom 23.9.2009	*[nicht erforderlich*	
Bezug	*bezogen auf den*	*bezogen auf den*	*bezogen auf den*	*bezogen auf den*
Bezugsdatum	*30.11.2009*	*30.11.2009*	*30.11.2009*	*30.11.2009*
Aktion	begründet.	begründet.	begründet.	begründet.
	Die	Die	Die	Der Ausgleichswert ist in
Versorgungsträger des Pflichtigen	*Ärztekammer NW*	*Fa. Z-AG*	*Fa. Z-AG*	
	wird verpflichtet, diesen Betrag an die	wird verpflichtet, diesen Betrag an die	wird verpflichtet, diesen Betrag an die	
Ziel-Versorgungsträger	*DRV Bund.*	*Asecutata-Vers.*	*Versorgungsausgleichskasse.*	
	zu zahlen.	*zu zahlen.*	*zu zahlen.*	
Umrechnungseinheit				*Entgeltpunkte*
				umzurechnen.

Beispiele im Fließtext:

Im Wege der *externen Teilung* wird zu Lasten des Anrechts *des Ehemannes* bei der *Ärztekammer NW 4711-666 zu Gunsten der Ehefrau* ein Anrecht in Höhe von *18.000 €* auf dem *bestehenden Konto ## ### #### ####* bei der *DRV Bund bezogen auf den 30.11.2009 begründet.*

Die *Ärztekammer NW* wird verpflichtet, diesen Betrag an die *DRV Bund. zu zahlen.*

Im Wege der *externen* Teilung wird zu Lasten des Anrechts *des Antragstellers* bei der *Fa. Z-AG 4711-666 zu Gunsten der Antragsgegnerin* ein Anrecht in Höhe von *18.000 €* bei der *Asecutata-Versicherung* nach Maßgabe *des Vertragsangebotes vom 23.9.2009 bezogen auf den 30.11.2009 begründet.*

Die *Fa. Z-AG* wird verpflichtet, diesen Betrag an die *Asecutata-Versicherung zu zahlen.*

Im Wege der *externen Teilung* wird zu Lasten des Anrechts *des Ehemannes* bei der *Fa. Z-AG 4711-666 zu Gunsten der Ehefrau* ein Anrecht in Höhe von *18.000 €* bei der *Versorgungsausgleichskasse bezogen auf den 30.11.2009 begründet.*

Die *Fa. Z-AG* wird verpflichtet, diesen Betrag an die *Versorgungsausgleichskasse zu zahlen.*

Im Wege der *externen Teilung* wird zu Lasten des Anrechts *des Ehemannes* bei der *Stadt Köln 4711-666 zu Gunsten der Ehefrau* ein Anrecht in Höhe von *33,40 € mtl.* auf dem *vorhandenen Konto ## ### #### ####* bei der *DRV Bund bezogen auf den 30.11.2009 begründet.*

Der Ausgleichswert ist in *Entgeltpunkte* umzurechnen.

IV. Modifizierung bei einer Abänderungsentscheidung

Variablenliste (zusätzliche Variablen)		
Check für Abänderungsentscheidung		
	In Abänderung der Entscheidung des	In Abänderung der Entscheidung des
Gericht der abzuändernden Entscheidung	*Amtsgerichts Passau*	*Oberlandesgerichts Frankfurt*
	vom	vom
Datum der abzuändernden Entscheidung	*12.5.2009*	*12.5.2009*
Aktenzeichen der abzuändernden Entscheidung	*(40 F 211/05)*	*- 10 UF 122/01*
	wird	wird
	im Wege der	im Wege der
	internen Teilung	*externen Teilung*
	zu Lasten des Anrechts	zu Lasten des Anrechts
	des Ehemannes	*des Ehemannes*
	(Fortsetzung wie bei der Erstentscheidung)	

Beispiele im Fließtext:

In Abänderung der Entscheidung des *Amtsgerichts Passau* vom *12.5.2009 (40 F 211/05)* wird im Wege der *internen Teilung* zu Lasten des Anrechts *des Ehemannes* bei der *DRV Bund 4711-666 zu Gunsten der Ehefrau* ein Anrecht in Höhe von *10,25 Entgeltpunkten* auf das vorhandene *Konto* ## ### #### #### bei der *DRV Bund* bezogen auf den *30.11.2009* übertragen.

In Abänderung der Entscheidung des *Oberlandesgerichts Frankfurt* vom *12.5.2009 – 10 UF 122/01* wird im Wege der *externen Teilung* wird zu Lasten des Anrechts *des Ehemannes* bei der *Ärztekammer* NW *4711-666 zu Gunsten der Ehefrau* ein Anrecht in Höhe von *18.000 €* auf dem *bestehenden Konto* ## ### #### #### bei der *DRV Bund bezogen auf den 30.11.2009 begründet.*

Die *Ärztekammer* NW wird verpflichtet, diesen Betrag an die *DRV Bund. zu zahlen.*

Stichwortverzeichnis

Fette Buchstaben verweisen auf Teile, magere Zahlen auf Randnummern.

FSC
www.fsc.org
MIX
Papier | Fördert gute Waldnutzung
FSC® C083411

Kolibri 360 GmbH
Ferdinand-Jühlke-Straße 7
99095 Erfurt, Deutschland
produktsicherheit@kolibri360.de